W0069071

DACIA

Troesmis

um

inacium

Danuvius

sus

Oescus

Tomis

Durostorum

Novae

ESIA

Serdica

THRACIA

BOSPORANISCHES
REICH

PONTUS-EUXINUS

Colchis

Sinope

BITHYNIA
ET PONTUS

Heraclea

Amasia

Nicopolis

ARMENIA

Artaxata

Byzantium

Nicomedia

Ancyra

Zela

CEDONIA

Thessalonice

*MARE
AEGAEUM*

ASIA

Pergamum

CAPPADOCIA

Caesarea

Melitene

ASSYRIA

PARTHERREICH
230 v. Chr.–226 n. Chr.

Actium

COMMAGENE

GALATIA

Tigris

inthus

Athenae

Ephesus

Miletus

LYCIA

CILICIA

Tarsus

Antiochia

Euphrat

ACHAIA

RHODOS

CYPRUS

Apamea

SYRIA

Dura
Europos

Babylon

CRETA

Cnossus

MARE INTERNUM

Damascus

Tyrus

JUDAEA

Hierosolyma

Gaza

nais

nice

Cyrene

Alexandria

CYRENE

Memphis

Babylon
Fossatum

ARABIA

Nabatäer

Araber

AEGYPTUS

Nilus

*ROTES
MEER*

*MARE
CASPIUM*

0   100 200 300km

KOCHEN MIT DEN RÖMERN

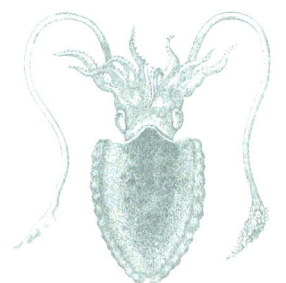

Linda-Marie Günther

KOCHEN MIT DEN RÖMERN

Rezepte und Geschichten

C.H.Beck

INHALT

KAPITEL I

Einleitung

Wer sich für Essen und Trinken in der römischen Antike interessiert, findet gegenwärtig auf dem Buchmarkt ein zweigeteiltes Angebot: eher wissenschaftlich ausgerichtete Werke und solche von populärem Zuschnitt. Letztere richten sich – mehr oder weniger geschmackvoll gestaltet – an interessierte Laien, also nicht zuletzt an Hobbyköche mit kulturhistorischen Neigungen. So verheißen appetitanregende Titel – etwa Genießen bzw. Kochen «wie die alten Römer», «Lukullische Genüsse», «Küchengeheimnisse», «Gaumenfreuden» – eine attraktive Verbindung von kulturgeschichtlicher Einleitung mit detaillierten Kochanleitungen altrömischer Rezepte, die mitunter gar als ‹original› oder sogar ‹authentisch› etikettiert sind. Meist handelt es sich dabei um leicht veränderte Übernahmen jener Rezeptsammlung, die in der römischen Kaiserzeit unter dem Namen des berühmt-berüchtigten Gourmets Marcus Gavius Apicius zusammengestellt wurde. Der Mann stammt wohl aus dem 1. Jahrhundert n. Chr., das Buch selbst entstand aber erst im 4. Jahrhundert. Fleißige Mönche haben es im Mittelalter wieder und wieder abgeschrieben und so seine Überlieferung bis heute gesichert. Die bunten Bände, die moderne Verlage daraus gemacht haben, versprechen zumeist, mit ihrer Hilfe die Kochkünste der alten Römer wiederzuentdecken und so die heutige Küche zu bereichern. Vorsicht ist freilich geboten, wenn in Aussicht gestellt wird, die angeblich antiken Grundlagen der ‹modernen Küche Europas› zu erkunden. Damit ist dann meist die zeitgenössische mediterrane Küche gemeint, in vermeintlicher Analogie zu den Ursprüngen Europas in der römischen Antike. Allzu leicht gerät dabei aus dem Blick, dass Nahrungsmittel, die heutzutage im Mittelmeerraum wie auch in Mittel- und Nordeuropa verbreitet sind – wie etwa Reis, Mais, Nudeln, Kartoffeln, Tomaten, Paprika, Orangen, Bananen, Vanille und Schokolade –, im Altertum gänzlich unbekannt waren.

Ein Standardwerk unter den Publikationen zur altrömischen Küche ist das exzellente Buch von Jacques André (1910–1995). Es erschien erstmals 1961 unter dem Titel *L'alimentation et la cuisine à Rome* und ist 1998 in einer schön gestalteten deutschen Ausgabe erschienen. Der Latinist André interessierte sich vor allem für die historische Dimension seines Themas: Mit welchen Nahrungsmitteln kochten die Römer? Standen diese jederzeit zur Verfügung? Wurden sie in immer der gleichen Weise verwendet? Was konnten sich die Armen, die Begüterten und die Superreichen als Speisen leisten? Dieses Buch stellte vor rund einem halben Jahrhundert eine Pionier- leistung dar, mit der Jacques André der neueren altertumswissenschaftlichen For- schung zur Ernährungsgeschichte den Weg gewiesen hat. Noch heute beruhen die kulturgeschichtlichen Vorbemerkungen in Büchern über die Küche der römischen Antike vielfach auf seinen Überlegungen.

Die Autoren moderner populärer Werke zur altrömischen Küche unterscheiden sich nicht zuletzt im Hinblick darauf, inwieweit sie die apicianischen Rezepturen pragmatisch umzusetzen versuchen. Besondere Schwierigkeiten bereiten dabei feh- lende Mengenangaben und nicht mehr verfügbare Zutaten; fehlen uns heute doch so wichtige Gewürze der Antike wie etwa Silphium, Raute und *garum*. Dies macht es uns letztlich unmöglich, bei unseren Kochversuchen wirklich nahe an das Ge- schmackserlebnis der Antike heranzukommen. Trotz dieser nicht zu leugnenden Tat- sache wird beispielsweise leidenschaftlich darum gestritten, wie unverzichtbar kon- krete Maßangaben in den Kochanleitungen zu den ach so ‹originalen› römischen Rezepten seien. Darüber hinaus führt die Vorstellung von Originalität bzw. Authen- tizität einer Rezeptur zu ganz unterschiedlichen Ratschlägen, ob und gegebenenfalls wie die einst gängigen, heute aber gar nicht oder nur mit größter Mühe zu beschaf-

Römische Garküche in Ostia, Via Diana

fenden Gewürze ersetzt werden sollen: Während die Vertreter der reinen Lehre davor warnen, Zutaten zu verwenden, die es in der Antike noch nicht gab, ermuntern die Pragmatiker, sich an neuzeitlichen Rezepturen zu orientieren, zumal es in modernen regionalen Küchen Gerichte gibt, die das Erbe antiker Speisen zu sein scheinen.

Auch verweisen Puristen darauf, dass die antiken Rezepte in ihrer Entstehungszeit allein für professionelle Köche geschrieben waren und ohnehin jeder Meister – damals wie heute – seiner Intuition und Erfahrung den Vorrang vor einem sklavischen Befolgen einer Kochanleitung eingeräumt hat. Autoren, die gemeinsam mit Hobbyköchen ein ‹altrömisches› Kochbuch verfasst haben, neigen mitunter zu erstaunlichen Modernismen: Sie verwenden beispielsweise Campari als Ersatz für Weinraute oder einfach Salz anstelle des antiken *garum* (*liquamen*), das sich auch schon mal die Bezeichnung ‹Maggi der Römer› gefallen lassen muss. Natürlich kommt kein Autor darum herum zu erklären, wie er es hält mit dem Ersatz für die hochbegehrte Würzpflanze Silphium, die schon in der frühen Kaiserzeit ausgerottet war: In diesem Fall wird oftmals die – allerdings unbedingt äußerst sparsame! – Verwendung von *Asafoedia* (‹Stinkasant›) empfohlen, einem in der indischen Küche noch verbreiteten Harzpulver; manchmal lautet jedoch der Tipp, dieses Gewürz einfach wegzulassen und von den anderen Kräutern entsprechend mehr zu nehmen. Mag hinter dieser Ansicht die Vorstellung stehen, dass es so vieler verschiedener Aromen auch gar nicht bedarf, ja dass sie sich gegenseitig überdecken würden, so verweisen andere Autoren darauf, dass man ohnehin sehr vorsichtig dosieren müsse, um ein harmonisches Miteinander der Gewürze zu erreichen.

Derartige kulturhistorische Statements zeugen übrigens nicht nur vom Zeitgeist, sondern sind mitunter auch von nationalen Perspektiven geprägt, wie etwa die Bewertung von Würzmischungen durch André und Dalby verrät. Da bemerkt der Franzose über die im Voraus zubereiteten Würzsaucen (S. 192): «*Sie erinnern an die Fertigsoßen der englischen Küche und dürfen in den weniger wohlhabenden Schichten üblich gewesen sein, da es einer Vielzahl von Köchen bedurfte, um die komplizierten Soßen des Apicius zuzubereiten.*» Während der Brite äußert (1996, S. 16), man könne römische Speisen gegen den Vorwurf übermäßigen Würzens in Schutz nehmen: «*Die römischen Speisen haben etwas Einzigartiges an sich: Eine Geschmacksexplosion, die an beste indische Küche erinnert, das ist das Neue, das Exotische, das Erregende*».

In den kulturhistorischen Einleitungen der meisten einschlägigen, sich altrömisch gebenden Kochbücher wird die Raffinesse gerade der Apicius-Rezepte immer wieder in Zusammenhang mit der Dekadenz des imperialen Rom der frühen Kaiserzeit (1. Jahrhundert n. Chr.) und mit den bereits von zeitgenössischen Literaten bissig karikierten Exzessen der Führungselite gebracht. Zugleich wird das frühere, republikanische Rom als asketisch und daher moralisch überlegen beschrieben; hat doch der sprichwörtliche Alte Cato, gleichsam die Inkarnation altrömischen Maßhaltens, in seinem Buch über die Landwirtschaft auch eine Rezeptsammlung hinterlassen. Freilich erlebte ausgerechnet der sittenstrenge Marcus Porcius Cato (234–149 v. Chr.) bereits den Wandel der römischen Esskultur im frühen 2. Jahrhundert. Damals breitete sich nämlich das Römische Reich militärisch und politisch nach Osten aus, von wo dann sehr schnell griechische und orientalische Einflüsse auch die römische Kochkunst erfassten. Interessanterweise wird in den kulturgeschichtlichen Einleitungen der modernen (Koch-)Bücher zur römischen Küche diese Übernahme griechischer und kleinasiatischer Kulinarik als Orientalisierung aufgefasst, der die guten alten Sitten in Rom nach und nach zum Opfer gefallen seien. Wieder sind es die vielfältigen Aromen, die modischen Kombinationen sehr vieler Kräuter und Gewürze miteinander und nicht zuletzt die süßsaure Geschmacksästhetik, die als ‹orientalisch› und zugleich als ‹dekadent› gelten. Diese Urteile sagen freilich mehr über die Wirkmächtigkeit von Vorstellungen des 19. Jahrhunderts über den Orient als über die Einschätzung der Römer selbst aus. Die altrömische Küche denkt man sich heute gern einfach, und diese Einfachheit – so postuliert man – sei darin zum Ausdruck gekommen, dass die verarbeiteten Lebensmittel ihren Eigengeschmack bewahrt haben sollen; ‹das Fremde› hingegen glaubt man dann in der Komplexität vieler Aromen zu erkennen und grenzt die ‹Ehrlichkeit› heimischer Agrarprodukte gegen die Uneindeutigkeit kulinarischer Importgüter ab.

Die modernen Autorinnen und Autoren ‹altrömischer› Kochbücher streben ausdrücklich die Wiederbelebung des ‹ungewöhnlichen Geschmacks aus der Antike› und damit eine Bereicherung unseres (Er-)Lebens an: Manche möchten mit einem Hauch Exotik unseren Kochspaß und das Gaumenerlebnis unserer Gäste steigern oder wollen uns einfach mitnehmen auf eine kulinarische Abenteuerreise in eine ferne Vergangenheit mit ihren ungewöhnlichen Geschmackseindrücken. So wird ‹alt-römisches› Kochen zu einem Event, das unsere Sinne berührt. Es wird nicht nur suggeriert, dass mit altrömischen Gerichten ein authentisches Geschmackserlebnis erreicht werden kann, sondern – mehr noch –, dass man beim Essen gleichsam in *den Alltag* vergangener Zeiten eintaucht. Letzteres Versprechen ist allerdings nur unter großen Vorbehalten zu erfüllen: Die uns bekannte ‹altrömische› Küche spiegelt die Kulinarik der römischen Führungselite, aber ganz gewiss nicht diejenige einer breiten Mittelschicht. Ja, sie war nicht einmal für den Alltag der oberen Zehntausend gedacht, sondern war selbst in dieser Schicht vornehmlich ein Phänomen ganz außergewöhnlicher Gastmähler. Die Zubereitung der Speisen oblag Köchen, die als spezialisierte Handwerker exklusiv für den Haushalt ihres jeweiligen Arbeitgebers tätig waren. Also verfügte auch längst nicht jeder vornehme Römer über einen exquisiten Küchenchef mit außergewöhnlichem *Know-how*, der vielleicht in der Lage war, ein ambitioniertes Gastmahl anzurichten, wenn er über alle exotischen Zutaten verfügte, derer er bedurfte.

Doch längst nicht überall im Römischen Reich konnte man all die Lebensmittel erwerben, die man für aufwändige Gastmähler brauchte. Das war also nicht nur eine Frage der Kaufkraft. Und dies ist ein weiterer Grund dafür, weshalb die apicianische Kochkunst alles andere als alltägliche römische Verhältnisse spiegelt. Zweifellos richtig ist, dass in der Stadt Rom als *caput mundi* – dem Haupt der Welt und Zentrum des *Imperium Romanum* – ein unvergleichlich vielfältiges Warenangebot aus allen Teilen des Reiches und darüber hinaus, etwa aus Arabien oder Indien, feilgeboten wurde. Von den Märkten dieser einzigartigen Metropole fanden fremde Früchte und exotische Gewürze den Weg auf die Tische der Superreichen. Der Käuferkreis, der sich an dieser traumhaften Auswahl delektierte, kam indes nicht nur aus der Stadt selbst, sondern beispielsweise auch aus Kampanien, wo in der fruchtbaren Küstenzone unterhalb des Vesuv die meisten *nobiles* – die Vertreter des Hochadels – ihre *villae rusticae*, ihre Landgüter, hatten, auf denen sie sich von der Geschäftigkeit Roms zu erholen pflegten.

So dürften nach Puteoli dieselben luxuriösen Importwaren wie nach Ostia, dem Hafen Roms, gelangt sein. Zudem waren die hochherrschaftlichen Landgüter selbst effiziente Produktionsstätten für Geflügel, Obst und Gemüse; nicht wenige verfügten ferner über Wildgehege und technisch ausgeklügelte, sogar mit Meerwasser versorgte Fisch- und Austernteiche, deren Erzeugnisse mitunter die hochberühmten Tafeln ihrer Besitzer schmückten (S. 33).

Wie aber sah es in anderen Regionen Italiens aus, wie in den Provinzen? Die Romanisierung der Esskultur hat zweifellos auch in entlegeneren Gegenden des Reiches stattgefunden, sie dürfte aber – abgesehen von den römischen Truppen vor Ort – auch dort ein Oberschichtenphänomen gewesen sein. Dort aber wird die typisch stadtrömische Gelagekultur gefehlt haben (S. 51 ff.).

Im vorliegenden Buch möchte ich nun den Versuch unternehmen, ‹altrömische› Kochkunst zur Zeit des *Imperium Romanum* aus der Perspektive der Provinzen vorzustellen. Der Zeitraum, der dabei im Zentrum steht, ist die Epoche Kaiser Hadrians (117–138 n. Chr.). Dieser Herrscher unternahm als Einziger zahlreiche Inspektionsreisen, um die jeweiligen Eigenheiten der verschiedenen Regionen seines Reiches samt ihrer militärischen und wirtschaftlichen Probleme kennenzulernen. Da er den direkten Kontakt mit den lokalen Führungsschichten suchte, darf man annehmen, dass er zwar überall auf eine Küchenkultur traf, die die Wesensmerkmale römischer

Kulinarik zeigte, er aber auch die spezifischen regionalen Charakteristika der Kochkunst sehr wohl wahrgenommen hat.

Zwar fehlt uns eine literarische Überlieferung zur «Küche in der römischen Provinz». Um dennoch eine Kulturgeschichte der römischen Küche zu präsentieren, werden in Menüs der einzelnen Kapitel solche Rezepte aus der Sammlung des Apicius vorgestellt, die dem entsprechen, was wir über die Erzeugnisse und Versorgung der jeweiligen Provinz(en) wissen.

Da bei den drei Gängen römischer Gastmähler – Vorspeise (*gustum*), Hauptgang (*Erster Tisch*) und Nachspeise (*Zweiter Tisch*) – stets eine Vielfalt von Gerichten serviert wurde, bestehen unsere Menüs aus zwei Vorspeisen, zwei Hauptspeisen und einem Dessert. Man kann diesen Vorschlägen ganz oder teilweise folgen oder die einzelnen Gerichte aus den verschiedenen Kapiteln miteinander kombinieren. Zu beachten ist, dass bei jedem einzelnen Rezept die Zutaten für ein Essen für 4 Personen berechnet sind, also pro Menü insgesamt 20 Portionen zubereitet werden!

Um die Lebenswelt zu erfassen, in der die jeweiligen Gastmähler zubereitet wurden, werden in den einzelnen Kapiteln entweder Anekdoten erzählt, die der antiken Überlieferung entnommen sind und einen Bezug zu einzelnen Lebensmitteln oder zu bestimmten historischen Personen aufweisen, oder fiktive Tischgespräche fiktiver Personen eingestreut. Die kleine Gruppe, die sich da unterhält, besteht aus einem standesbewussten Senator mit seinem wissbegierigen Sohn, einem vielgereisten Ritter sowie einem Gelehrten. Diese vier Personen sind gerade in der betreffenden Region eingetroffen und unterhalten sich beim Mahl mit ihrem jeweiligen Gastgeber.

Die Kochanweisungen für die Menüs, die in den einzelnen Kapiteln zur Sprache kommen, verstehen sich in erster Linie als Anregungen. Wer diese Rezepte nachkochen möchte, mag sich weniger wie ein neuer Lucullus vorkommen, darf sich aber getrost wie ein Reisender fühlen, der gedanklich und geschmacklich die Größe und Vielfalt des Römischen Reiches nachvollzieht, die sich einst eben auch in dessen Kochkultur wiedergespiegelt hat.

KAPITEL II

Erzeuger und Verbraucher –
Voraussetzungen der römischen Esskultur

Ü ber den Feinschmecker Marcus Gavius Apicius weiß der Philosoph Seneca (*ad Helviam* X 9) zu berichten, dass er mit Gift seinem Leben ein Ende gesetzt habe, als er nach Jahren üppigster Prasserei feststellte, dass sein Vermögen nur noch 10 Millionen Sesterzen betrug, und er sich so mit einer Zukunft als Hungerleider konfrontiert sah. Dem steht nicht entgegen, dass der damalige Kaiser Tiberius mit dieser Summe – in Silbergeld 2,5 Millionen Denare – immerhin den Jahressold für 12 500 Legionäre hätte bezahlen können. Umgerechnet in heutige Währung wären das rund 20 Millionen Euro! Zugleich behauptet Seneca, Apicius habe in den Jahrzehnten zuvor mehr als das Zehnfache jener verbliebenen 10 Millionen Sesterzen mit Schlemmereien durchgebracht.

Gehörten folglich nur die allerreichsten Männer der römischen Oberschicht zu den berühmten Gourmets? Diese Frage ist mit Blick auf Apicius und seine Freunde, mit denen er gemeinsam zu tafeln pflegte, durchaus zu bejahen. Denn es galt ja nicht allein, die Summen für den Verzehr exklusiver Speisen aufzubringen, sondern auch sich den Unterhalt eines entsprechenden Hauses mit dem nötigen Personal, insbesondere mit äußerst fähigen Köchen, leisten zu können. Dazu kam aller Wahrscheinlichkeit nach auch der Unterhalt einer Villa auf dem Lande, die zwar manche Produkte für die Tafel des Besitzers lieferte, aber eben auch finanziert sein wollte. Ginge heute ein Zeitgenosse jeden zweiten Tag mit einer Runde von zehn von ihm eingeladenen Gästen zum Abendessen bei einem renommierten Vier-Sterne-Wirt und zahlte pro Besuch nur 4000 Euro, so bräuchte er immerhin 25 Jahre, um ein Vermögen von 20 Millionen zu verprassen.

Das traurige Schicksal des Apicius und unser kleines Rechenbeispiel lassen bereits erkennen, dass die reinen Materialkosten für exquisite Tafelfreuden nur einen kleinen Teil des Aufwandes ausgemacht haben können, den ein reicher Römer bei seinen Gastereien trieb. Zugleich wird deutlich, dass opulente Gastmähler wahre Motoren in einem hochpreisigen Wirtschaftssegment waren.

Die Lebensmittel für die Küchenkunst der finanzstarken Oberschicht – Fleisch, Gewürze, Gemüse, Obst und nicht zuletzt der Wein – kamen, wie bereits erwähnt, entweder von den Landgütern der Reichen selbst; die Überschüsse dieser Großbetriebe waren zudem auf dem täglichen Markt zu finden, wie den Landwirtschaftshandbüchern von Varro und Columella zu entnehmen ist. Oder es wurden die begehrten Produkte, die auf den Landgütern Italiens weder in besonderer Qualität bzw. in erforderlicher Quantität (z. B. Fische, Austern, Honig) noch gar überhaupt erzeugt werden konnten (etwa Datteln und exotische Gewürze wie Ingwer, Pfeffer), von Importhändlern geliefert. Was also wurde wo produziert und wie erreichte es den Endverbraucher?

FISCH, SALZ, ESSIG, ÖL UND HONIG

Am Anfang war die pikante Fischbrühe (*garum* bzw. *liquamen*) – eine geradezu essenzielle Ingredienz der römischen Küche. Sie war so unverzichtbar wie für uns heutzutage das Salz. Zubereitet wurde sie aus Fischen, die zusammen mit Gewürzen und Salz einem Fermentierungsprozess ausgesetzt wurden. Die Bezeichnung *garum* leitet sich vom griechischen Begriff *garon* ab, einem bereits in klassischer Zeit (5. Jahrhundert v. Chr.) gebräuchlichen Wort für eine Fischsorte, die zur Herstellung der Würzbrühe verwendet wurde. In die Haushalte Roms und Italiens fand *garum* erst im Laufe des 2. Jahrhunderts v. Chr. Eingang und galt zunächst als tadelnswerter Luxus. Dann aber war die Würzsauce, inzwischen vielerorts fabrikmäßig produziert, nicht mehr aus der gehobenen Küche wegzudenken. Freilich gab es beträchtliche Qualitätsunterschiede, je nachdem ob zur Zubereitung mit Fischinnereien bzw. -abfällen oder kleinen, eher wertlosen Fischen aus der Familie der Sardellen oder aber mit größeren Meeresfischen wie Meerbarben, Lachse und Sardinen gearbeitet wurde.

In Premiumqualität wurde *garum* im 1. Jahrhundert n. Chr. aus Makrelen hergestellt und kam vorzugsweise aus Iberien, das die Römer als Sieger im Hannibalkrieg (218–201 v. Chr.) den Karthagern abgenommen hatten. Da es auch im nordafrikanischen Leptis Magna renommierte Fabriken gab, dürfte die *garum*-Produktion hier wie dort auf punische Traditionen zurückgehen. Berühmt für seine Fischsaucenherstellung waren auch das westkleinasiatische Klazomenai, das traditionell über eigene Salinen verfügte, sowie das kampanische Städtchen Pompeii, das den Vorteil zu nutzen verstand, nahe einer kaufkräftigen Klientel zu produzieren. In den *Geoponika*, einem kaiserzeitlichen Handbuch für Landarbeiten, findet sich eine Herstellungsanweisung für *garum*. Ihr zufolge wurden in ein stabiles großes Tongefäß im Wechsel eingeschichtet: diverse Kräuter – Dill, Fenchel, Liebstöckel, Minze, Oreganum, Raute, Sellerie, Thymian usw. –, kleine oder zerteilte größere, vorzugsweise fette Fische und Salzlagen, die jeweils mindestens zwei Finger breit sein sollten. In dem verschlossenen Gefäß gärte der Inhalt eine Woche, anschließend rührte man drei Wochen lang täglich kräftig um und konnte schließlich die Brühe abschöpfen, sie filtern und in Krüge für den Verbrauch bzw. den Transport zum Verbraucher abfüllen.

Die meisten heutigen ‹altrömischen› Kochbücher empfehlen, als Ersatz für *garum* ostasiatische Fischsauce, ebenso häufig wird aber schlicht die Verwendung von Salz angeraten, da beides in den Rezepturen des Apicius gegeneinander austauschbar sei.

Mit grauem Rohsalz (*sal popularis*), das der Verbraucher selbst zu reinigen hatte, war Italien bis ins Binnenland hinein deshalb gut versorgt, weil es vielerorts im brackigen Küstengewässer – an der Tibermündung beispielsweise schon seit frühester Zeit (mindestens seit dem 7. Jahrhundert v. Chr.) – gewonnen wurde. Ärmere Leute sollen die Salzlake dadurch zurückgewonnen haben, dass sie entsprechend konservierte Lebensmittel aufkochten. Am beliebtesten soll dabei das aus preisgünstigen gepökelten Fischen (*maenae* = Merola) recycelte Salz gewesen sein. Aus dieser Usance ist der Schluss zu ziehen, dass Fischaroma wie selbstverständlich zum Salz gehörte, weshalb es nicht allzu abwegig ist, wenn wir lesen, dass selbst Gourmets sogar für die Zubereitung von Süßspeisen tatsächlich *garum* verwendeten. Dies mag modernen Kochbuchautoren zu denken geben, die es – ungeachtet der Absicht, authentische Gerichte zu vermitteln – gerade wegen des Fischgeschmacks ablehnen, *garum* durch Fischsauce oder Sardellenpaste zu ersetzen, sondern auf Salz bestehen.

Darüber hinaus waren in der alltäglichen wie in der ambitionierten Küche im gesamten *Imperium Romanum* – wie überhaupt in der antiken mediterranen Welt – Öl und Essig unverzichtbare Lebensmittel. Unter Essig (*acetum*) ist in erster Linie Weinessig zu verstehen, der überall dort produziert wurde, wo Weintrauben wuchsen, und zwar, ähnlich wie heute, in verschiedenen Qualitäten und Säuregraden. Allerdings importierte man in der Kaiserzeit den am höchsten geschätzten Essig ausgerechnet aus dem ägyptischen Alexandria, dessen Hinterland, das Nildelta, gerade nicht als Weinbauregion berühmt war.

Essig wurde mitunter auch zu speziellen Essigprodukten weiterverarbeitet, etwa zu Pfefferessig (*acetum piperatum*) und zu Mischungen mit *garum* und Kräutern (*oxygarum*) oder mit Salz, Wasser und Honig (*oxymeli*); damit konnte man auch Gemüse einlegen und es auf diese Weise haltbar machen. Auch aus anderen Früchten – Feigen, Birnen, Pfirsichen – stellte man Essig her.

Beim Olivenöl verhielt es sich anders als heutzutage, wo neben reinem Öl unterschiedliche aromatisierte Öl-Kreationen oder auch Öle aus Nüssen angeboten werden. Es existierten zwar Öle, denen Kräuter oder Gewürze beigegeben waren (*olea ficticia*), sowie Rettich-, Sesam-, Mandel- und Walnussöl, doch fanden solche Produkte nur in Kosmetik und Medizin Verwendung.

Das antike Olivenöl, das in drei Qualitätsstufen entsprechend der ersten, zweiten und dritten Pressung gehandelt wurde, war weit weniger haltbar als das heutige. Es wurde innerhalb weniger Monate ranzig, so dass die stetige Verfügbarkeit frischen

Öls zeigte, dass man sich in einem begüterten Haushalt bzw. in einer ambitioniert betriebenen Küche aufhielt. Um jederzeit hochwertiges, frisches Öl zur Hand zu haben, lagerte man grüne Oliven ein und stellte daraus bei Bedarf Öl her. Es liegt auf der Hand, dass man, sollte die Einlagerung nicht mit allzu großen Qualitätsverlusten einhergehen, nicht nur das entsprechende *Know-how* benötigte, sondern auch geeignete Scheunen. Nach erfolgter Pressung fand dann das Öl beim Kochen Verwendung, wobei Feinschmecker das bittere Öl der im September geernteten *weißen* Oliven bevorzugten; mit dem Öl von *grünen* Oliven wurden hingegen vornehmlich gegartes Gemüse und Hülsenfrüchte angerichtet.

Natürlich importierte man auch Öl aus anderen Regionen des Reiches (Spanien, Istrien). Insbesondere in der Provinz *Africa vetus* wurden in der Kaiserzeit in großem Umfang Ölbaumplantagen unterhalten und Ölmühlen betrieben; dies bezeugen archäologische Funde, nicht zuletzt die häufig zur Illustration römischer Landwirtschaft abgebildeten Mosaiken – ein etwas überraschender Befund, wenn man die Kargheit der tunesischen Ostküste heute betrachtet.

Dass man in der vornehmen Küche der alten Römer ausschließlich Olivenöl verwendete, bedeutet allerdings nicht, dass es nicht auch anderes Fett gab, und zwar – konserviert oder frisch – vom Schwein. Von den meisten Menschen in Italien wurde Schmalz zum Kochen und Braten eingesetzt, ebenso in denjenigen nördlichen Regionen des Reiches, wo der Ölbaum nicht wuchs, so beispielsweise im Gallien nördlich der Alpen. In solche Gegenden wurden dann Oliven und Öl als mediterranes Luxusgut exportiert. Entsprechende Funde in den Resten von Legionslagern, beispielsweise in Germanien und Britannien, zeigen, dass nicht zuletzt die dort stationierten Soldaten damit versorgt wurden.

Überall im antiken Mittelmeerraum wurde Honig zum Süßen von Speisen und Getränken verwendet, denn Zucker war – abgesehen von indischem Bambussekret, von dem man in medizinischen Schriften liest – unbekannt. Einen gewissen Ersatz boten süße und getrocknete Früchte wie Rosinen, Pflaumen und Datteln oder auch Sirup aus Feigen oder Quitten, doch minderte dies nicht den immensen Bedarf an Bienenhonig. Da süße Kuchen in der Kaiserzeit immer häufiger anstelle von Frischobst und Nüssen als Dessert auf die gehobene Tafel kamen und auch für die raffinierten Gerichte keineswegs nur kleine Mengen Honig benötigt wurden, suchten sowohl die Erzeuger in Italien als auch Importeure aus den Provinzen Schritt zu halten mit der ständig wachsenden Nachfrage. Das gebirgige Korsika lieferte schon im 2. Jahrhundert v. Chr. massenhaft Honig, der allerdings einen recht bitteren Geschmack hatte; damals waren die Korsen als abgabepflichtige Provinzbewohner zur Lieferung von rund 65 Tonnen Bienenwachs an den römischen Staat verpflichtet, was auf eine entsprechend große Honigproduktion schließen lässt. In fast allen Regionen Italiens genoss die Imkerei einen hohen Stellenwert, doch war der Honig von sehr unterschiedlicher Qualität in Abhängigkeit von den Blüten, deren Pollen die Bienen sammelten, und mithin von der Jahreszeit der Honigernte. Auch die Erntemethoden wirkten sich auf den Geschmack aus: Der höchstwertige war daher der sogenannte Tropfhonig, der von allein aus den Waben austrat, gefolgt von demjenigen, den man durch Auspressen der Waben gewann. Die rabiate Ausräucherung der Bienen bewirkte einen rauchigen Beigeschmack, der von den Konsumenten allerdings nicht sonderlich geschätzt wurde. Den besten Honig importierten die Honighändler auch noch in der römischen Kaiserzeit traditionell aus Attika vom Hymettos (einem Berg südöstlich von Athen) sowie aus Hybla im südöstlichen Sizilien.

Honig wurde nicht nur zum direkten Verzehr bzw. zum Kochen und Backen verwendet, sondern auch zur Konservierung von Früchten.

Beim Konservieren von Früchten spielte neben dem Dörren und dem Einlegen in Honig, das erst im 1. Jahrhundert v. Chr. aufkam, das Einlegen in süße Flüssigkeit eine wichtige Rolle. Dieser Aspekt verweist auf die Weinprodukte, aber zunächst einmal auf die Weintrauben selbst. Die Weinbeeren wurden in der Sonne zu Rosinen getrocknet, aus denen dann der *passum* genannte Süßwein hergestellt wurde. Andere Dörrmethoden waren das Trocknen im Rauch des Ofens bzw. seines Schornsteins, was den Trockenbeeren ein besonderes Aroma verlieh, das allerdings – anders als den rauchigen Honig – die Römer offenbar mochten; solche Trockenbeeren wurden im 1. Jahrhundert n. Chr. aus Nordafrika importiert.

Wie auch andere Früchte (Äpfel, Birnen, Quitten, Granatäpfel) ließ man Weintrauben in Vorratsräumen (*pomaria*) lagern, etwa in Regalen auf Stroh gebettet; um ein Verschrumpeln der eingelagerten Früchte infolge von Verdunstung zu unterbinden, wurde das Obst mit Gips, Ton oder Wachs überzogen.

Aus Weintrauben wurde nicht nur Wein gewonnen, sondern vor allem Most; diesen dickte man in unterschiedlicher Konsistenz ein (*caroenum*, *defrutum*, *sapa*) und verwendete ihn dann nicht nur zum Konservieren von fleischigen Früchten, sondern auch zur Süßung von Saucen und gekochten Gerichten.

Angesichts der begrenzten Haltbarkeit von Mosten, die nicht gären durften, ist – in Analogie zur Lagerung von Oliven für spätere Pressungen – anzunehmen, dass die Aufbewahrung von Weintrauben in geeigneten Räumen dem Zweck diente, daraus bei Bedarf Most zu keltern. Dass Weinrebensorten, die sich für eine längere Lagerung eigneten – wie beispielsweise jene aus dem Gebiet von Verona, die sogenannte rätische Sorte –, eigens gezüchtet wurden, zeigt uns sinnfällig, dass die römische Landwirtschaft, die ihre Kreativität an den Bedürfnissen gerade der gehobenen Tafel ausrichtete, ein bemerkenswertes Niveau erreicht hat.

Betrachtet man das breite Spektrum von Baumfrüchten, das für Italien und die Provinzen des *Imperium Romanum* bezeugt ist, so begegnet auch in diesem Zusammenhang das Phänomen, dass einerseits die Kultivierung und Veredelung diverser Obstbäume ein erstaunliches Ausmaß angenommen hatte – so dass der Agrarschriftsteller Varro sein Heimatland mit einem Obstgarten vergleichen mochte –, andererseits auf Importe selbst solcher Früchte keineswegs verzichtet wurde, die auch in Italien gediehen. So überrascht es, dass beispielsweise die im Mittelmeerraum allenthalben verbreitete Feige, die allein in Italien in fast 50 Kulturarten gezüchtet worden ist, dennoch nicht nur aus dem relativ nahen Nordafrika, sondern auch noch aus Karien und Syrien eingeführt wurde. In der bäuerlichen Bevölkerung diente die Feige als Ergänzung des Brotes als Grundnahrungsmittel oder gar – wie für Catos Sklaven bezeugt ist – mitunter als dessen Ersatz; die herrschaftlichen Gourmets kannten indes eine extravagante Verwendung dieser Früchte: Es wurden Gänse und Schweine mit getrockneten Feigen gemästet, um die Qualität ihrer Lebern zu erhöhen – ein antiker Vorgeschmack auf die Genüsse der modernen Gallier …

Von Birnen und Äpfeln kannten die Römer in der Kaiserzeit jeweils mehrere Dutzend Sorten, die sich in Form, Farbe, Konsistenz und Haltbarkeit unterschieden. Von der zur selben Kernobstfamilie gehörenden goldgelben Quitte, die armenisch-persischer Herkunft ist, gab es weniger Sorten, aber es erzielte auch, was sie betrifft, die Züchtung einen besonderen Erfolg: Es gelang dem Römer Mulvius, durch Kreuzung eine sogar roh essbare Frucht (*malum mulvianum*) hervorzubringen. Ein schöner Beweis für das hohe Niveau und das Innovationspotenzial römischer Gartenkultur.

Der Granatapfel, ein heute im gesamten Mittelmeerraum typisches Nutzobst, das damals erst in Italien und Spanien heimisch wurde, stammte aus der Levante und war – wie seine Benennung als *malum punicum* bezeugt – den Römern im karthagischen Afrika bekannt geworden. Einen ähnlichen ‹Migrationshintergrund› hat die Zwetschge, die sich als Dörrobst sehr gut konservieren ließ und damit für die römische Küche auch als Süßungsmittel interessant war; nach der Herkunftsregion der besten Qualität hieß sie Damaszenerpflaume.

Doch noch weitere, bis heute als mediterranes Obst wohlbekannte Früchte waren in der frühen Kaiserzeit nach Italien gekommen: aus Mittelasien der Pfirsich (*malum persicum*) und die als ‹verfrühter Apfel› (*malum praecox*) bezeichnete ‹armenische Pflaume›, die Aprikose. Als wohl prominenteste ‹Migrantin› aus dem Osten ist die

‹Pflaume aus Kerasos› (*prunus cerasus*) zu erwähnen, die bereits der römische Feldherr L. Licinius Lucullus (73 v. Chr.) aus der pontischen Stadt mitgebracht haben soll: die Kirsche, die bis heute in allen europäischen Sprachen durch ihren Namen auch ihre Provenienz mehr oder weniger deutlich verrät. Sie verbreitete sich rasch in Italien und darüber hinaus, wobei sie ihre Karriere in den Obstgärten des Lucullus begann, ehe bald Standesgenossen des prominenten Importeurs – Apronius, Caecilius, Iunius, Lutatius, Plinius – weitere Varianten züchteten. Auch darin zeigt sich die gleichermaßen kreative wie produktive Rolle der römischen Nobilität und ihrer Landgüter.

Bleibt noch, die Datteln unter den Baumfrüchten zu erwähnen, die als Trockenfrüchte nach Italien geschickt wurden. Sofern sie nicht in diesem Zustand wie Naschwerk verzehrt wurden, fanden sie in gekochten Gerichten und Saucen Verwendung, denen sie einen süßen Geschmack verliehen. Neben Äpfeln, Quitten und Birnen kamen bei Fleisch- und (süßen) Eierspeisen nicht zuletzt auch Aprikosen in den Kochtopf oder in die Pfanne (*patina*). Der Vollständigkeit halber soll auch das Beerenobst nicht unerwähnt bleiben. Davon wurden vornehmlich wilde Früchte zu Pürees verarbeitet oder durch Trocknen bzw. Marinieren konserviert.

Zwei ursprünglich exotische Früchte, die heute zu unserem Bild mediterraner Obstsorten gehören, sind erst in der Kaiserzeit (seit 27. v. Chr.) – aus Afrika via Ägypten und Griechenland – nach Italien eingeführt worden: Wassermelone (*pepo*) und Honigmelone (*melopepo*). Für diese erfrischenden, aber damals nur quittengroßen Früchte zahlte man immerhin ein bzw. zwei Denare; nur die Aprikose war im frühen 1. Jahrhundert n. Chr. mit sieben bis acht Denaren pro Stück noch teurer. Gemessen am Jahresverdienst eines römischen Legionärs, der etwa 200 Denare Sold erhielt, lässt sich errechnen, dass mithin zwei Aprikosen oder zehn Honigmelonen einem Monatssalär entsprachen.

Ein Überblick über die Rolle von Früchten in der Landwirtschaft des Römischen Reiches wäre unvollständig, wollte man Nüsse und Baumfrüchte wie Kastanien, Mandeln sowie Pinienkerne übergehen. Dass man in Notzeiten auch aus Eicheln Mehl gewann, um daraus Brot zu backen, ist literarisch bezeugt; in ähnlicher Weise fand als ärmliche Speise die Esskastanie/Marone Verwendung. Dieser Baum wurde ursprünglich aus Kleinasien eingeführt, wo er bis heute an der Schwarzmeerküste ebenso verbreitet ist wie die gleichfalls von dort stammende Haselnuss (*nux pontica*). Bereits im 1. Jahrhundert n. Chr. hatte man die Kastanie zumal im südlichen Italien in mehreren Sorten kultiviert. Dem Zeugnis des Apicius zufolge kam sie auch bei Gastmählern zum Einsatz.

Walnüsse, Haselnüsse und Süßmandeln galten weniger als Nahrungsmittel denn als Süßigkeit und Bestandteil frugaler Desserts; Mandeln wurden außerdem zum Kochen verwendet, ähnlich wie Pinienkerne, bei denen es sich um Kerne der echten

Pinie oder anderer Kiefernbäume – etwa der im Alpenraum verbreiteten Zirbelkiefer – handeln konnte. Die schwer zu gewinnenden Kerne waren teurer als geschälte Mandeln oder Nüsse und finden sich als Zutaten in zahlreichen Gerichten der apicianischen Rezeptsammlung.

GEMÜSE

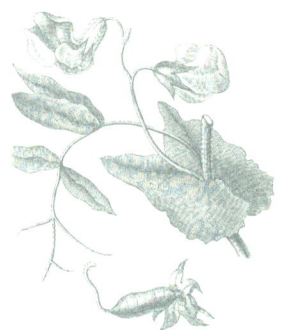

Der Weg vom Obstgarten in den Gemüsegarten führt in eine vergleichsweise fremde Welt, denn die verschiedenen Produkte und Sorten des altrömischen Gemüsegärtners unterschieden sich doch merklich von dem, was wir heute unter den jeweiligen Namen verstehen. Am einfachsten verhält es sich noch mit Gurke (*cucumis*) und Kürbis (*cucurbita*). Die erstgenannte Gartenfrucht war in der Antike allem Anschein nach merklich bitterer als heutige Züchtungen, wurde doch bei ihrer Zubereitung viel Honig verwendet. Dennoch waren Gurken ein beliebtes, allerdings nicht ganz billiges Gemüse. Vergleichsweise günstiger war da der Kürbis, der für das gleiche Geld mehr Fruchtfleisch auf die Waage brachte; es handelte sich um den Flaschenkürbis, der als nicht allzu nahrhaft galt und sich eher auf dem Tisch einfacher Leute fand, auch wenn er uns in der apicianischen Rezeptsammlung dreimal häufiger begegnet als die Gurke. Heutige Interpretatoren altrömischer Kochkunst streiten darüber, ob die Gerichte mit *cucurbita* (italienisch: *zucca*) auch mit dem grünen oder gelben *zucchino* zubereitet werden dürfen, der ursprünglich mittelamerikanischer Herkunft ist. Dieses Problem stellt sich zwar nicht bei den Wurzelgemüsen, doch weicht deren heutige Wertschätzung deutlich von der antiken ab. Man denkt zunächst an Karotte, Rettich, Rübe bzw. Bete, weniger an Pastinake und weiße Rübe, kaum an Steckrübe und wohl gar nicht an die Taro-Wurzel (*colocasia*). Die letztgenannte, die roh oder gekocht gegessen wurde, ist im antiken Griechenland und seit dem 1. Jahrhundert n. Chr. auch in Italien angebaut worden; es soll sie in der südöstlichen Türkei auch heute noch gelegentlich geben.

Dagegen findet sich die Steckrübe, die in Deutschland als ‹Kriegsgemüse› immer noch geringgeschätzt wird, weiterhin auf europäischen Bauernmärkten. Die Römer mochten insbesondere die runde Sorte aus Nursia im Sabinerland, woher auch die begehrtesten weißen Rüben (*brassicae rapae*) kamen. Gerade Rüben galten als urrömisches Nahrungsmittel – der Dichter Martial (13,16) lässt den mythischen Gründer Roms, Romulus, im Himmel ausschließlich *rapae* essen –, doch sollen sie im 1. Jahrhundert n. Chr. so raffiniert zubereitet worden sein, dass der Feinschmecker sie sogar in purpurner Färbung vorgesetzt bekam.

Vom Gartenrettich wurde die beliebteste Sorte aus den nördlichen Albanerbergen nach Rom geliefert. Als dann der sehr scharfe Syrische Rettich als Import auf den Markt gelangte, goutierten ihn zwar nur wenige Feinschmecker, weil er Mundgeruch hervorrief, doch kein Geringerer als Apicius empfahl ihn zubereitet mit einer Sauce aus *garum*, Wein und Pfeffer, was vermutlich seine natürliche Schärfe milderte. Derselbe Gourmet scheint dagegen Karotten (*carotae*) weniger geschätzt zu haben. Auch die Pastinake findet sich kaum einmal in seinen Rezepten, vermutlich weil sie erst unter Tiberius (Kaiser 14–37 n. Chr.) in Mode kam, der eine stärker zuckerhaltige Sorte aus Germanien importieren ließ.

Zum Wurzelgemüse sind auch Zwiebel (*cepa*) und Knoblauch (*allium sativum*) zu rechnen, die im Mittelmeerraum bis heute eher als eigenständiges Gemüse denn als Gewürzpflanzen gelten. Die Gärtner brachten eine ganze Palette zumal großköpfiger Sorten – etwa aus Kampanien, Oberitalien und auch Nordafrika – auf den Markt. Unbeliebt bei den Feinschmeckern war der Knoblauch, doch hielt das die breite Bevölkerung nicht davon ab, aus einer sehr dicken Sorte, die in vorzüglicher Qualität aus Nordafrika importiert wurde, eine beliebte Sauce mit Öl und Essig zuzubereiten. Allerdings verzehrten die ‹alten› Römer nicht nur ‹unsere› Haushalts- oder Gemüsezwiebeln, sondern auch Blumenzwiebeln (*bulbi*), und zwar vornehmlich Knollen der Traubenhyazinthe. Ungeachtet ihrer Schärfe und des hohen Preises für Importe – wiederum aus Nordafrika – wurden sie gekocht, gebraten bzw. als eine aphrodisierende Spezialität mit Öl, Wein, Essig und *garum* verspeist.

Blumen aus der botanischen Familie der Korbblütler (*cardui*) kamen bei den Römern – wie schon bei den Griechen – gleichfalls auf den Teller, und zwar vornehmlich Stängel und Blumenböden, zumeist von Disteln. Man spricht daher von Artischocken-Gemüse, doch waren moderne Sorten (*Cynara cardunculus*) in der Antike unbekannt. Ursprünglich verzehrte man die Wilde Kardone, doch zu Beginn des 1. Jahrhunderts n. Chr. kamen *cardui* als Kulturpflanzen nach Italien, nachdem sie in Nordafrika und Südiberien schon länger angebaut worden waren und ihre Produzenten damit hohe Gewinne erwirtschafteten. Da unter den Rezepten des Apicius drei für die Stängel und sieben für mit Kräutern gekochte oder gebratene Blütenböden zu finden sind, dürften als Delikatessen gerade die Blütenköpfe in Mode gekommen sein.

Unter Salaten (*acetaria*) verstanden die Römer zunächst solche Gemüse, die zwar ungekocht essbar waren, sich aber für den Verzehr mit Essig, Öl und *garum* sowie mit Kräutern veredeln ließen. Zu nennen sind in diesem Zusammenhang Lattich, Endivie, Garten- und Brunnenkresse sowie Portulak, Meerfenchel und Bockshornklee, ebenso der Lauch (Porree bzw. Schnittlauch), der allerdings eher von ärmeren Leuten gegessen und von der Oberschicht lediglich zum Würzen verwendet wurde.

Zwei weitere Arten von Gemüsen waren Spargel und Spinat. Mit ersterem sind die jungen Triebe von Pflanzen oder auch Sträuchern (z. B. des Weinstocks und Hopfens) gemeint, also eigentlich Sprossen. Dazu zählte auch ‹unser› Spargel, der auf immer dickere Stängel hin gezüchtet wurde und als Delikatesse galt, zumal wenn er aus Ravenna geliefert wurde. Unter den Gemüsesprossen waren die am meisten verbreiteten und beliebten diejenigen vom Kohl (*cymae* für die Frühlingssprossen, *cauliculi* für die späteren Sprösslinge).

Zu den Spinaten gehörten diejenigen Pflanzen, die als Suppen oder Püree, mithin gekocht, verzehrt wurden. Mit dem heutigen Blattspinat hat die Bezeichnung also nicht direkt zu tun, denn zu ‹Spinat› verarbeitet wurden in erster Linie diverse Kohlsorten, die in Premiumqualität vor allem aus Kampanien kamen wie z. B. der breitköpfige, fast stängellose Kohl aus Cumae und der schmalblättrige Kohl aus Pompeji. In gleicher Weise wurden Malve, Ampfer, Sellerie und Mangold kultiviert und als Püree verzehrt; das Gleiche gilt für den Lattich, der gleichfalls in vielen, oftmals aus Gegenden in Kleinasien und Griechenland eingeführten Varianten gezüchtet wurde. Alle diese Pflanzen aß man gekocht, kleingehackt und oftmals als Mischung aus mehreren Arten.

Die französische Bezeichnung für Gemüse, *legume*, leitet sich vom lateinischen Begriff *legumina* ab. Damit waren aber nur die essbaren Hülsenfrüchte bzw. deren Samen gemeint – also etwa Erbsen, Saubohnen, Linsen, Kichererbsen. Doch sind nach den Angaben römischer Autoren auch Hanf und Sesam sowie etwa Gerste und Hirse hinzuzuzählen, die beide mal zu den *legumina*, mal zu den *frumenta* (Getreide) gerechnet wurden. Gemeinsam ist allen diesen Pflanzensamen – unter denen übrigens unsere heutigen grünen Bohnen nicht bekannt waren –, dass sie sich gut trocknen und aufbewahren ließen, was sie auch zu problemlosen Handelswaren machte. Verkauft wurden die Körner entweder ganz, geschrotet oder als zu Mehl verarbeitet; gegessen wurden vor allem Bohnen als Brei, Püree oder Eintopf. Einfache Bohnengerichte waren in erster Linie Speise einfacher Leute, nicht zuletzt auch der körperlich hart arbeitenden Menschen, beispielsweise der Schmiede. Billiger noch als die genannten Hülsenfrüchte waren Gerichte aus Lupinensamen.

Auf den Tisch der Feinschmecker kamen hingegen frische Kerne oder aber die jungen Schoten von Bohnen und Erbsen als Gemüse, die gelegentlich auch als Eintöpfe (*conchicla*) zubereitet wurden. Nahrhafter als Erbsen und zugleich in vielen Varianten gezüchtet bzw. importiert – etwa aus Sizilien, Ägypten und Syrien – waren Linsen (*leniculae*), die zumeist zu Brei verarbeitet wurden. Der Vollständigkeit halber sei an dieser Stelle erwähnt, dass Sesam und Mohnkörner aus kultiviertem Anbau beim Brot- und Kuchenbacken zum Einsatz kamen.

Die sozialen Unterschiede in der römischen Gesellschaft machten sich bei den Essgewohnheiten vor allem dort bemerkbar, wo es um die Verwendung von Gewürzen respektive Kräutern ging. Den bei den Schriftstellern verbreiteten moralisierenden Tenor, wonach der Weg der römischen Kochkunst mit der Übernahme von exotischen Gewürzen aus dem hellenistischen Osten in die Niederungen dekadenter Schlemmerei geführt habe, greifen, wie bereits erwähnt, auch moderne Autoren auf: «*Die kleinen Leute jedoch, d. h. die Mehrheit der Italiker, verwendeten weiter ihre ‹Kräuter›, die [...] allesamt zu diesem Zweck in den Gärten kultiviert wurden*» (André [1998], 173).

Bei sogenannten Gewürzpflanzen wurden nicht selten mehrere Bestandteile verwendet: grüne Teile, Samenkörner und Früchte. Von den frischen oder gerösteten Mandeln und Pinienkernen, die Speisen oder Saucen aromatisierten, war bereits die Rede. Dass Kapern-, Myrten- und Rautenbeeren die Früchte der entsprechenden Sträucher sind, liegt auf der Hand, auch wenn die beiden letztgenannten Beeren in getrocknetem Zustand tatsächlich eher Samenkernen ähneln. Um solche handelt es sich bei Anis, Fenchel, Dill, Koriander, Kümmel, Liebstöckel (*ligusticum*), Sellerie und Senf. Von fünf der genannten acht Pflanzen wurden auch die Blätter frisch oder getrocknet verwendet, und zwar von Fenchel, Dill, Koriander, Liebstöckel, Sellerie sowie darüber hinaus von Basilikum, Kerbel, Lorbeer, Majoran (*origanum hortense* und *origanum vulgare*), Minze, Petersilie (*petroselinum*), Poleiminze (= Flohkraut), Rauke, Raute, Salbei und Thymian. Alle diese Kräuterpflanzen wurden in Italien wohl zumeist im eigenen Kräutergarten angebaut und spielten daher im Binnenhandel keine große Rolle. Dass dennoch Gewürze – beispielsweise Koriander und Oreganum aus Ägypten, Kümmel aus Kleinasien – importiert wurden, lässt sich sowohl mit dem großen Bedarf als auch mit der Attraktivität der fremden Varianten erklären.

GEFLÜGEL

Bis in die jüngere Geschichte unterschieden sich Gesellschaftsschichten nicht zuletzt durch das Ausmaß ihres Fleischkonsums. Dies war im alten Rom und in den Provinzen nicht grundsätzlich anders. Selbst beim Geflügel, das als Kleinvieh oftmals für den Eigenbedarf gehalten wurde, lassen sich soziale Differenzierungen gut erkennen. Die uns geläufige Verbindung von Hühnern und Eierproduktion ist freilich in der gesamten Antike insofern sehr viel weniger naheliegend gewesen, als Küken vornehmlich im Frühjahr (von März bis Juni) schlüpften und damals große und für die Mast geeignete Hühnerrassen bevorzugt wurden. Bei vornehmen Herrschaften waren junge Hühnchen als Delikatessen beliebt, wie die zahl- und variantenreichen Rezepte belegen.

Gänse wurden schon in der frühen Republik gehalten, denn sonst hätten sie der Legende nach nicht zu Beginn des 4. Jahrhunderts v. Chr. mit ihrem Geschnatter das Kapitol vor den angreifenden Galliern retten können. Bis in die Spätantike wurden sie in Italien gezüchtet; gemästete Tiere waren auf den Märkten doppelt so teuer wie ungemästete.

Billiger waren Enten, denn sie galten möglicherweise als nicht ganz so delikates Geflügel; noch weniger zahlte man für gemästete Tauben verschiedener Rassen.

In der mittleren (277–133 v. Chr.) und späten Republik (133–27 v. Chr.) ging man mit einer Reihe von Gesetzen gegen den Tafelluxus der Oberschicht vor; so verbot beispielsweise im Jahr 115 v. Chr. die *Lex Aemilia* den Verzehr exotischer Vögel. Das mag in erster Linie dem Pfauen gegolten haben, der ursprünglich aus Indien bzw. Persien stammte. Später wurde er in Italien in großem Stil auf hochherrschaftlichen Landgütern gezüchtet: In der frühen Kaiserzeit kostete ein Pfauenei 5 Denare und ein ausgewachsenes Tier das Zehnfache; in der späten Kaiserzeit versechsfachte sich noch einmal der Preis für einen Pfauenhahn auf 300 Denare.

Die *Lex Aemilia* gegen ausufernde Schlemmereien scheint aber auch schlichteres Federvieh wie das Perlhuhn (*gallina Numidica*) betroffen zu haben, das nach der Aufhebung jenes Speiseverbots auf Geflügelhöfen gemeinsam mit Hühnern gehalten wurde. Ob das Perlhuhn Mitte des 2. Jahrhunderts erst im Zuge der Zerstörung Karthagos (146 v. Chr.) nach Italien gelangte, ist umstritten; immerhin kannte man eine verwandte Art bereits im 4. Jahrhundert in Griechenland. Im Laufe der Kaiserzeit ‹landeten› schließlich auch Kranich und Strauß auf der Tafel der Gourmets; freilich handelte es sich bei diesen Gerichten schon um exzentrische Genüsse.

Eier spielten in der einfachen bäuerlichen Haushaltung ebenso selbstverständlich eine wichtige Rolle wie in den Geflügelzuchten der *villae rusticae*. Neben den Eiern aller oben genannten domestizierten Federtiere wurden auch die aus den Nestern wilder Vögel gesammelten Gelege verzehrt.

Eier zu konservieren war nicht einfach: Roh wurden sie zunächst in Salzlauge gelegt, dann in Spreu oder Bohnenmehl deponiert. Gegart und auf diese Weise haltbar gemacht wurden Eier in heißer Salzlake; solcherart zubereitet hören wir von ihnen in den apicianischen Rezepten als Vorspeise sowie als Bindemittel für Gerichte und Saucen, aber auch im Zusammenhang mit Vorspeisen. Da für omelettartige Pfannengerichte und Nachspeisen hingegen frische Eier benötigt wurden, dürfte die allzeitige Versorgung der Stadthaushalte der Oberschicht mit frischen bzw. entsprechend gut

gelagerten Eiern ein weiterer Aspekt der auf elitäre Bedürfnisse ausgerichteten Landwirtschaft gewesen sein.

SCHLACHTVIEH

So relevant die Verarbeitung von Frischfleisch für die gehobene
Küche war, so knapp lässt sich der Überblick über die Schlacht-
viehproduktion halten. Die Römer mästeten ursprünglich und
auch später weitestgehend nur das Hausschwein für den Fleisch-
bedarf anlässlich festlicher Mahlzeiten. Vom Schwein wurden
alle Teile verzehrt; das Gedärm diente zur Abfüllung der in
zahlreichen Varianten kreierten Würste, in deren Füllung nicht zuletzt Innereien ver-
arbeitet wurden. Davon, dass die Lebern von Schweinen, die mit Feigen gemästet
worden waren, eine besondere Delikatesse darstellten, war schon die Rede. Eine andere Spezialität der römischen Küche waren die gefüllten Gebärmütter (*volvae*) sowie
die gekochten oder auch gefüllt servierten Schweineeuter (*sumen*). Sehr geschätzt
waren Spanferkel, wie die zahlreichen Rezepte für diese noch ganz jungen Tiere bezeugen; man servierte sie gekocht, gebraten oder gefüllt. Auch ältere Schweine wurden für besondere Anlässe gefüllt – unter anderem mit Vögeln –, wie die ‹trojanische
Sau› aus der Mitte des 2. Jahrhunderts v. Chr., von der berichtet wird, sie sei wie das
legendäre Trojanische Pferd mit Kriegern mit allem Möglichen angefüllt gewesen.

Schafe und vor allem Ziegen wurden ihrer Wolle bzw. ihrer Milch wegen gehalten
(dazu S. 30 f.). Rinder hingegen dienten in erster Linie als Zugtiere in der Landwirtschaft und nicht als Schlachtvieh. Gegessen wurde Rindfleisch gleichwohl, und zwar
zunächst nach der Schlachtung alter oder unfruchtbarer Tiere, freilich erst später,
als infolge einer immer effizienteren Viehzucht ein entspechender Überschuss vorhanden war. Die Gourmets bevorzugten indes Kalbfleisch – gerade so, wie sie die
Milchlämmer und -zicklein als Delikatesse verzehrten; dafür nahm man vor allem
den männlichen Nachwuchs, und zwar in dem Maße, als Tiere über den eigentlichen
Zuchtbedarf hinaus geboren wurden. Vom Import von Schlachtvieh nach Rom von
außerhalb Italiens ist nichts bekannt; zu Zuchtzwecken allerdings mögen Tiere
durchaus transportiert worden sein.

MILCHPRODUKTE

Was Milchprodukte anbelangt, so war Schafs- und Ziegenmilch sehr viel beliebter als Kuhmilch, was damit zusammenhängen mag, dass die damaligen Rinderrassen wenig Milch gaben. Die für den Verkauf gedachte Milch wurde morgens von den Hirten an diejenigen Verbraucher geliefert, die nicht allzu weit entfernt wohnten; sie fand zumeist Verwendung, um Grütze zu kochen, während sie in der gehobenen Küche vor allem für Pfannkuchen (*patinae*), Aufläufe sowie beim Backen von kuchenartigem Brot zum Einsatz kam. Dies gilt allerdings nur für die Wintermonate, denn im Sommer zogen die Herden in die Bergregionen, wo sie bis in die späten Herbst blieben und wo die Hirten die frische Milch zu Käse verarbeiteten und sie dadurch haltbar machten. Dabei war Käse aus Kuhmilch wiederum beliebter als derjenige aus Schafsmilch; Ziegenkäse war, ganz anders als die Ziegenmilch, weniger begehrt. Für die Säuerung und Fermentierung der Milch gab es unterschiedliche Methoden: Man verwendete etwa Feigensaft und geronnene Milch, die aus den Mägen von Lämmern und Zicklein gewonnen wurde. Auch für die Haltbarmachung der häufig handgepressten Käse gab es verschiedene Techniken – vom Trocknen und Aufbewahren in Blättern

Fresko aus einer Villa bei Rom: ländliche Idylle (Palazzo Massimo, Rom)

bestimmter Pflanzen, etwa von Aronstabgewächsen wie dem Drachenwurz, bis zum Räuchern, das dann in den Städten oder Siedlungen stattfand. Wie sich Produkte einiger italischer Regionen weithin besonderer Wertschätzung erfreuten, so waren es mit Blick auf Mittelitalien die berühmten Käse aus Umbrien, dem Sabinerland und Etrurien. Da Käse ein relativ haltbares Milchprodukt war, eignete er sich auch zum Transport über größere Strecken, und so überrascht es nicht, dass die herrschaftliche Tafel natürlich auch mit importiertem Käse aufwartete, beispielsweise aus dem südlichen Gallien, aus Dalmatien und sogar aus Bithynien. Dennoch hatte der Käse, den man in allen Schichten vornehmlich mit Brot und zum Mittagessen zu sich nahm, möglichst frisch zu sein. Älterer Käse bedurfte zusätzlicher Zubereitung, um genießbar gemacht zu werden, etwa indem er in Kräuteressig oder in gutem Most eingelegt wurde; pulverisiert konnte man ihn anstelle von Mehl oder Grütze für Brei oder auch zum Kuchenbacken verwenden.

WILD

Hirten und Großgrundbesitzer in Italien und den Provinzen einte gewissermaßen das Jagdfieber, denn während die einen ihre Herden vor Gefahren durch Raubtiere schützen mussten, errichteten sich die anderen zu ihrem Vergnügen kleine Wildgehege, die durch Mauern oder Holzzäune von dem übrigen Areal abgetrennt waren; darin wurden vornehmlich Hasen gehalten. Aus solchen *leporaria* gingen bis ins 1. Jahrhundert n. Chr. allmählich parkähnliche Reservate mit Wildschweinen, Rot- und Damwild, später sogar auch mit exotischen Spezies hervor. Die darin lebenden Tiere ließen sich als prestigeheischende Gerichte für die eigenen Gäste vorsetzen oder gewinnbringend zu dem nämlichen Zweck verkaufen.

Der auch in Italien weit verbreitete Feldhase war ein beliebtes Jagdtier; allerdings wurden die Tiere aus den *leporaria* vor der Schlachtung erst einmal zur Mästung in Käfige umgesetzt. Jedenfalls galt Hase als Delikatesse – ob gebraten, gekocht oder gefüllt wurde er stets mit einer Sauce serviert, wie die zahlreichen Rezepte der apicianischen Sammlung bezeugen. Man kann heutzutage darüber diskutieren, ob sich die Zubereitungsart von Hasenfleisch genauso gut für Kaninchenfleisch eignet, doch galt das Kaninchen, das erst im 3. Jahrhundert v. Chr. überhaupt in Italien heimisch geworden sein soll, bei den römischen Feinschmeckern als weniger interessant. Da es vergleichsweise billig zu kaufen war, dürfte es zwar in der ambitionierten Küche nicht oft verwendet, wohl aber von der einfachen Bevölkerung gern gegessen worden sein.

Ursprünglich stammte das Kaninchen (*cuniculus*) aus Iberien, wo vor allem die frisch-geborenen Tiere als Leckerbissen gegolten haben sollen.

Als zweifelhafte Bereicherung des römischen Wildspeiseplans erscheinen uns heute die in massenhafter Käfighaltung gezüchteten Siebenschläfer bzw. Haselmäuse (*glires*). Man fütterte sie in verschlossenen Gefäßen mit Walnüssen, Eicheln und Kastanien; je größer und fetter sie waren, desto begehrter waren sie – beispielsweise gebraten mit Honig und Mohn überzogen – bei Gastmählern. Dass sie vornehmlich auf den Tellern der Senatoren landeten, geht aus der *lex Aemilia* (S. 28) hervor.

Am gefragtesten und folglich teuersten war das nahrhafte Fleisch des Wildschweins, das aber keineswegs eine Rarität darstellte, sondern im gesamten Römischen Reich gejagt wurde. Die Gourmets bevorzugten indessen wegen ihres zarteren Fleisches die Jungtiere, die ihnen die Wildgehege lieferten. Ein besonderes Tafel-Event war das ausgewachsene und im Ganzen gebratene Wildschwein, zu dem natürlich wie üblich delikate Saucen gereicht wurden. Hirsch- und Rehfleisch, das gleich teuer war, kam entweder aus den Wildparks herrschaftlicher Landgüter oder aber von Bauern, die das Wild gerade im Winter mit Fallen erlegt hatten. In Apicius' Rezeptsammlung gibt es neben sieben Hirsch- und drei Rehfleischgerichten auch zwei für die Zubereitung von Wildschaf (*ovis fera*). Dessen Jagd war ebenso wie die auf Wildziegen (*caprae ferae*) vielerorts beliebt und wohl auch einträglich, denn diese Tiere lebten selten in den erwähnten Tierparks, sondern in den Bergen etwa des Sabinerlandes.

Aus naheliegenden Gründen war Wild – abgesehen von der Belieferung der Arenen für Tierhetzen (*venationes*) – übrigens kein Gegenstand des Fern- und Übersee-handels.

FISCH

Das Gleiche gilt für frische Fische; durch Trocknen oder Räuchern, vor allem aber durch Einsalzen haltbar gemachter Fisch war indessen selbstredend eine im Angebot breit gefächerte Handelsware. Dabei spielten allerdings Flussfische eine ganz untergeordnete Rolle; namhaft zu machen sind Aale aus dem Gardasee und Lachse aus Aquitanien. Meeresfische, die nach Italien – und vermutlich auch in andere Regionen des *Imperium Romanum* – exportiert wurden, waren der Sterlet (*helops*) aus Rhodos, die Muräne aus sizilischen Gewässern und aus dem Mündungsgebiet des Guadalquivir (*Baetis*) sowie die Aalraupe (*mustela marina*) vom nordafrikanischen Kap Bon. Die beiden letztgenannten Fischsorten wurden aber auch im großen Stil auf den herrschaftlichen Landgütern in Meerwasserfischteichen gehalten und gezüchtet, desgleichen mindestens ein Dutzend weiterer Fische – darunter Gold- und Zahnbrasse (*aurata*, *dentex*), Wolfsbarsch (*lupus*), Meeräsche (*mugil*), Meerbarbe (*mullus*), Steinbutt (*rhombus*), Seezunge (*solea*) –, denen allen gemeinsam war, dass sie bei den Gastmählern der Oberschicht die Tafel zierten. Eine ganze Reihe weiterer schmackhafter und beliebter Seefische konnte man offenbar in großer Menge im Meer an den italischen Küsten fangen, so dass kein besonderer Bedarf bestand, sie in aufwändigen Zuchtteichen zu halten, namentlich den Stör (*acipenser*), Meeraal (*conger*), vorzüglich aus Sorrent gelieferter heimischer Sterlet, Seeteufel (*rana marina*), Geißbrasse (*sargus*), Makrele (*scomber*), Drachenkopf (*scorpio marino*), Zitterrochen (*torpedo*) sowie Thunfisch (*thunnus*) in seinen verschiedenen Altersstufen.

Eine Besonderheit stellte der Papageienfisch (*scarus*) dar, der nur im östlichen Mittelmeer zu finden und in entsprechenden Meerwasseraquarien nicht zu halten war. Von dieser Sorte ließ Kaiser Claudius (41–54 n. Chr.) in Spezialschiffen bzw. -tanks eine große Anzahl vor die Küste Kampaniens bringen und dort aussetzen, verbot aber zugleich für fünf Jahre den Fang dieser Spezies. Danach hatte sich eine hinreichend starke Population entwickelt, so dass in der Folgezeit der Papageienfisch vor Italien ohne nachhaltige Dezimierung gefischt werden konnte.

Die Erfindung und Optimierung der Fischteiche mit Süß- und Salzwasser entwickelte sich seit dem 1. Jahrhundert v. Chr., nachdem um 108 beim kampanischen Baiae der erste Austernpark seinen Betrieb aufgenommen hatte. ‹Erfinder› war C. Servius Orata, dessen Beiname von der Goldbrasse (*aurata*) abgeleitet ist, deren Züchtung ihm ebenfalls zugeschrieben wurde. In ähnlicher Weise zeigt der Beiname des L. Licinius Murena, eines erfolgreichen römischen Feldherrn im 1. Jahrhundert v. Chr., dass dieser *nobilis* seine besondere Freude an Muränen hatte.

Am Anfang exklusiver Fischzucht standen also die Mollusken (*conchae*), insbesondere Austern, Murex- und Purpurschnecken, denn Servius Orata fand unter seinen Standesgenossen bald Nachahmer. Dies ist erstaunlich, weil noch 115 v. Chr. die *lex Aemilia* nicht nur den Verzehr von Siebenschläfern und exotischen Vögeln verboten hatte (S. 28, 32), sondern auch von Austern. Eine geschätzte – und sogar preisgünstige – Alternative zu den Austern war – und ist in manchen Regionen der Mittelmeerküsten bis heute – der Seeigel (*echinus*), der in exzellenter Qualität an der Küstenzone bei Misenum eingesammelt wurde, dem bedeutenden Flottenstützpunkt an der kampanischen Küste. Ganz in der Nähe, etwas nördlich von Baiae, befanden sich der Averner- und der Lucrinersee, die neben der Auster die Große Kammmuschel (*peloris*) und auch die besonders hochgeschätzte Goldbrasse lieferten. Weitere Vorzugsregionen für Fisch- und Muschelzucht waren Tarent und Brindisi sowie Ravenna und Venetien an der Adriaküste, an der tyrrhenischen Küste Circei und Laurentum in Latium.

PILZE

Abschließend verdient noch ein pflanzliches Nahrungsmittel besondere Erwähnung, dessen Eigenheit darin liegt, dass es sich in der Antike eigentlich nicht kultivieren ließ: Pilze. Zum einen gehörten Baum-, Wald- und Wiesenpilze zur Basisernährung der einfachen Landbevölkerung, die ihren Speisezettel ohnehin mit gesammelten wilden Pflanzen, Früchten, mit Vögeln und Kleintieren erweiterte, zum anderen wurden bestimmte Pilze zu den erlesenen Delikatessen gerechnet. Das Problem der damaligen Zeit lag in der Ungewissheit – zumal der nichtbäuerlichen Konsumenten –, inwieweit die auf den Märkten angebotenen Pilze genießbar oder gar giftig waren; zu diesem Thema empfahlen antike Autoren, prophylaktisch als Gegenmittel Birnen oder Essig zu sich zu nehmen. Es sei an dieser Stelle ausdrücklich darauf hingewiesen, dass dies natürlich überhaupt keinen geeigneten Schutz gegen Pilzgifte darstellt, so dass von entsprechenden Selbstversuchen dringend abzuraten ist! Die heutigen Ernährungshistoriker tun sich im Übrigen schwer mit der Frage, welche Pilze wohl für die bescheidene oder die aufwändige Tafel verwendet worden sind, denn Pilze wurden in der Antike noch nicht wissenschaftlich klassifiziert. Sie werden in der Überlieferung überhaupt erst in der römischen Kaiserzeit – und auch dann lediglich – grob in *fungi*, *boleti/suilli*, Wiesenpilze und *tuberes* unterschieden. Zu der ersten Kategorie zählten Eschenpilz (*fungus farneus*) und Pfifferling (*cantharellus cibarius*) sowie Steinpilz (*boletus edulis*) und Parasol, zur zweiten Champignon (*psalliota campestris*) und Morchel (*morchella*), zur dritten schließlich alle Trüffel.

Von zwei exklusiven Pilzarten, die nicht in Italien wuchsen, ist bekannt, dass sie getrocknet nach Rom importiert wurden: bithynischer Steinpilz und libysche Wüstentrüffel. Verzehrt wurden Pilze – sicherlich jeweils entsprechend ihrer spezifischen Möglichkeiten der Zubereitung – sowohl roh also auch geröstet oder gekocht, heiß oder kalt mariniert mit diversen Saucen. Auf der ambitionierten Tafel der römischen Oberschicht wurden nach Aussage der Schriftquellen raffinierte Pilzgerichte serviert, während in der einfachen Bevölkerung kein größerer Umstand gemacht und wohl hauptsächlich gekochte Pilze mit Essig verzehrt wurden.

Erzeuger und Verbraucher

Der voranstehende Überblick über die Nahrungsmittel, die den Römern – wie der Bevölkerung Italiens und auch zumeist derjenigen in den Provinzen – zur Verfügung standen, verdeutlicht den wesentlichen Unterschied in der Ernährung der einfachen Leute und der Mitglieder der gesellschaftlichen Elite; dies gilt insbesondere für die römischen *nobiles*, also jene Familien, aus denen einmal ein Konsul hervorgegangen war, der Träger des obersten Amtes im Staate. Dieser Unterschied ergab sich nicht nur aus der entsprechend ausgetüftelten Zubereitung der Speisen. Vielmehr steigerten gerade die Seltenheit und besondere Schmackhaftigkeit einzelner Sorten von Gemüsen und Früchten bzw. Arten von Geflügel, Fleisch, Wild und Meeresgetier die Nachfrage einer relativ kleinen, aber finanzstarken Bevölkerungsgruppe, was die Preise auf dem Markt in die Höhe trieb. Zugleich aber inspirierte diese Nachfrage eine neuartige und teilweise technisch sehr anspruchsvolle Kultivierung bzw. Züchtung für den unmittelbaren Privatverbrauch. Infolge des großen Bedarfs an bestimmten Erzeugnissen – mochten sie oftmals auch nur eine vorübergehende Modeerscheinung sein – wurden diese nach Italien oder auch in solche Regionen des *Imperium Romanum* importiert, in denen das begehrte Nahrungsmittel nicht von Natur aus in der nötigen Qualität und Quantität verfügbar war. Ein eindrückliches Beispiel dafür bietet die Erfindung transportabler Meerwasserbehälter, in denen im 1. Jahrhundert n. Chr. Austern aus Britannien nach Rom gebracht wurden. Derartige Fässer wurden im folgenden Jahrhundert für den Transport dieser und wohl auch anderer Schalentiere aus Italien in die Provinzen nördlich der Alpen verwendet. Dies führt die Bedeutung der verfeinerten Küchen- und Esskultur für eigentlich alle Bereiche der römischen Landwirtschaft und damit generell für die Intensivierung der Wirtschaft im römischen Weltreich sinnfällig vor Augen.

KAPITEL III

Gutsherren, Gourmets und Gelehrte:
Die Überlieferung zur römischen Küchenkultur

Von der Klassischen Archäologie als einer Bildwissenschaft wird in der interessierten Öffentlichkeit erwartet, dass sie das Leben in der Antike augenfällig machen kann. Daher erfreuen sich farbige Fresken und Mosaiken aus Stadt- und Landvillen, die Einblick in den Alltag der wohlsituierten Römer gewähren, großer Beliebtheit. In der Tat faszinieren uns bis auf den heutigen Tag die Wandmalereien aus Pompeji, Herculaneum und Boscoreale, den im Jahr 79 n. Chr. durch einen katastrophalen Vulkanausbruch zerstörten Städten am Fuße des Vesuv, auf denen häufig Stillleben zu sehen sind mit zumeist bereits toten Tieren, Pflanzen und anderen Viktualien (Lebensmitteln). Die meisten dieser eindrucksvollen Bilder sind im Nationalmuseum Neapel zu bewundern. Ähnliche Motive begegnen auf den in viel größerer Zahl erhaltenen Fußbodenmosaiken, die es an vielen Orten im gesamten Imperium Romanum gegeben hat, weil sich nach und nach über das ganze Reich eine recht einheitliche Wohnkultur ausbreitete; die meisten und zugleich die bezauberndsten Beispiele hat man in Nordafrika gefunden; sie befinden sich heute zumeist in tunesischen Museen, in erster Linie im Bardo-Museum zu Tunis.

Doch illustrieren diese bildlichen Darstellungen wirklich in realistischer Weise die Tafel- und Küchenkultur der Römer? Diejenigen Motive, aus denen man darauf schließt, was aufgetischt wurde, dienten in erster Linie der Dekoration und gerieten leicht, wenn keine großen Künstler am Werke waren, ziemlich stereotyp. Zudem standen sie in der Tradition hellenistischer Malerei, was gut zu dem bereits erwähnten Phänomen passt, dass die römische Küchenkultur ihre wesentlichen Anregungen aus dem hellenistischen Osten empfangen hat. Freilich schmälert diese Standardisierung der Darstellungen – selbst die der zauberhaften Mosaiken mit naturgetreu abgebildetem Meeresgetier – den konkreten Erkenntniswert. Insofern bietet das Bildmaterial der Fresken und Mosaiken, die keineswegs vorrangig in Speisezimmern angebracht waren, keine Informationen, die unser Wissen über die Esskultur, das wir im Wesentlichen aus literarischen Quellen gewinnen, wesentlich ergänzen; immerhin gibt es jedoch Aufschluss darüber, welchen sozialen Stellenwert das Essen in Gemeinschaft hatte.

Wenn wir die Texte antiker Autoren lesen, die sich über Essen und Gebräuche bei Tisch geäußert haben, müssen wir stets mitbedenken, dass sie ihre Werke in bestimm-

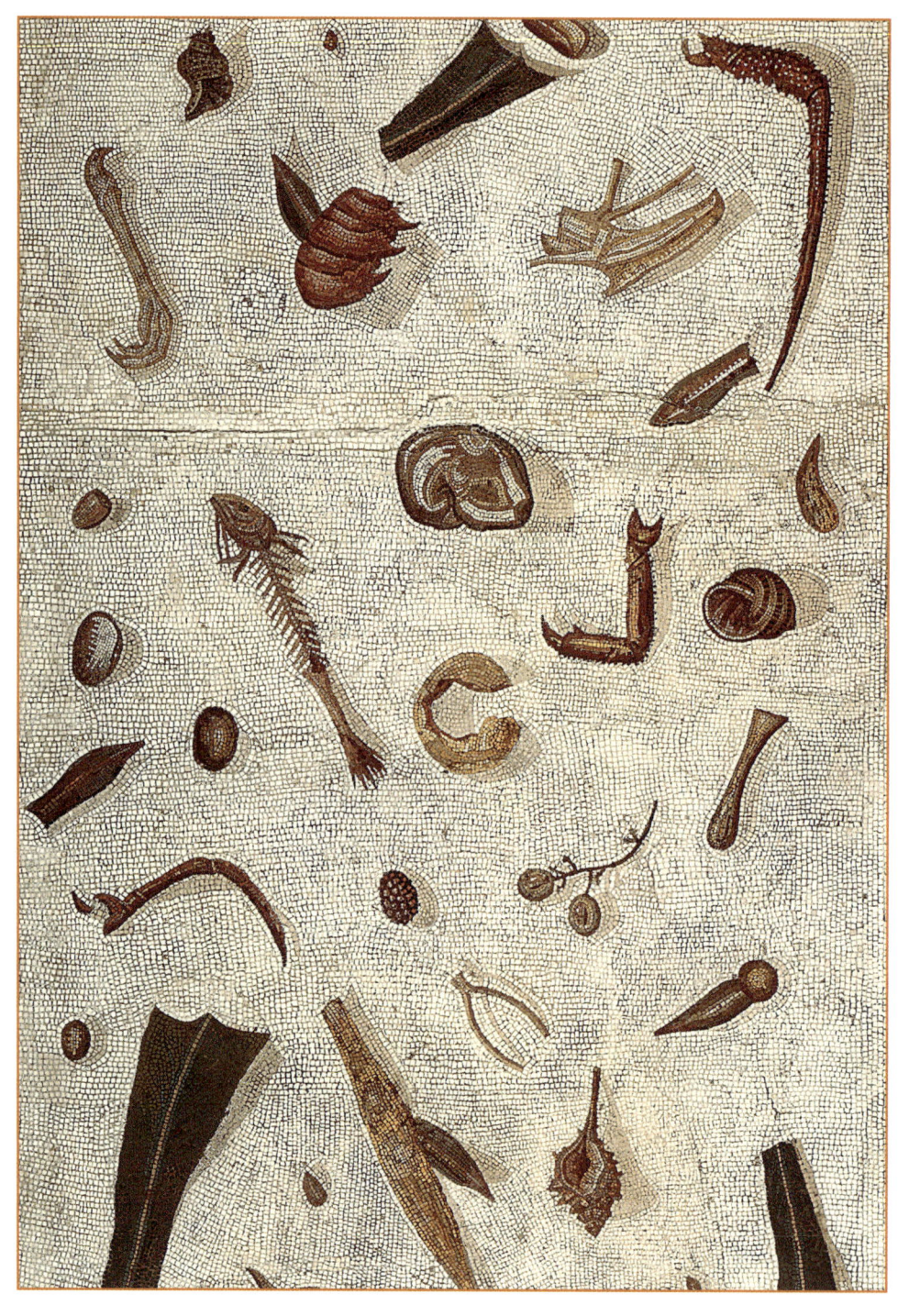

Fußbodenmosaik einer Villa bei Rom (nach hellenistischem Vorbild):
sogenannte asaratos oikos «ungefegter Speiseraum» *(Vatikanische Museen Rom)*

ten Absichten verfasst haben. So verbanden die Biographen von großen Römern bzw. Kaisern – Plutarch und Sueton im 2. Jahrhundert n. Chr., die Autoren der sogenannten *Historia Augusta* in der Spätantike – die Tischsitten ihrer Protagonisten mit moralisierenden Klischees. Charakteristisch sind etwa Äußerungen des C. Suetonius Tranquillus (ca. 75–150 n. Chr.) über den ‹guten› Kaiser Augustus einerseits und den ‹wahnsinnigen Tyrannen› Nero andererseits. Über den einen heißt es (*Augustus* 76–77), dass seine Ansprüche an Essen (und Trinken) äußerst bescheiden gewesen seien: einfaches Hausbrot, kleine Fische, handgepresster Kuhkäse, frische Feigen, gedörrte Früchte sowie gelegentlich Gurke und Lattichstängel. Über den anderen schreibt Sueton (*Nero* 27; 31): Als sich seine Laster zu öffentlichen Exzessen auswuchsen, dehnte er seine Bankette von Mittag bis Mitternacht aus; sofern er nicht auf dem Marsfeld oder im Circus Maximus speiste, genoss er entweder seinen runden Hauptspeisesaal im neuen römischen Palast, dessen Decke sich ständig wie das Weltall drehte, oder eines der intimeren Speisezimmer, aus deren beweglichen und durchlöcherten Elfenbeinplatten Blumen und Duftwasser über die Gäste verteilt wurden.

Ein weiteres Beispiel für den mit Tafelluxus einhergehenden moralischen Verfall bietet eine Passage aus Plutarchs Bericht über L. Licinius Lucullus: Darin (*Lucullus* 40) heißt es, seine tägliche, recht protzige Tafel habe durch purpurne Decken, edelsteinbesetzte Becher, musikalische und tänzerische Aufführungen und das Auftischen der verschiedensten, mit raffinierter Kunst bereiteten Leckerbissen und Delikatessen den Neid der törichten Menge hervorgerufen. Sogleich stellt Plutarch dem Prasser in einer Anekdote den ruhmreichen Pompeius gegenüber, dem einst sein Arzt zur Genesung empfohlen haben soll, eine Drossel zu essen. Weil aber der Vogel, da es Sommer war, nirgends anders als aus dem Mastbetrieb des Lucullus hätte besorgt werden können, wies Pompeius diesen Rat mit dem Ausspruch zurück: «*Also, wenn Lucullus kein Schlemmer wäre, sollte Pompeius nicht leben können?*»

Als Inbegriff des altväterlichen und daher empfehlenswerten Lebensstils galt der bereits erwähnte Alte Cato (234–149 v. Chr.) auch noch – oder gerade?– in der Kaiserzeit. Nach Plutarch soll der asketische Republikaner auf seinem Landgut genauso arbeitsam und bescheiden wie seine Knechte gelebt und auf der politischen Bühne Roms unentwegt gegen den Luxus gepredigt haben, wohl wissend um die Vergeblichkeit dieses Tuns (*Cato* 8): «*Es ist schwer, liebe Mitbürger, zum Bauch zu reden, der doch keine Ohren hat.*»

Was die Einstellung des Marcus Porcius Cato zu Ernährung, Küche und Lebensmittelproduktion angeht, ist man nicht auf spätere Autoren angewiesen, sondern kann dessen eigene Schrift *De agri cultura* (Über den Ackerbau) konsultieren – die erste lateinische Prosa überhaupt. Cato war der erste römische Fachschriftsteller, doch geht das Genre der sogenannten Hausvaterliteratur bereits auf den Athener Xenophon (ca. 430–355 v. Chr.) zurück, der in seinem *Oikonomikos* (Haushaltswesen) den idealen Gutsherrn präsentiert, der nicht nur über Feld- und Gartenarbeiten Bescheid weiß, sondern auch über Landkauf und Personalführung. Catos Schrift enthält Anweisungen, wo und wie ein Landgut am besten anzulegen, worauf beim Anbau welcher Pflanzen zu achten und wie bestimmte Viktualien bzw. Speisen zuzubereiten seien. Einen Eindruck davon mögen folgende Passagen vermitteln:

§ 10,1: «Mariskische Feigen pflanze in kreidiges und freies Feld. Afrikanische und Herkulanische Feigen, Sacontinische Winterfeigen, schwarze Tellanische mit langem Stiel, die pflanze in schwerem oder gedüngtem Boden. Eine Wiese [...] laß wachsen, damit es nicht an Heu fehle.»
§ 95: «Weizenbrei mache so: ein halbes Pfund reinen Weizen tue man in einen reinen Mörser, wasche ihn gut und reibe die Hülsen gut ab und spüle sie gut aus; hernach tue man ihn in einen Topf, dazu reines Wasser und koche ihn. Wenn er gekocht ist, tue man langsam Milch hinzu solange, bis ein dicker Brei entstanden ist.»
§ 129: «Most, wenn du (davon) das ganze Jahr haben willst, tue ihn in eine Amphora und verpiche ihren Korkpropfen; versenke sie im Fischteich; nach 30 Tagen nimm sie heraus. Das ganze Jahr wird er Most bleiben.»

Eine Fundgrube ganz anderer Art ist ein literarisches Werk aus der Zeit um 200 n. Chr., die *Deipnosophistai* (Gelehrtengastmahl) des aus dem ägyptischen Naukratis stammenden Athenaios. Darin bietet die Rahmenerzählung, ein Gastmahl gebildeter Männer, dem Autor Gelegenheit, seine immense Kenntnis über die Schriftstellerei in allen möglichen Genres – von Bühnenstücken bis zu Kochbüchern – auszubreiten. Es dominieren allerdings Textpassagen aus der klassischen und hellenistischen Literatur, so dass für die Kenntnis der römischen Esskultur wenig Zusätzliches herauszufiltern ist, es sei denn, man konzentriert sich auf die ansonsten verlorenen Informationen über hellenistische Küchen und Gelagesitten. Davon eine Kostprobe (IV 131– 132) über das Hochzeitsmahl eines Makedonen:

«[...] Dann bekam jeder Gast auf einem bronzenen Tablett korinthischer Produktion ein Fladenbrot von etwa derselben Größe, auf dem Hühner und Enten, auch Ringeltauben und eine Gans und eine reiche Fülle ähnlicher Dinge aufgetürmt waren [...] und danach kam ein zweites, silbernes Tablett, wieder mit einem großen Brotfladen, und dazu Gänse, Hasen, Zickel, kunstvoll geformtes Gebäck, Tauben, Turteltauben, Rebhühner und eine Fülle sonstigen Geflügels [...] Dann trägt man eher ein ganzes Vermögen als ein Gericht herein, ein silbernes, dick vergoldetes Tablett, groß genug, um ein ganzes gebratenes Schwein zu fassen – und zwar ein ungewöhnlich großes. Das lag auf dem Rücken und streckte seinen offenen Bauch nach oben, der voll war von vielen Köstlichkeiten. Da gab es mit ihm gebratene Drosseln und Enten und eine unbegrenzte Menge von Singvögeln und über Eier gegossenen Bohnenbrei und Austern und Kammmuscheln. Und jedem Gast wurde dieser ganze Turmbau zusammen mit dem Tablett dargeboten. Danach tranken wir, und dann bekamen wir jeder ein heißes Zicklein, wieder auf einem neuen Tablett gleicher Art, zusammen mit goldenen Löffeln [...] Man gab uns Wein aus Thasos, Mende und Lesbos, und jeder bekam einen sehr großen Goldbecher. Und nach dem Trinken bekamen alle ein gläsernes Tablett von etwa zwei Ellen Durchmesser, eingefügt in ein silbernes Behältnis und voll von einer Zusammenstellung aller Arten gebratener Fische. Dazu bekam jeder eine silberne Brotschale mit kappadokischem Gebäck [...] (Sc. später) wurden Wildschweine, wahrhaft von der Größe des erymanthischen Ebers, auf goldgeränderten viereckigen Tabletts, mit silbernen Spießen durchbohrt, aufgetragen, für jeden Gast eines [...] Zuletzt wurde der Nachtisch aufgetragen. Naschwerk in elfenbeinernen Körben reichte man allen und Kuchen jeder Art, von Kreta und [...] Samos [...] und aus Attika [...].»

Die Schlaraffenlandphantasien dieser Erzählung zeigen eine innere Verwandtschaft mit dem berühmt-berüchtigten *Gastmahl des Trimalchio* aus der Feder des T. Petronius Arbiter. Der Autor, ein hoher Staatsbeamter, spießte mit seiner Satire die sozialen Verwerfungen der neronischen Zeit auf; Kaiser Nero zwang ihn dann im Jahr 66 zum Freitod. Einen Vorläufer hatte Petronius in Q. Horatius Flaccus (65 – 8 v. Chr.), der als Sohn eines Freigelassenen und als Günstling des Augustus-Freundes Maecenas seine Einblicke in das arrogante Treiben der damaligen *High Society* in seinen Gedichten bissig verarbeitete. In einer Satire erzählt er die Parabel von der armen Feldmaus und der verwöhnten Stadtmaus (II 6, 79–117) – daraus eine kurze Passage (vv 101–117):

«Es war schon Mitternacht als unsre Wandrer / in eines reichen Hauses Speisesaal / sich einquartierten, wo, auf Lagerstellen / von Elfenbeine Purpurdecken glühten / und eines großen Gastmahls Überbleibsel / ringsum in Körben aufgeschichtet standen. / Sobald der Städter hier den bäur'schen Gast / auf Purpur hingelagert, läuft er rüstig, / gleich einem aufgeschürzten Wirte, hin und her, und trägt ein niedliches Gerichte nach / dem anderen auf; vergißt jedoch sich selber nicht / dabei, indem er alles, was er bringt / naschhaften Dienern gleich, zuvor beleckt. / Die Feldmaus, ganz entzückt von ihrem neuen Glück, / dehnt fein gemächlich auf dem weichen Sitze / sich aus und lässt sich alles vortrefflich schmecken: / als plötzlich ein gewaltiges Geknarr / der Flügeltüren unsre beiden Schlemmer / von ihren Polstern wirft. Sie rennen zitternd im ganzen Saal herum, und ihre Furcht / wird Todesangst, indem durchs hohe Haus der großen Hunde Bellen widerhallt. / ‹Ich danke für dies Leben›, sprach mit schwacher Stimme / der Bau'r zu seinem Freunde: ‹fahre wohl! / ich lobe mir mein kleines Loch im Walde! / Da hab' ich nichts zu fürchten wenigstens / und kann, wiewohl's nur magre Bissen gibt, / mich dann in Ruh' an meinen Wicken laben.›»

Zwei Generationen jünger als Horaz war M. Valerius Martialis (ca. 40–102 n. Chr.), der aus Iberien stammte und in Rom das Leben als Klient am eigenen Leibe kennengelernt hatte; vor dem Hintergrund dieser Erfahrungen skizziert er mit seinen freimütigen, oft polemischen Epigrammen die römische Gesellschaft, dabei thematisiert er, nicht nur in zahlreichen Kurzversen des 13. Buches, immer wieder auch Kulinarisches (3.60):

> «[…] Weshalb gibt man nicht dir und mir / das gleiche Mahl? Die Auster wird von dir verzehrt, / die im Lukrinersee sich nährt; / die Miesmuschel schlürf ich indessen, / die mir die Lippen hat zerfressen. / An Pilzen gibt man dir nur feine, / doch mir die Pilze für die Schweine / […] Die Taube ist an dich geraten, / mit schweren Keulen, goldgebraten, / an mich die Elster, die, ihr wißt, / im Käfig grad verstorben ist. / […].»

Die Sittenverderbnis der Zeit unter den Kaisern Nero (54–68 n. Chr.) und Domitian (81–96 n. Chr.) schilderte in noch grelleren Farben der letzte römische Satirendichter, der aus Kampanien stammende D. Iunius Iuvenalis (ca. 60–140 n. Chr.) (I 133–147):

> «Schließlich verlassen den Hausflur die alten, müden Klienten / und entsagen dem stillen Wunsch: einer lange erhofften / Ladung zum Mahl! Kohl müssen die Armen sich kaufen und Feu'rung, / während der Herr Patron des Wald's und des Meer's allerbeste / Gaben hineinschlingt, tafelnd allein im geräumigen Saale. / Tische gibt's da so viele, so schöne, so breite, so alte, / aber verprasst am einsamen Tisch muss werden das Erbgut! / Kein Parasit ist hier zu sehn. Wer möcht' auch ertragen / derlei schmutziges Schwelgen? Welch ein Schlund, der sich ganze / Wildschweine auftischt: Tiere, zur Labung von Gästen geschaffen! / Aber die Strafe ereilt dich, sobald du geschwollenen Bauches den / unverdauten Pfau ins Bad trägst und dich da ausziehst. / So trifft Greise der Schlag, und ihr Testament ist nicht fertig. / Das gibt neuen, doch munteren Stoff für Gespräche beim Mahle, / und man bestattet den Alten zur Freud auch grollender Freunde.»

Die Kritik der Dichter galt damals vornehmlich dem sozialen Fehlverhalten der Parvenüs (S. 55–57) nicht dem Tafelluxus als solchem, wenngleich der ‹Schlemmer› zum Begriff für moralische und politische Dekadenz geworden ist. In einem Epigramm Martials auf einen Dichterkollegen namens Gaurus personifiziert der Gourmet M. Gavius Apicius die kritisierte Feinschmeckerei (2.89, 3–5):

> «[…] Dass du gereimt hast, ohne Beistand / holder Musen, des Apoll: / das muss man loben, denn es stammt von Cicero, ein gleicher Fall. / Das Kotzen hast du von Anton, das Prassen mit Apiz gemein […].»

Im lateinischen Original lautet der entscheidende Vers (v. 5):

«*quod vomis, Antoni: quod luxuriaris Apici*»

Apicius starb, als Columella sein umfangreiches Werk über die Landwirtschaft noch nicht verfasst hatte und weder Martial noch Juvenal geboren waren. Er galt jedoch später diesen Autoren, die bis heute unsere Vorstellung vom verkommenen Rom der frühen Kaiserzeit prägen, offenbar als einer der stilbildenden Verräter traditioneller römischer Askese. Dennoch wissen wir über diesen durch Vermögen und erlesenen Geschmack ausgezeichneten *nobilis* äußerst wenig, das meiste noch aus der Feder seiner Kritiker, etwa Senecas, der die Umstände seines Todes überliefert hat (S. 17). Athenaios (I, 7a–c) kennt die Anekdote von der Seereise des Apicius an die nordafrikanische Küste, wo er noch größere Austern als die ihm bekannten zu finden hoffte; schon bevor er an Land ging, ruderten ihm Fischer entgegen, um ihm ihre Austern zu zeigen, doch da sie kleiner waren als diejenigen, die er in Italien zu essen pflegte, kehrte er, ohne einen Fuß ans Ufer gesetzt zu haben, sofort wieder um. Man erfährt im direkten Zusammenhang mit dieser Episode, dass Apicius sich in seinem Wohnort – nämlich in Minturnae, einer kampanischen Küstenstadt nördlich von Capua – hauptsächlich von teuren Austern ernährte, die dort eine Größe erreichten, wie selbst die stattlichsten Exemplare in Smyrna und Alexandria nicht. Athenaios erzählt an dieser Stelle auch, dass nach Apicius verschiedene Kuchenarten benannt worden seien, was wiederum auf dessen Ruhm als Erfinder von Gerichten und als Autor einer Schrift *De re coquinaria* (Über die Kochkunst) verweist.

Die schon mehrfach angesprochenen ‹apicianischen› Rezepte stellen eine Sammlung von Kochanweisungen für Gerichte und Saucen aller Art dar, die unter dem Namen des berühmten Gourmets überliefert ist, wohl aber nur zu einem kleinen Teil tatsächlich auf ihn und seine Kochkunst zurückgeht; es muss auch ein spezielles Saucen-Kochbuch (*de condituris*) aus seiner Feder gegeben haben, das allerdings nicht erhalten ist.

Die *Kochkunst* des Apicius ist in zehn Bücher unterteilt, die verschiedenen Sachgruppen gewidmet sind, beispielsweise «Gehacktes» (II), «Der Gärtner» (III), «Geflügel» (VI), «Der Fischer» (X). Einige Rezepturen tragen den Namen des Apicius als ihres Erfinders, nämlich ein kalter Salat (*sala Cattabia Apiciana*; IV 126), ein Auflauf mit verschiedenen Fleischarten (*patina Apiciana*; IV 141), ein Bohneneintopf (*conchicla Apiciana*; V 196), eine kalte Sauce zu heißer Gans (*Anser elixus calidus ex iure figido Apiciano*; VI 235) und Fleischrouladen (*ofellae Apicianae*; VII 263).

Nach dem Zeugnis Columellas gab es schon vor dem Werk des Apicius römische Schriften über Kochkunst, und zwar von den ansonsten gänzlich unbekannten Autoren M. Ambivius und Maenas Licinius über die Aufgaben von Köchen, Bäckern und Kellermeistern sowie von dem als Gefolgsmann Caesars und als Apfelzüchter bekannten C. Matius über ‹Koch, Fischhändler und Konservenhersteller›. Zeitgenossen des Apicius waren – so erfahren wir wiederum von Columella (1. Jahrhundert n. Chr.) – Iulius Atticus und Iulius Graecinus, die sich über Weinbau verbreiteten. Dass alle genannten römischen Schriftsteller, die über Tafelkultur schrieben, aus den zahlreichen bereits älteren griechischen Kochbüchern, wie sie von Athenaios erwähnt werden, Anregungen empfangen haben dürften, liegt auf der Hand, nicht zuletzt wegen der aus dem griechischen Sprachgebrauch übernommenen Spezialbegriffe; doch lässt sich angesichts der desolaten Überlieferung darüber nichts Weiteres sagen.

Nach diesem kurzen Ausflug in Theorie und Geschichte antiker Kochkunst soll nun die Praxis nicht zu kurz kommen – darum folgt an dieser Stelle ein erstes Menü, das auf der Basis der Rezepte in Apicius' Kochkunst aus zwei Vorspeisen, zwei Hauptspeisen und einer Nachspeise zusammengestellt ist. Dafür wurden solche Gerichte ausgewählt, die den Tafelluxus (Austern, Frikassee mit Aprikosen) und die Kreativität einzelner Feinschmecker (Brotauflauf nach Apicius; Brathuhn nach Fronto) bzw. die noch am Namen zu erkennen Herkunft aus der hellenistischen Küchentradition (*tyropatina*) illustrieren.

Ausschnitt aus einem Sarkophag mit landwirtschaftlicher Idylle (Thermenmuseum Rom)

MENÜ ZU KAPITEL III

VORSPEISEN:

cuminatum in ostrea (Austern in Kümmelsauce)
sala Cattabia Apiciana (Kalter Brot-Fleisch-Salat)

HAUPTSPEISEN:

pullus Frontonianus (Brathuhn à la Fronto)
minutal ex praecoquis (Frikassee mit Aprikosen)

NACHSPEISE:

tyropatina (Käsepfanne bzw. Eiercreme)

CUMINATUM IN OSTREA

«Nimm Pfeffer, Liebstöckel, Petersilie, getrocknete Minze, Lorbeerblatt, Malabathrum, reichlich Kümmel, Honig, Essig und liquamen.»

— 10 EL Weißweinessig (= ca. 75 ml) mit 200 ml Wasser, 1 EL Honig, 1 EL chinesische Fischsauce, je 1 Lorbeer- und Kaffirlimettenblatt aufkochen.
— Die Blätter von je 1 Stängel Petersilie und Liebstöckel sehr fein hacken, mit 1 TL getrockneter Minze, die im Mörser fein zerstoßen wurde, 0,5 TL frisch gemahlenem schwarzen Pfeffer und 1 (knappen) EL gemahlenem Kreuzkümmel in den aufgekochten Essig-Sud geben; bei niedriger Temperatur ca. 15 Minuten ziehen und abgeseiht weiter auskühlen lassen.
— Die Austern (nach Belieben pro Person 2 – 4) öffnen und auslösen, mit der Sauce beträufelt servieren oder die Sauce extra zu den Austern reichen.

SALA CATTABIA APICIANA

«Stampfe und mische im Mörser Selleriesamen, getrocknetes Flohkraut, getrocknete Minze, Ingwer, frischen Koriander, entkernte Rosinen, Honig, Essig, Öl und Wein. Lege Stücke von picentinischem Brot in eine Auflaufform und darüber schichtweise Hühnerfleisch, Ziegenbrieschen, vestinischen Käse, Pinienkerne, Gurken und feingehackte Zwiebeln. Gieße die Sauce darüber. Kühle in Schnee und serviere.»

Vorbemerkung: Dieses Gericht ist ein in den jüngeren römischen Kochbüchern immer wieder erwähnter Fleischsalat. Die Rezepturen unterscheiden sich allerdings erheblich, nicht zuletzt wegen der Vorschläge, wie man heutzutage das picentinische Brot und das Ziegenbrieschen ersetzen könnte; auch die Schichtung wird sehr unterschiedlich gehandhabt. Die folgende Umsetzung stellt also einen weiteren Vorschlag dar.

— 50 g Rosinen in 125 ml Weißwein einweichen.
— Eine größere Schmorgurke schälen, entkernen und in kleinere Würfel schneiden; in kochendem Salzwasser 5 Minuten blanchieren, herausnehmen, abtropfen lassen; dabei 75 ml Gurkenwasser abnehmen; im restlichen Sud 150 g Brätklößchen garen.
— 100 g Südtiroler Schüttelbrot in eine flache Schale geben, mit einer Mischung aus 3 EL Sherryessig, 4 EL Wein sowie dem Gurkenwasser übergießen und zugedeckt zur Seite stellen.

- 1 mittelgroße Zwiebel fein würfeln.
- 200 g gekochte Hühnerbrust (oder: von einem Brathuhn) in sehr feine Streifen oder Würfel schneiden, ebenso die gegarten Brätklößchen und 150 g sardischen Ziegenkäse (oder auch nicht zu harten Pecorino).
- Das angefeuchtete Schüttelbrot in eine passende Schüssel oder Auflaufform legen, darauf zunächst die Hälfte der Gurkenstücke verteilen; als nächste Schichten folgen Hühnerfleisch, Brätklößchen, Käse und 30 g Pinienkerne; die Gurken-Zwiebel-Mischung bildet die oberste Schicht.
- Für die Sauce je 1 EL feingeschnittenes Sellerie- und Koriandergrün mit den eingeweichten Rosinen samt dem Wein, je 1 TL feingeriebener getrockneter Minze, Selleriesalz und Ingwerpulver, 1 EL Honig, 50 ml Kräuteressig sowie 100 ml Öl in einen Standmixer geben und pürieren. Die Sauce über den geschichteten Salat geben, ggf. mit einem Teller beschwert in den Kühlschrank stellen und dort einige Stunden (bzw. über Nacht) gut durchziehen lassen.

PULLUS FRONTONIANUS

«Brate das Huhn an, würze es mit einer Mischung von liquamen und Öl sowie mit einem Bündel von Dill, Lauch, Bohnenkraut und frischem Koriander und lasse es darin schmoren. Wenn das Huhn gar ist, nimm es heraus, lege es auf eine Platte (lanx), gieße defrutum darüber, bestreue es mit Pfeffer und serviere.»

- Für die Sauce je 2 EL Worcestersauce (nach Geschmack Wein oder Tokayer) und 3 EL Öl vermischen.
- Aus jeweils 6 Stängeln Bohnenkraut, Dill und frischem Koriander sowie einem kleinen Bund Schnittlauch ein Kräutersträußchen binden.
- 4 Hühnerbeine (oder Teile einer Maispoularde) waschen, trockentupfen und in einem Schmortopf unter Wenden in 3 EL Öl anbraten; die Sauce über das Geflügelfleisch geben, die Kräuter obenauf legen; bei mittlerer Hitze zugedeckt ca. 30 Minuten schmoren.
- Das gare Fleisch herausnehmen und warmhalten, 3 EL eingedickten Traubensaft *(defrutum)* in die Bratensauce geben und einige Minuten kräftig aufkochen.
- Das Huhn auf einer Platte anrichten, mit der Sauce und mit frisch gemahlenem Pfeffer bestreut servieren.

MINUTAL EX PRAECOQUIS

«Gib Öl, liquamen und Wein in einen Topf, schneide Schalotten hinein und füge gekochte Schweineschulter, in Würfel geschnitten, hinzu. Wenn dies alles gekocht hat, stampfe im Mörser Pfeffer, Kümmel, getrocknete Minze und Dill, gieße Honig, liquamen, passum, etwas Essig und etwas von der Schweinsbrühe hinzu und verrühre dies. (Gieße die Sauce in den Topf mit dem Schweinefleisch) und gib entsteinte Aprikosen dazu. Bringe dies zum Kochen und lasse es kochen bis es gar ist. Dicke das Gericht mit Teigkrümeln an. Bestreue mit Pfeffer und serviere.»

- Ca. 1 kg Schweineschulter (am Stück mit Schwarte) in reichlich Salzwasser (nach Geschmack auch mit ca. 15 Pfefferkörnern, 2 Lorbeerblättern und einer geschälten, halbierten Zwiebel) gar kochen.
- Inzwischen 500 g Aprikosen entsteinen und zur Seite stellen. 100 g Zwiebeln in grobe Stücke schneiden.
- Die Schweineschulter aus der Brühe nehmen, die Schwarte abschneiden, das Fleisch in mundgerechte Würfel schneiden, in der Brühe warm halten; etwa 100 ml Brühe abnehmen und zur Seite stellen.
- In einer Schale 6 EL Tokayer, 2 EL milden Essig und 2 EL Honig vermischen, dann je 1 EL gemahlenen Pfeffer, Kümmel, getrockneter Minze und Sardellenpaste sowie 3 EL gehackten frischen Dill dazugeben und mit ca. 5 EL Brühe gut verrühren.
- Je 3 EL Öl und Weißwein mit 1 TL Sardellenpaste in einem breiten Kochtopf erhitzen, dann die Schalotten und bald darauf die Fleischstücke hinzufügen; zugedeckt kurz anschmoren; mit der Sauce ablöschen und die Aprikosen in den Topf geben; alles zum Kochen bringen und ca. 10 Minuten bei mittlerer Hitze garen, dann das Ragout mit 2 EL Speisestärke binden.
- In einer geeigneten Schüssel mit frisch gemahlenem Pfeffer bestreut servieren.

TYROPATINA

«Nimm eine genügende Menge Milch, entsprechend dem Topf, den du verwendest, und vermische die Milch mit Honig wie für einen Milchbrei. Füge 5 Eier auf einen halben Liter oder 3 Eier auf einen Viertelliter Milch hinzu. Rühre die Eier mit der Milch glatt, passiere die Mischung durch ein Sieb in einen irdenen Topf (Cumana) und lasse sie auf kleinem Feuer kochen. Wenn sie steif ist, bestreue sie mit Pfeffer und serviere.»

Vorbemerkung: Dieses Dessert ist eine Eiercreme, vergleichbar dem englischen *egg custard* oder der französischen *crème au bainsmarie*.

- In einer geeigneten Schüssel 0,5 l Milch mit 2 EL Honig gut verrühren.
- 5 Eier verschlagen und durch ein feines Küchensieb zu der Milch geben.
- Im Wasserbad erhitzen, bis die Mischung cremig wird, dann 0,5 TL frisch gemahlenen Pfeffer vorsichtig unterheben.
- Unter gelegentlichem Rühren erkalten lassen.

KAPITEL IV

Gäste und Geselligkeit in Rom –
Nähren und Ehren

D iesen Küchenfürsten und Wohlstandshelden gilt keine Mahlzeit als vollkommen, wenn nach einem wohlschmeckenden Essen nicht sofort abgetragen und eine andere, noch köstlichere und kostspieligere Speise nachgezogen wird. Dies nun ist die Krone der Tafelfreuden für jene Leute, denen Prasserei und übertriebene Mäkelei gleichviel gelten wie geistige Genüsse, bei denen kein Geflügel mit Ausnahme der Feigenschnepfe ganz aufgegessen werden darf […] Greift nun das Wohlleben weiter um sich, wird wohl nichts weiter übrigbleiben, als dass man die Speisen nur noch abschmecken lässt, um sich ja nicht müde zu essen, als da ja für einige Menschen die Tafel mit Gold, Silber, Purpur großartiger hergerichtet wird als für unsterbliche Götter.» So soll im Jahr 100 v. Chr. ein Redner namens Favorinus den L. Licinius Crassus unterstützt haben, der – wieder einmal! – ein Gesetz gegen den Tafelluxus beantragt hatte; überliefert ist die Predigt wider die üppigen Gastmähler, an die sich die römischen *nobiles* gewöhnt hatten, bei Aulus Gellius (XV 8), einem ‹Buntschriftsteller› der hohen Kaiserzeit (2. Jahrhundert n. Chr.).

Bemerkenswert in diesem Text sind vier Informationen: 1) Die Gourmets der Römischen Republik zu Beginn der Staatskrise waren nicht unbedingt an geistigen Genüssen interessiert. 2) Bei Gastmählern wurde unglaublich viel aufgefahren; 3) zugleich gehörte es zum guten Ton, nur kleine Portionen zu verspeisen. 4) Und schließlich beschränkten sich die Feinschmecker nicht auf Exklusivität und Menge der Gerichte, sondern demonstrierten mit Geschirr aus Edelmetall und bunter Textilausstattung einen geradezu monarchischen Prunk.

In einer köstlichen Satire des Horaz (II 8), etwa drei Generationen nach der Rede des Favorinus verfasst, begegnen die genannten Vorwürfe wieder im Bericht über das Gastmahl des neureichen Nasidienus, über das sich der Teilnehmer Fundanius so amüsiert hat: Als erster Gang wird ein Wildschwein serviert, dazu verschiedene Gemüse und Sardellen; dann wird alles komplett abgeräumt, ein Sklave «wischte den Tisch von Ahornholz mit einem rauhen Lappen von Purpur ab»; dann wird bester Wein gereicht, von dem die Gäste mehr trinken, als dem Hausherrn lieb ist.

Wieder wird Essen hereingetragen – diesmal in einer riesigen Schüssel (*patina*) eine Muräne mit einer phantastischen Sauce, in der Krabben herumschwimmen; schließlich kommt noch eine große Platte mit Kranichfrikassee, Gänseleber und Hasenfleisch, es folgen verlockend knusprig gebratene Tauben und Amseln. Doch die

Gäste nehmen keinen Bissen mehr zu sich – nicht aus Sattheit, sondern aus Rache dafür, dass der Gastgeber, sekundiert von einem seiner Vertrauten, ständig die besonderen Finessen jedes einzelnen Gerichts und teilweise auch Details der Zubereitung erläutert und dabei mit der Kostbarkeit der Ingredienzien und eigenen Rezepten prahlt. Zwischendrin ist auch noch der Baldachin auf die Gäste und ihre Schüsseln heruntergefallen – doch das ist nicht der Grund für das Misslingen des Abendessens; vielmehr herrscht Langeweile, die der Hausherr mit seinem Geschwätz erzeugt, während es an geistreicher Unterhaltung fehlt. Dass sich Fundianus und die anderen Männer dennoch amüsieren – «so herrlich war's, dass ich mich nie im Leben besser unterhalten habe!» –, geschieht mit Galgenhumor und Sarkasmus auf Kosten des ungebildeten Nasidienus. Es liegt auf der Hand, dass der ‹Abend›, der schon um die Mittagszeit begonnen hatte, an der Zurschaustellung des Reichtums des Gastgebers gescheitert ist.

Wie aber sah ein wirklich gelungenes Gastmahl aus? Das *convivium* war eine festliche Form des Abendessens (*cena*), weshalb es erst nach Sonnenuntergang stattzufinden pflegte. Der Gastgeber lud in sein Privathaus ein, wo es normalerweise nicht nur ein einziges ausgewiesenes Speisezimmer gab, sondern je nach Größe des Hauses und

Wandfresko aus einer römischen Villa: Beim Gastmahl (Palazzo Massimo, Rom)

der Gästezahl entweder mehrere entsprechend eingerichtete Räume zur Verfügung standen oder aber verschiedene Räume zu diesem Zweck genutzt werden konnten.

Die archäologische Erforschung der so zahlreichen herrschaftlichen Wohnhäuser von Pompeji, ihrer Grundrisse und Innenausstattungen – Wand- und Bodendekorationen, Mobiliar und Gerätschaften – bildet die Grundlage für unser Wissen über römische Wohnkultur. Seit sich das Erkenntnisinteresse nicht nur auf kunsthistorische Fragen, sondern zunehmend auf die antike Alltagskultur richtet, ist deutlich geworden, dass fast alle Räume in römischen Häusern zu verschiedenen Zwecken dienen konnten und das Mobiliar im wahren Wortsinn beweglich war, mithin dort aufgestellt werden konnte, wo es dem Hausherrn gerade in den Sinn kam.

Möbliert waren die Speisezimmer (*triclinia*) üblicherweise mit drei Klinen (lateinisch: *lectus*), sogenannten Ruhebetten oder Speisesofas, auf denen zwei bis drei Personen liegen konnten; diese Klinen wurden hufeisenförmig aufgestellt. Sollten sich mehr als neun Gäste zu Tische lagern, so mussten auch entsprechend mehr Speisesofas hinzugestellt werden. Auf den Klinen nahmen die Teilnehmer nach ihrem sozialen Rang Platz (S. 55); ihnen wurden dann auch in entsprechender Reihenfolge aufgewartet.

Man speiste also im Liegen, genauer gesagt auf die linke Seite gelagert und auf den linken Ellenbogen gestützt. Es gab folglich keinen Esstisch, an welchem man sitzend die Speisen auf einem eigenen Teller vor sich gehabt und diese mit Besteck mundgerecht zugeschnitten und zum Munde geführt hätte. Vielmehr stand bei jeder Kline ein kleiner Beistelltisch (*mensa*) – oder ein größerer war von mehreren Klinen aus erreichbar –, auf dem die benötigten Schalen, Platten und auch Trinkgefäße Platz fanden. Das Speisegeschirr bestand in den vornehmen Häusern aus Platten, Tellern und Schüsseln unterschiedlicher Größen; sie waren aus verzierter Keramik (*terra sigillata*), Bronze oder Edelmetall sowie aus Glas gefertigt – in einfachen Häusern aber aus schlichtem Ton oder Holz. Dessen einzelne Teile dienten aber nicht jedem Gast als individuelles Service, vielmehr wurden die Gerichte auf den Platten und Schüsseln an die jeweiligen Serviertischchen der Gäste gereicht. Wenn es in den Berichten von Gastmählern immer wieder heißt, dass große Platten mit Geflügel, Fischen, Fleischstücken oder ganzen Schweinen aufgetragen wurden, so wird damit der Schaueffekt beschrieben. Der Dienerschaft oblag es dann, den einzelnen Gästen die Fleisch- oder Fischstücke mundgerecht zuzuschneiden und sie auf den passenden Tellern bzw. Schüsseln in Reichweite zu stellen, so dass die Herrschaften nur noch zuzugreifen hatten. Als einziges Besteck existierten Löffel – vermutlich erhielt jeder Gast seinen eigenen –, ansonsten hat man sich das Essen als eine Art *fingerfood* vorzustellen. Darüber hinaus gab es allenthalben Brot, mit dem man Sauce und Bröckchen von Gemüse, Fisch und Fleisch aufnehmen konnte. Zur Reinigung der Finger wurden von den Dienern Wasserschalen gereicht. Die Löffel waren mit Sicherheit für die bei einem

Gastmahl so besonders wichtigen Saucen gedacht, möglicherweise aber löffelte man auch Ragout und Püree aus Schüsselchen. Wenn man also heute ein römisches Rezept nachkocht, sollte man bedenken, dass der Sauce für die zerkleinerten und in Schüsseln gut portionierten Speisen eine besondere Bedeutung zukommt! Wichtig war auch die *mappa*, die große Serviette, die grundsätzlich jeder Gast selbst mitzubringen hatte: Sie diente als Mund- und Handtuch gleichermaßen. Außerdem wickelte der Gast in seine *mappa* diejenigen Happen des Mahls, die er nach Hause trug bzw. von seinem Diener tragen ließ; doch auch diese Sitte konnte man übertreiben, wie wir einmal mehr von Martial (2.37) erfahren: «*Was auf den Tisch kommt, dies und das, das steckst du ein, / sowohl das Saueneuter wie das Steak vom Schwein, / das Haselhuhn, genug für zwei, / dann ein Muränenstück, ein Hühnerbein, / die Barbe halb, den Wolfsfisch ganz sogar, / die Taube triefend, wie sie in der Sauce war. / Wenn alles dies ins fettvertriefte Tuch geschlagen, / wird es dem Sklaven überreicht, es heimzutragen. / Wir liegen da und haben Zeit, weil uns zu essen nichts mehr bleibt. / Bring her das Mahl, falls du noch Anstand hast! / [...].*»

Die wichtige Rolle der Diener im Hause des Gastgebers wird deutlich, wenn man sich klarmacht, dass jeder Teilnehmer am *convivium* umsorgt werden musste. Auch ist zu bedenken, dass beim Speisen auf den Klinen nicht gleichzeitig gegessen und getrunken wurde, das Personal also in dauerndem Wechsel Speise und Trank auftrug, zerkleinerte und zuteilte; so rhythmisierten Verzehren bzw. Eingießen und Trinken das gesamte Gastmahl.

Prinzipiell wurden drei Gänge serviert: die Vorspeisen (*promulsis, gustum* oder *gustatio*), der Hauptgang (*mensae primae* ‹erste Tische›) und der ‹Nachgang› (*mensae secundae* ‹zweite Tische›); jeder bestand aus mehreren Gerichten, von denen entsprechend kleine Portionen den Gästen auf die Tischchen (*mensae*) an ihren Speisesofas gebracht wurden.

In der Horaz-Satire über das Essen bei Nasidienus heißt es: «*Bald wurde alles abgetragen [...] ein andrer (sc. Sklave) las die Speisereste auf; sie seien überflüssig, könnten auch die Gäste leicht genieren, meint der Wirt.*» Damit ist wohl nicht nur gemeint, dass der Boden von Abfall gesäubert, sondern auch, dass durch das allzu hektische Abräumen der Tische eine harmonische Abfolge von Gerichten und Getränken gestört wurde. Dass die Gäste dann die dargebotenen erlesenen Weine in unschicklicher Menge (und Hast) austranken, ließe sich damit erklären, dass sie fürchten mochten, sie ohnehin nicht in Ruhe genießen zu können: «*[...] Und er forderte größere Gefäße [...] Ganze Krüge stürzen nun Vibidius und Balatro in ihre mächtigen Humpen, und die anderen folgen ihnen nach.*»

Aus derselben Horaz-Satire erfahren wir, wie es sich bei einem Gastmahl mit Zahl und Art der Gäste sowie mit ihrer Platzierung auf den Klinen verhielt. Mindestens drei Gäste zu Tische zu laden galt als goldene Regel, während die Höchstzahl neun betrug – so wie es drei Grazien und neun Musen gab. Die Hierarchie der Gäste war stets die gleiche, mochten nun mehrere Gäste auf einer Liege lagern oder – bei insgesamt nur dreien – jeweils einer: von links nach rechts gab es mithin drei Positionen *imus* (unten), *medius* (mittig) und *summus* (oben). Das mittlere Speisesofa (*lectus medius*) war das vornehmste, dort war der untere Platz dem Ehrengast vorbehalten, bei dem auch die Diener mit dem Service zu beginnen hatten; auf derselben mittleren Kline und der rechts anschließenden (*lectus summus*) nahmen weitere Gäste Platz. Der Gastgeber lag am oberen Ende des *lectus imus* und war so dem Ehrengast unmittelbar benachbart; neben ihm befanden sich seine Familienmitglieder bzw. seine Vertrauten.

Beim Gastmahl des Nasidienus war der Ehrengast übrigens kein Geringerer als G. Cilnius Maecenas (ca. 70–8 v. Chr.) – ein Mann von vornehmster Abstammung und einflussreicher Freund des Augustus; er investierte seinen immensen ererbten Reichtum nicht nur in einen aufwändigen Lebensstil, sondern auch – daher unser heutiger Begriff Mäzenatentum – in die großzügige Förderung von Literaten. Zu den Günstlingen des Maecenas zählten neben Horaz auch die Dichter Properz und Vergil, und darüber hinaus beispielsweise auch C. Fundianus und L. Varius Rufus. Die beiden letztgenannten waren bei Nasidienus auf der oberen Kline platziert, ganz außen der Berichterstatter über das Gastmahl, auf dem unteren Platz sein Kollege Varius, und zwischen ihnen lag als Dritter ein Gast aus dem unteritalischen Thurii. Maecenas teilte indessen sein Sofa mit Vibidius und Servilius Balatro, während auf der Kline des Hausherrn, gleichsam zu dessen Familie gehörend, am unteren Ende ein gewisser Porcius sowie Nomentanus lagen. Dem Letztgenannten hatte der ungebildete Nasidienus sogar – gegen die Regel – seinen Platz am Kopf der Kline überlassen, zweifellos damit er zum Ruhme des Gastgebers die gebührende Aufmerksamkeit auf sich ziehen konnte, denn «*auch Nomentanus hatte seinen Auftrag: falls uns von des Mahls verborgenen Finessen etwas entginge, sollte er uns mit der Nase gleich darauf stoßen […] später lehrte er mich, Honigäpfel seien schön gerötet, wenn man sie bei Neumond pflücke […].*»

Nasidienus hatte also einen hochmögenden Ehrengast eingeladen sowie mit Varius und Fundianus, vielleicht auch dem Thurier, dessen Günstlinge; Maecenas seinerseits hatte noch zwei weitere Gäste mitgebracht, denn Vibius und Servilius, die sein Speisesofa teilten, waren uneingeladene Parasiten, sogenannte Schatten (*umbrae*). Diese Männer bestritten die Unterhaltung wesentlich mit Spott und demonstrativem Weinkonsum und wurden damit ihrer Rolle gerecht, insofern sie gegenüber Maecenas eine Gegenleistung dafür zu erbringen hatten, als er sie großzügigerweise zu dem Gelage mitgenommen hatte. Auf der Kline des Hausherrn war es offenbar jener Porcius, «*der zur heiteren Unterhaltung ganze Kuchen auf einmal herunterschlang*» und gewissermaßen als Spaßmacher (*ridiculus*) engagiert war; neben dem oberlehrerhaften Nomentanus, der die Expertise des Nasidienus rühmte, personifizierte der ostentativ gefräßige Porcius die primitive Protzigkeit des Gastmahls.

Ungeachtet der Eigengesetzlichkeiten der Satire wird in Horaz' Gedicht deutlich, dass auf Seiten des Gastgebers wie der Gäste zwar die Hierarchie gewahrt wurde, aber dennoch eine Zusammengehörigkeit, eine *concordia discors*, die Mahlgemeinschaft bestimmte.

Wenn auch vieles bei der Abendeinladung des Nasidienus misslingen mochte, so hatte man doch die elementaren sozialen Strukturen gewahrt.

Worauf aber hatte ein Gastgeber noch zu achten, wenn er ein *convivium* veranstaltete? Von zentraler Bedeutung war die Einladung der Gäste bzw. die Zusammensetzung der Gästeliste. Einladungen wurden entweder schriftlich oder, weit häufiger noch, spontan bei Begegnungen am Forum oder auch in den Thermen, die man nachmittags aufsuchte, ausgesprochen. Es kam auch vor, dass ein Gastgeber noch am späteren Nachmittag Boten zu Bekannten oder Freunden schickte, die dann selbst solch kurzfristige Einladungen kaum abschlagen konnten. Bei Horaz (II 8, 1–3) heißt es: «*Wie war das Mahl beim reichen Nasidienus? Hat dir's gut geschmeckt? Als ich dich gestern zu mir bitten wollte, sagt' man mir, du zechtest schon seit Mittag dort.*» Der Dichter als potenzieller Gastgeber war also erst am Nachmittag mit seiner Einladung zu Fundanius gekommen in der Annahme, der Freund könne noch über seinen Abend verfügen.

Eingeladen zu werden, zumal von höhergestellten Männern, galt als Ehre und wurde von Nachbarn und Freunden entsprechend vermerkt, auch wenn sich Martial darüber lustig macht (5.47):

> «*Philo schwört drauf, dass er niemals zu Hause speise.*
> *Und das stimmt auch, er speist nur – eingeladenerweise.*»

Allein zu speisen, möglicherweise noch üppig, galt als absolut unschicklich, ja geradezu als asozial. Zumindest musste man solche Personen zum Essen einladen, die geradezu darauf warteten, zumal im Vorraum des eigenen Hauses: Dabei handelte es sich um die sogenannten Klienten, d. h. Personen des weiteren Bekanntenkreises des Hausherrn, die sich ihm für verschiedene kleinere Dienste zur Verfügung hielten und als möglichst zahlreiches Gefolge in der Öffentlichkeit seine Bedeutsamkeit demonstrierten. Es war aber bei Beziehungen zwischen Herrn und Klienten nicht allein mit der Zahl der ‹Freunde› (*amici*) getan, vielmehr kam es auch auf deren unterschiedlichen Status an. Jüngere Männer derselben Gesellschaftsschicht mochten sich von einem *patronus* und seinen Beziehungen die Förderung ihrer Karriere erwarten, andere, Freunde zweiter Klasse, waren an materiellen Geschenken – bis hin zur immer wieder von den Dichtern gegeißelten Erbschleicherei – interessiert oder geradezu auf die Mildtätigkeit des Herrn im Sinne existenzieller Unterstützung angewiesen. Auch diesen Leuten gegenüber hatte der *patronus* eine Fürsorgepflicht, der er mit gelegentlichen Einladungen zum Essen oder der Austeilung von Lebensmittelkörbchen (*spor-*

tulae) nachkam. Martial beginnt eines seiner Gedichte (3.60), wie oben schon erwähnt, mit der Beschwerde: «*Obgleich du mich zu Essen lädst / nicht Sporteln zahlst, wie früher mal, / weshalb gibt man nicht dir und mir / ein und dasselbe Mahl?*»

Aulus Gellius überliefert die in M. Terentius Varros *Menippeischen Satiren* niedergelegte Lehrmeinung für die relevanten Faktoren eines gelungenen Gastmahls: «*Es müssen nette Leutchen beisammen sein, der Ort muss geeignet, die Zeit gut gewählt und die ganze Aufmachung sorgfältig abgestimmt sein. Auch soll man weder Schwätzer noch Schweiger einladen.*» Dabei sollten dann die Reden aufmunternd, vergnüglich, geistreich und nützlich sein; doch die demnach verpönten politischen Gespräche und Fachsimpeleien dürften häufiger die Regel als die Ausnahme gewesen sein. Im Kreise von philosphisch interessierten Freunden ging es, folgt man Aulus Gellius (VII 13), durchaus ernsthaft zu: «*[…] Eine Frage war, wann denn nun bei einem Sterbenden der Tod einträte […]. Wo hingegen Dichter und ihre Förderer tafelten, blieben Lesungen nicht aus*», wie Martial scherzhaft in einem Epigramm wissen lässt, das von einer Einladung zu einer ganz einfachen *cenula* handelt (5.78, vv 23–30): «*Doch brauchst du selbst nicht lügen, nicht Erlogenes zu hören, / und wirst mit ganz zufriedner Miene ruhn. / Kein Herr wird dir aus einem dicken Bande lesen, / kein Mädchen aus dem sittenlosen Gades / wird endlos und in ausgelassener Manier, / die geilen Hüften mit gekonntem Zittern drehn […].*»

Bei opulenten Schwelgereien, wie sie in Petrons *Gastmahl des Trimalchio* karikiert werden, traten Akrobaten und Tänzer (und Tänzerinnen) auf sowie Schauspieler (*comoedi*), die beliebte Szenen aus Theaterstücken darboten und damit die Pausen zwischen den einzelnen Gängen füllten. Bereits bei hellenistischen Gelagen hatte man derartige Unterhaltungseinlagen – auch erotischen Charakters – geboten und professionelle Possenreißer auftreten lassen. Beim Gastmahl des Nasidienus etwa übernahm der auf der Kline des Hausherrn liegende Porcius die Rolle eines ‹ridiculus› (S. 55). In Martials Epigramm über ein *convivium* bei dem ekelhaften Zoïlos (3.82) heißt es (vv 24 f.): «*Mit Opimianerwein in Flußspat stößt er selber dann / und in Kristallgefäßen mit den Narren an*», woraus man schließen muss, dass auch in diesem Falle Unterhaltungskasper engagiert respektive als Sklaven im Haushalt vorhanden waren.

Wie aber stand es mit Frauen bei römischen Gastmählern, deren Gegenwart doch von den antiken Autoren immer wieder bezeugt wird? Bei Einladungen von Familien der Nobilität untereinander begleiteten die Ehefrauen nicht nur häufig ihre Männer, sondern luden auch ihrerseits eigenständig Frauen aus dem Bekanntenkreis ein. Bei jenen Damen indessen, die in den Versen der Satiriker begegnen, handelte es sich um Angehörige derselben sozialen Schicht, der auch das Gros der *amici* einflussreicher Gastgeber angehörte, oder gleich um Prostituierte.

Dem kulinarischen Teil der Gastmähler haben aber letztlich die diversen Unterhaltungsprogramme und speziellere ‹Animationen› keinen Abbruch getan.

MENÜ ZU KAPITEL IV

VORSPEISEN:

in ovis hapalis (Eier in weißer Sauce)
gustum de praecoquis (Gedünstete Aprikosen)

HAUPTSPEISEN:

ius in mugile salso (Meeräsche in Sauce)
pullus Parthicus (Parthisches Huhn)

NACHSPEISE:

fructus (Obst)

IN OVIS HAPALIS

«Stampfe Pfeffer, Liebstöckel und zuvor eingeweichte Pinienkerne. Mische dies mit Honig und Essig und etwas liquamen.»

- 75 g Pinienkerne in ca. 150 ml heißem Wasser für ca. 6 Stunden einweichen.
- Pinienkerne abgießen, in einen Standmixer geben mit 2 EL mildem Weißwein-essig, 1 EL Honig, 1 EL Sardellenpaste sowie je 1 TL frisch gemahlenem Pfeffer und im Mörser zerriebenem getrocknetem Liebstöckel; alles im Mixer pürieren und zur Seite stellen.
- 4–6 Eier in ca. 4 Minuten weich kochen; geschält und halbiert mit der Pinien-kernsauce anrichten.

GUSTUM DE PRAECOQUIS

«Nimm kleine, feste Aprikosen, reinige sie, entsteine sie und lege sie in kaltes Wasser. Dann gib sie in eine Pfanne. Zerstampfe Pfeffer und getrocknete Minze, feuchte dies mit liquamen an, füge Honig, passum, Wein und Essig hinzu. Gieße dies über die Aprikosen in die Pfanne, gib ein wenig Öl dazu und lasse es über kleinem Feuer schmoren. Wenn es kocht, binde es mit amulum. Bestreue mit Pfeffer und serviere.

- 500 g kleine feste Aprikosen waschen, entkernen, in kaltes Wasser legen.
- 1 TL frisch gemahlenen Pfeffer mit 1 TL fein zerriebener getrockneter Minze mischen, mit 1 EL Worcestersauce anfeuchten.
- In einer kleinen Schale 2 EL Weißwein, 2 EL Weinessig, 2 EL Tokayer mit 1 EL Honig gut verrühren und zu den Gewürzen geben.
- Eine geeignete Pfanne erhitzen, die abgetropften Aprikosen hineingeben, nach ca. 2 Minuten die Sauce hinzufügen; nach weiteren 2 Minuten 2 EL Öl über die Aprikosen geben, dann zugedeckt bei mittlerer Hitze ca. 10 Minuten schmoren; mit 1 EL Speisestärke, in etwas Wasser angerührt, binden.
- In einer Schüssel mit Pfeffer bestreut servieren.

IUS IN MUGILE SALSO

«Nimm Pfeffer, Liebstöckel, Kümmel, Zwiebel, Minze, Raute, Haselnuss, Jerichodatteln, Honig, Essig, Senf und Öl.»

Vorbemerkung: Es fällt auf, dass dem Hinweis auf Salz, der im Titel des Rezepts unübersehbar ist, keinerlei Erwähnung von Salz oder *liquamen* bei den Zutaten folgt. Daher nehme ich an, dass der Fisch in Salzkruste gebacken worden ist. Meeräschen sind in unseren Fischgeschäften kaum zu bekommen; daher kann als Ersatz Makrele oder Meerwolf verarbeitet werden; das folgende Rezept bezieht sich auf die Verwendung von 4 ganzen Loup de mer (à ca. 300 g).

— Den Backofen auf 250 °C vorheizen. Die 4 Meerwölfe säubern, waschen und trockentupfen, in die Bäuche je einen Zweig Liebstöckel legen.
— Den Boden eines Bräters mit Meersalz bedecken, die Fische daraufleglegen und mit Meersalz bedecken; in der Mitte des Ofens 30–40 Minuten garen.
— Für die Sauce 2 Zwiebeln, ca. 60 g Datteln und 40 g Haselnusskerne fein hacken; 1 EL Senfpulver in 2–3 EL Wasser auflösen. Jeweils 2 EL Minz- und Zitronenmelisseblättchen fein schneiden.
— In einem kleinen Topf (oder einer geeigneten Pfanne) 4 EL Öl erhitzen, die Schalotten darin anbraten; 4 EL würzigen Kräuteressig und 2 EL Honig hinzufügen, gut umrühren; die Hitze stark herunterschalten.
— In den Sud je 1 TL gemahlenen Pfeffer und Kreuzkümmel geben, ebenso den angerührten Senf, die Nüsse und Dattelstückchen. Zum Schluss die gehackten Kräuter unterrühren. Wenn die Sauce zu dickflüssig ist, nochmals je 1 EL Essig und Öl und 2 EL Tokayer zugeben. Warmhalten.
— Nach der Garzeit des Fisches den Bräter aus dem Ofen nehmen, die Salzkruste vorsichtig ablösen; die Meerwölfe auf eine Arbeitsplatte legen, Kopf mit Kiemen, Haut, Flossen und Schwanz entfernen.
— Die Fische mit der Sauce anrichten und servieren.

PULLUS PARTHICUS

«Öffne das Huhn am hinteren Ende und dressiere es auf einem Brett. Stampfe Pfeffer, Liebstöckel und etwas Kümmel, befeuchte mit liquamen und mische mit Wein. Lege das Huhn in einen irdenen Topf (Cumana) und gieße die Sauce darüber. Löse etwas frischen Laser in lauwarmem Wasser auf, übergieße das Huhn damit und lasse es schmoren. Bestreue es mit Pfeffer und serviere.»

- 40 g geschälte Ingwerwurzel fein würfeln; mit 300 ml warmem Wasser vermischen, beiseitestellen; 1 EL gemahlenen Pfeffer, je 1 TL Liebstöckel und Kreuzkümmel mit 5 EL Wein und 2 EL Sojasauce verrühren.
- 4 Stubenkücken waschen, trockentupfen; innen leicht salzen und pfeffern; 4 EL Öl in einem Schmortopf erhitzen, darin die Kücken rundherum anbraten, die Gewürzsauce hinzufügen und das Fleisch darin gut wenden.
- Nach weiteren ca. 5 Minuten das Ingwerwasser zugießen und zugedeckt, ggf. unter vorsichtigem Wenden, ca. 45 Minuten schmoren lassen.
- Mit frisch gemahlenem Pfeffer bestreut servieren.

FRUCTUS

- Obst der Saison: Äpfel, Birnen, Weinbergpfirsiche, Feigen

Seitenwange eines römischen Sarkophags mit der Darstellung eines Obst-Dieners (Thermenmuseum Rom)   61

Legende

Öl	Öl	G	Garum
S	Schmalz		Tarowurzel
	Aal		Austern
	Pinienkerne		Honig
	Wein		Muscheln
	Zwiebeln		Seeigel
	Fisch		Disteln
	Käse		Maronen
	Rüben		Mollusken
			Salz

VENETIEN UND HISTRIEN

Tridentum

Aquileia

Verona

Padus

Parma

AEMILIA

Ravenna

Rubicon

Ariminum

Pisae

Florentia

UMBRIEN

Ancona

ETRURIEN

PICENUM

Perusia

Clusium

Tiberis

Spoletium

SABINER(LAND)

SAMNIUM

Noment(an)um

Rom

Praeneste

Ostia

LATIUM

Lavinium
(Laurentum)

KAMPANIEN

APULIEN

Circei

Capua

Cumae

Neapolis/Neapel

KALABRIEN

Baiae

Vesuv

Puteoli

Pompeji

Brundisium

Misenum

Stabiae

Tarentum

G

Herculaneum

LUKANIEN

MARE ADRIATICUM

MARE TYRRHENUM

BRUTTIUM

Panormus

Messana

Rhegium

MARE IONIUM

SICILIA

0 20 40 60km

KAPITEL V

Italia –
Agrarproduktion und ländliche Idylle

Die Stadt Rom war Zentrum und Zentrale des weit mehr als den gesamten antiken Mittelmeerraum umfassenden *Imperium Romanum*. Von einer kleinen urbanen Siedlung an einer Tiberfurt hatte sie sich in den ersten rund fünf Jahrhunderten ihres Bestehens (ca. 750 bis etwa 270 v. Chr.) zur Herrin über die Apennin-Halbinsel aufgeschwungen – durch ständige und zumeist erfolgreich geführte Kriege mit den jeweiligen Nachbarn: Etruskern und Latinern. Erst die Konfrontation mit dem Volksstamm der Samniten führte die Römer in das Gebiet, das damals den Namen Italía trug, doch war diese Bezeichnung auch dort nicht die ursprüngliche. Vielmehr hieß zuerst der Siedlungsraum der Hellenen, die im Süden des Landes seit dem 8. Jahrhundert v. Chr. Küstenstädte wie Rhegium und Tarent gegründet hatten, Italía; von dort war im Laufe der Zeit der Name auf das binnenländische Gebiet der angrenzenden Vorbevölkerung übergegangen – auf die Bruttier, Lukaner und Samniten. Im halbmythischen Wissen der Griechen um die Frühgeschichte war Italos, König der Sikuler, einst aus Süditalien mit seinem Volk nach Sizilien ausgewandert, hatte aber seinen Namen der Herkunftregion hinterlassen.

So bezeichnete *Italía* also zunächst den Süden der Apennin-Halbinsel, wanderte dann nach Norden und wurde von den Römern als Bezeichnung für ihr Herrschaftsgebiet und sogar für die eigene Heimatregion Latium übernommen. Dieses römische Italien schob sich immer weiter nach Norden vor, bis es im späten 2. Jahrhundert v. Chr. vom Rubicon begrenzt wurde.

Für die Wirtschaft Italiens spielte die Landwirtschaft die entscheidende Rolle (S. 17 ff.), auch wenn es darüber hinaus seit der römischen Frühzeit ein differenziertes Handwerk gegeben hat. Spätestens seit der frühen Kaiserzeit bildete die Region Kampanien-Latium das ökonomische Herz Italiens sowohl im industriellen wie im agrarischen Bereich, während die anderen Regionen in unterschiedlichen Graden dahinter zurückblieben.

Süditalien mit den alten griechischen Städten spielte mit Ausnahme von Rhegium (heute Reggio di Calabria) und dem zum Nachteil Tarents zum großen Adriahafen ausgebauten Brundisium (heute Brindisi) keine große Rolle mehr. Im Binnenland dominierten Schafzucht und im Zusammenhang damit Woll- und Textilherstellung. Die Sommerweiden der Herden erstreckten sich bis nach Samnium hin. Etrurien, das sich einst vom Tyrrhenischen Meer bis an die nordöstliche Adria ausgedehnt hatte, war in die westliche Region Etrurien und die östlichen Regionen Umbrien, Aemilia und das Pikenerland aufgeteilt; die letztgenannten bildeten das eigentliche Mittelitalien. Dort gab es zahlreiche Städte, die vom regen Wirtschaftsverkehr nach Ancona und nach Oberitalien profitierten. Vor allem aber lagen dort die kleineren und mittelgroßen Landgüter, die Grundnahrungsmittel (Getreide, Wein, Öl) produzierten, hingegen weniger Luxuswaren. Indessen war und blieb Kampanien – zumal mit dem so ungewöhnlich fruchtbaren Gebiet am Vesuv – der Inbegriff des blühenden Gartens Italien. Hier wurden erhebliche Überschüsse sowohl der agrarischen wie der industriellen Produktion an Bronzen, Keramik und Glas erzeugt und von Puteoli

Detail von einem Girlandensarkophag aus Rom:
Opfer eines Ferkels (Thermenmuseum Rom)

aus, dem größten Hafen des Landes, exportiert. An Bedeutung konnte es mit diesem Umschlaghafen nur noch derjenige in Ostia an der Tibermündung aufnehmen. Der war für die Versorgung der rund eine Million Menschen zählenden Bevölkerung Roms unverzichtbar und wurde in der Kaiserzeit immer weiter ausgebaut.

Nahe bei Puteoli befand sich am Kap Misenum ein weiterer Hafen, der das Wirtschaftsleben auf andere Art anregte; bei ihm handelte es sich um den zentralen Stützpunkt der römischen Kriegsflotte. Vor allem aber kulminierte in Campanien der Villenluxus; eine Kette prächtigster Landhäuser und -güter erstreckte sich von Latium bis über den Golf von Neapel hinaus und kulminierte in dem beliebten Seebad Baiae.

Die Landgüter in Kampanien, Latium und im westlichen Etrurien zählten noch zum Einzugsgebiet der Metropole Rom. In dieser Gegend lebten jedoch nicht irgendwelche Konsumenten (S. 17); vielmehr kurbelten gerade die Ansprüche der sich hier zumindest in den Sommermonaten versammelnden Führungselite Roms die landwirtschaftliche Produktion im Luxussegment an. Das Gleiche gilt auch für die handwerkliche Kreativität, wie sie sich beispielsweise in der großartigen Ausstattung der herrschaftlichen Villen am Golf von Neapel spiegelt. Zweifellos hat die Katastrophe des Vesuv-Ausbruchs (79 n. Chr.), in dessen Folge Pompeji, Herculaneum, Oplontis und Stabiae verschüttet wurden, die Bevölkerung und die Wirtschaft in der gesamten Region schwerstens getroffen, ihre Entwicklung beeinflusst und auch Auswirkungen auf den Warenverkehr gehabt. Nicht festzustellen ist jedoch, dass sich infolge dessen der luxuriöse Lebenswandel der Oberschicht in Rom selbst, zu der zunehmend Neureiche zählten, verändert hätte. Den Dichtern bieten jedenfalls die dekadenten Zustände in der Stadt auch im 2. Jahrhundert noch genügend Anschauungsmaterial für ihre scharfzüngige Gesellschaftskritik. So wird beispielsweise in den satirischen Versen Martials deutlich, dass bei aufwändigen Gastmählern keineswegs auf erlesene Gerichte und üppige Speisefolgen verzichtet wurde. Vielmehr genossen die getadelten Gastgeber nach wie vor die überlegenen Produkte Italiens – Öl aus Venafrum, Falerner- oder Käkuberwein – und muteten den minderen Gästen an ihrer Tafel (S. 57) schlechtere Qualität zu, etwa einen aus Gallien importierten Wein oder den in Massalia geräucherten Most (S. 177).

Ambivalent und oftmals lediglich als nostalgische Rhetorik erscheint daher das Lob des altrömischen Bauernlebens, wie es beispielsweise Martial in einem seiner Epigramme formuliert hat (4.66, vv 1–2; 5–8): «*Du, Linus, führst auf dem Lande stets dein Leben: / Was billigeres kann es gar nicht geben. / [...] / Den Eber liefert dir der nahe Hang, den feigen Hasen schickt das Feld, / und fette Drosseln, denen man nachstellt / mit Netzen, hat der Wald, den man durchstöbern muss; / der Fisch, dem wilden Strom entrissen, kommt vom Fluss; / es spendet dir aus rotem Ton der Krug von heimatlichen Hügeln Wein genug.*»

Dabei wird das friedliche und bescheidene kleine Gütchen, nur scheinbar ein Sehnsuchtsort der Dichter, von ihnen selber als unzumutbar charakterisiert: Gebäude und Gelände sind zu ärmlich oder erfordern harte (Feld-)Arbeit, und die erwünschte Ruhe geht nicht mit der erhofften wirtschaftlichen Einträglichkeit einher: «*Das Landgut, das mein Freund Faustin in Baiae hat, ist, Bassus, nicht mit Myrtenbüschen mußespendend angelegt [...] / nichts gibt's im ganzen weiten Raum an ungenütztem Boden; / es freut sich wahren schlichten Landcharakters. / Hier drängt in jedem Winkel sich der Ceres reiche Ernte, / und viele irdne Krüge duften stark vom herbstlich späten Rebensaft / [...] Nicht leer mit Händen kommt zum Gruß der Mann vom Land: Es bringt der eine hellen Honig noch in Waben / und einen Käsekegel vom im Weg gelegnen Sassina; / [...] Doch du besitzt am Rand der Stadt den reinen Hunger / und blickst vom hohen Turm auf nichts als Lorbeerbüsche [...] Den Winzer nährst du mit Getreide aus der Stadt, / trägst voller Muße zu dem schön getünchten Landhaus hin / Kohl, Eier, Hähnchen, Käse, Obst und Most. / Darf sowas etwa Landgut heißen? Und nicht vielmehr ‹ein abgelegnes Haus der Stadt›?*» (Martial, 3.58)

Schließlich erweist sich für Leute wie den Dichter die städtische Wohnung doch als besserer Ort, der bei Bedarf urbane Bequemlichkeiten bietet, ohne dass man auf die Illusion des einfachen Lebens verzichten müsse. So gibt der Dichter vor, auf dem Land das schöne, edle Leben zu erfahren, doch tatsächlich bedient er sich der Vorzüge der geschmähten Stadt und ihres offenbar alle Wünsche erfüllenden Marktes in der *Subura* (Martial 10.94, vv 3–6): «*Jedoch gedeiht auf Nomentums Bäumen sichres Obst: / Die Äpfel dort sind hart wie Blei und fürchten keinen Dieb. / Drum schick ich dir Früchte, die ich eben fand / in der Subura auf dem Markt – wachsgelbe Äpfel: Herbst von meinem Land.*»

Zeugnisse eigener Art für die Verherrlichung des einfachen Landlebens oder im Gegenteil der Wertschätzung exquisiter Lebensmittel sind die kurzen Gedichte, die der Gattung der Gastgeschenke (*xenia*) zuzurechnen sind. Solche Gaben – zumeist Lebensmittel und Gebrauchsgegenstände – wurden traditionell auch als Geschenke zu den Saturnalien (ein einst bäuerliches Fest zu Ehren des Gottes Saturn) in der dritten Dezemberwoche überreicht.

Martials Verse begleiteten die eher kärglich zu nennenden Angebinde (13.8): «*Füll' irdne Töpfe mit dem Speltbrei Clusiums, / damit du, wenn du satt bist und die Töpfe leer, dann süßen Most draus trinken kannst.*»

(14.106): «*Hier wird ein roter Krug dir überreicht mit Bogenhenkel, / mit welchem Fronto schon, der Stoiker, nach kaltem Wasser ging.*»

(13.82): «*Ich, eine Muschel, komm grad an, berauscht vom Wasser des Lukrinersees bei Baiae; / gewöhnt an Luxus dürste ich nach feiner Sauce.*»

(14.97): «*Beschäme nicht die großen goldverzierten Platten durch eine Barbe, die zu klein ist. / Zwei Pfund zumindest muß sie haben.*»

Eine weitere Facette der Gesellschaftskritik satirischer Dichtung galt den Sklaven in den herrschaftlichen Häusern, zumal den Leibdienern, mit denen der Besitzer bei Gastmählern renommieren konnte. So schildert Martial etwa den ekelhaften Zoïlus (3.82, vv 5–11); «*Da liegt er, ganz in Gelb aufs Bett gestreckt, / stößt mit den Armen links und* rechts die Gäste weg / [...] / Der Lieblingssklave geht galant ihm, wenn er rülpsen muss, zur Hand / und reicht ihm roten Federflaum, auch Zahnstocher vom Mastixbaum. / Und schwitzt er, weht sein Lieb geschwind, / mit grünem Fächer sanft ihm kühlen Wind. / Es scheucht die Fliegen ihm ein Knabe hinweg mit einem Myrtenstabe.»

Offenbar fungierten bei den Gastmählern der Oberschicht geradezu aufreizend hübsche Jungen als Mundschenke (Martial 10.98 vv 1–2; 7–10): «Den Käkuber bot mir dein Mundschenk dar, / der weicher als der Lustbub auf dem Ida war [...] / Dass ich als Gast dir keine Eifersucht erwecke, / verwend als Mundschenk, stracks vom Bauernhof mit seinem Drecke, / geschorne, grobe, struppige Sklaven, kleine, / die Söhne von 'nem eklen Hirt der Schweine.»

Das Gegenbild von verwöhnten *Boys* findet sich in der Beschreibung der rastlos fleißigen Sklavenfamilien auf den Landgütern bzw. der robusten Unfreien aus nördlichen Provinzen; es zeigt sich wiederum in den Zeilen, mit denen Martial einem Bekannten empfiehlt, seinen Gedichtband einem Freund zu schicken, und zwar mitsamt einem Jungen als Geschenk, der aber bloß kein Geten- oder Sarmatenkind sein dürfe (7.80 vv 9–12): «O nein, ein zarter Knabe, den ein Händler mit von Mytilene brachte, / [...] / Doch du bekommst dafür von der bezwungnen Donau einen Sklaven, der / in Tibur deine Schafe hüten kann.»

Aus diesen wenigen Versen aus den Poemen Martials, mit denen der Dichter der römischen Gesellschaft um die Wende zum 2. Jahrhundert n. Chr. einen Spiegel vorhält, lässt sich exemplarisch das vergnügungssüchtige Treiben zumal der Neureichen in der Metropole Rom und nicht weniger auch in den Sommervillen entlang der Küste bis zum Golf von Neapel herauslesen. Mit Gastgelagen, protzig ausgestatteten Häusern, vielköpfigem dienstbaren Personal im Sklavenstand sowie kulinarischen Schlemmereien und köstlichen Weinen wurden die zur Tafel zugelassenen Freunde und Schmarotzer über die finanzielle Potenz der jeweiligen Hausherren ins Bild gesetzt. Dem entspricht auf der anderen Seite das teils luxuriös-einträgliche, teils arbeitsam-karge Landleben, das in seinen Gedichten beschrieben wird. Bei aller Kritik an der wuchernden Megacity Rom überstrahlt letztlich doch deren Faszination den nostalgischen Glanz des rhetorisch idealisierten Lobes auf rustikale Idyllen.

Über die Wirtschaft bzw. die auch im 2. Jahrhundert n. Chr. noch außerordentlich hohe agrarische Produktivität Italiens sagen die Gedichte der damaligen Autoren wie auch die oft herangezogenen Briefe Plinius' des Jüngeren (61/62 – um 113 n. Chr.) freilich nicht so viel, wie sich der Historiker für ein gesichertes Bild der zweifellos einem Wandel unterworfenen wirtschaftlichen Strukturen des Landes wünschen würde.

MENÜ ZU KAPITEL V

VORSPEISEN:

Baianae (Baiae-Bohnen-Salat)
Patina Apiciana (Auflauf à la Apicius)

HAUPTSPEISEN:

Minutal Matianum (Frikassee à la Matius)
Lepor madidus (Geschmorter Hase)

NACHSPEISE:

Patina de cydoneis (Quitten-Patina)

BAIANAE

«Koche die Bohnen und schneide sie fein. Serviere sie mit Raute, grünem Sellerie, Lauch, Essig, Öl, liquamen und etwas caroenum oder passum.»

– 500 g Breite Bohnen putzen, in ca. 6 cm lange Stücke schneiden und in kochendes Salzwasser geben und ca. 15 Minuten bissfest garen.
– Inzwischen aus 2 EL (Kräuterwürz-)Essig, 2 EL Tokayer, 1 EL Sardellenpaste und 6 EL Öl, je 2 EL feingeschnittenem Selleriegrün (bzw. Petersilie), Estragon und Schnittlauchröllchen eine Vinaigrette anrühren.
– Die gegarten Bohnen abgießen, mit kaltem Wasser abschrecken, gut abtropfen lassen und in eine passende Schüssel geben. Die Kräutersauce darüber gießen und gut durchziehen lassen. Abgekühlt servieren.

PATINA APICIANA

«Man nimmt in Stücke geschnittenes gekochtes Schweineeuter, entgräteten Fisch, Hühnerfleisch, Feigenfresser oder gekochte Brust von Turteltauben und was man sonst noch an guten Dingen im Hause hat. Alle diese Dinge mit Ausnahme des Feigenfressers werden sorgfältig gehackt. Dann verrührt man rohe Eier mit Öl. Danach stampft man im Mörser Pfeffer und Liebstöckel unter Zugießen von liquamen, Wein und passum, erhitzt die Mischung in einem Topf und dickt mit amulum an. Zuvor gibt man alle oben genannten Zutaten hinein und bringt sie zum Kochen. Wenn die Mischung gar ist, nimmt man sie mitsamt der Sauce vom Feuer und gibt sie schichtweise, vermischt mit Pinienkernen und Pfefferkörnern, in eine Kasserolle (patella), und zwar in folgender Art: unter jede Schicht legt man als Grundlage einen flachen Ölfladen und auf jeden gibt man einen Schöpflöffel voll von der Fleischmischung. Zuletzt legt man einen Ölfladen auf, den man mit einem Rohrstengel durchlöchert hat. Bestreue das Ganze mit Pfeffer. Bevor man aber das gehackte Fleisch mit der Sauce in den Topf gibt, muss man es mit Eiern binden.»

Vorbemerkung: Bei dem etwas verworren überlieferten Rezept handelt es sich um eine lasagneartige heiße Pastete, bei der anstelle der Nudelblätter Ölfladen verwendet werden. Viele moderne Interpreten haben indessen das Rezept für recht attraktiv gehalten, nicht zuletzt weil es für die Füllung viel Spielraum lässt – eben weil man verwenden kann, «was man sonst noch an guten Dingen im Hause hat». In diesem Sinne ist die folgende Umsetzung ein weiterer Vorschlag; essentiell sind dabei aber zum einen recht flache Brotfladen, zum anderen dass die Füllmasse in der richtigen Reihenfolge hergestellt wird: Faschieren der Zutaten im Fleischwolf, Verrühren von Eiern mit Öl, dann das Beigeben des Faschierten, separate Zubereitung der Würzsauce. Schließlich wird die Füllung mit den Fladen in eine ofenfeste Form geschichtet.

- Für die Fleischmasse ca. 500 g gegarte Fleischstücke und ca. 250 g gegarte oder geräucherte Fischstücke durch den Fleischwolf drehen und gut vermischen, z. B. 200 g Hühnerfleisch, 200 g Leber, 100 g Bratenrest o. ä. sowie 250 g geräucherte Makrele.
- 4 Eier mit 150 ml Öl verschlagen und die Masse hineinrühren.
- Den Ofen auf 190 °C vorheizen. Für die Würzsauce je 100 ml Tokayer (*passum*) und Wein, 2 EL chinesische Fischsauce sowie 1 EL frisch gemahlenen Pfeffer mit 3 EL feingeschnittenen Liebstöckelblättern verrühren und in einem breiten Topf zum Kochen bringen.
- Die Masse hinzufügen und ca. 10 Minuten bei mittlerer Hitze garen; wenn sie zu trocken wird, noch Wein hinzugeben.
- Inzwischen Teigfladen (wie z. B. Lavash-Fladenbrot, ca. 4 Blätter bei 3 Fleischschichten) ggf. passend für die Auflaufform zuschneiden und in jedem Fall mit Öl bepinseln.
- In die ofenfeste Form den ersten Fladen auf den Boden legen, ein Drittel der Fleischmasse darauf streichen und ca. 20 g Pinienkerne darüber streuen, den zweiten Fladen auflegen, das nächste Drittel Fleischmasse und Pinienkerne darüber geben, mit dem dritten Fladen und den restlichen Zutaten die nächste Schicht bilden, mit dem vierten Fladen abschließen und diesen mit einer Gabel mehrfach einstechen; ggf. mit etwas Öl bepinseln.
- Den Auflauf mit Alufolie abgedeckt auf der 2. Schiene von unten in den Ofen schieben, nach 20 Minuten Garzeit die Folie entfernen und weitere ca. 10 Minuten garen lassen.
- Erneut mit Öl bepinseln und mit Pfeffer bestreut servieren.

MINUTAL MATIANUM

«Gib Öl, liquamen und Fleischbrühe in einen Topf. Hacke Lauch, Koriander und kleine Fleischklößchen. Zerschneide gekochte Schweineschulter samt der Schwarte in Würfel. Lasse all dies zusammen kochen. Wenn es halb gar ist, füge zerschnittene und entkernte Äpfel hinzu. Während dies kocht, zerstampfe im Mörser Pfeffer, Kümmel, frischen Koriander oder Korianderkörner, Minze und Laserwurzel, gieße Essig, Honig, liquamen, etwas defrutum und ein wenig von der oben beschriebenen Fleischbrühe dazu, vermische dies mit noch etwas Essig. (Gieße die Mischung in den Topf mit dem Fleisch), bringe das Ganze zum Kochen. Wenn es kocht, binde es mit Teigkrümeln. Bestreue mit Pfeffer und serviere.»

- Für ca. 350 g Fleischklößchen ca. 40 g altbackenes oder entrindetes Weißbrot in warmem Wasser ca. 15 Minuten einweichen, dann gut ausdrücken und zur Seite stellen; inzwischen 1 mittlere, feingehackte Zwiebel mit 1 EL feingehackter Petersilie in 1 EL Öl andünsten und abkühlen lassen.
- Ca. 275 g gemischtes Hack mit 1 Ei, dem Weißbrot und der Zwiebelmischung vermengen, mit 1 EL frisch gemahlenem Pfeffer würzen.
- Aus der Fleischmasse kleine Bouletten formen und in einer geölten Pfanne portionsweise braten; die fertigen Klößchen abkühlen lassen.
- 1 kg Schweineschulter (mit Schwarte) in reichlich Wasser (mit ggf. Salz, Zwiebel, Pfefferkörnern und Lorbeerblatt) ca. 45 Minuten kochen; herausnehmen und nach Entfernen der Schwarte in Stücke schneiden.
- Von der Brühe 1 Liter mit 3 EL Öl und 1 EL Worcestersauce in einen Schmortopf geben, Fleischwürfel, Klößchen, ca. 250 g feingeschnittenen Lauch und 2 EL gehacktes Koriandergrün hinzufügen, alles aufkochen.
- Inzwischen 3 säuerliche bzw. grüne Äpfel vierteln, vom Kerngehäuse befreien und die Stücke halbieren oder dritteln.
- Sobald das Ragout kocht, die Temperatur reduzieren, die Apfelstücke hinzufügen; zugedeckt ca. 15 Minuten garen.
- Indessen für die Sauce 4 EL Essig mit 2 EL eingedicktem Traubensaft (*defrutum*) und 3 EL Honig sowie 1 EL Sardellenpaste verrühren; je 1 TL Pfeffer, Kreuzkümmel und Ingwerpulver dazugeben.
- Jeweils 2 EL gehackte frische Minze und Koriandergrün sowie schließlich ca. 100 ml Fleischbrühe unterrühren.
- Wenn die Äpfel glasig geworden sind, zur Sauce ggf. noch 1–2 EL Essig hinzufügen; alles nochmals aufkochen und mit 2 EL angerührter Speisestärke binden.
- In einer großen Schüssel mit frisch gemahlenem Pfeffer servieren.

LEPOR MADIDUS

«*Koche den Hasen zunächst kurz in Wasser ab, dann gib ihn in eine Pfanne und brate ihn in Öl in der Röhre. Wenn er fast gar ist, gib neues Öl dazu und gieße die folgende Sauce darüber: Stampfe Pfeffer, Liebstöckel, Bohnenkraut, Zwiebeln, Raute, Selleriesamen, liquamen, Laser, Wein und etwas Öl. Wende den Hasen von Zeit zu Zeit und lasse ihn in dieser Sauce gar kochen.*»

Vorbemerkung: Die Römer aßen sowohl Wildhasen als auch Kaninchen, so dass man die Rezepte für Hasen auch gut mit dem Fleisch von Kaninchen zubereiten kann. Das Kochen des Tieres ist heute nicht mehr nötig.

- Einen Römertopf samt Deckel ca. 20 Minuten in kaltem Wasser wässern.
- Inzwischen Hasenrücken oder -keulen (insges. ca. 800–1000 g) waschen, trockentupfen und mit gemahlenem Pfeffer und Selleriesalz rundherum einreiben; zur Seite stellen.
- Für die Sauce 250 ml Rotwein mischen mit 1 EL Campari, 1 EL Sojasauce, 4 EL Öl und 100 g kleingehackten Zwiebeln sowie je 1 EL feingeschnittenem Liebstöckel und Bohnenkraut; mit 1 EL frisch gemahlenem schwarzem Pfeffer und 1 TL Ingwerpulver würzen.
- Die Fleischstücke in den gewässerten Römertopf legen, mit der Weinsauce übergießen, den geschlossenen Topf auf die mittlere Schiene des Backofens setzen und bei 200 °C ca. 70 Minuten garen lassen.
- Das Fleisch aus dem – im Ofen verbleibenden – Römertopf nehmen, etwas abkühlen lassen, bevor es von den Knochen gelöst und in mundgerechte Stücke zerteilt wird.
- Die Fleischstücke erneut in den Römertopf geben, offen nochmals ca. 10 Minuten garen lassen.
- Bei Bedarf die Sauce mit Bindemittel etwas eindicken; ggf. nochmals mit gemahlenem Pfeffer abschmecken, dann servieren.

Ausschnitt aus einem Wandfresko-Stillleben in Herculaneum
(Archäologisches Nationalmuseum Neapel)

PATINA DE CYDONEIS

«Koche (die Quitten) in Wasser und serviere sie mit Honig.»

- Ca. 1 kg reife Quitten (2–3 größere Früchte) waschen, trocknen, geviertelt vom Kerngehäuse befreien und in Stücke schneiden; in einen Dampfkochtopf geben und garen.
- Das noch warme stückige Mus in eine Pfanne mit bereits erwärmtem ca. 250 g flüssigen Honig geben und darin bei kleiner Hitze ca. 30 Minuten köcheln lassen.
- Lauwarm servieren, dafür nach Geschmack mit frisch gemahlenem Pfeffer würzen.

N
W   O
S

MARE TYRRHENUM

Cosenz

Strongyle

Ustica

Liparaeae

Messana

Rhegium

Panormus

Elymer

Segesta

Peloritanische
Berge

Ätna

Hypsas

SICILIA *Siculer*

Symaethus

Morgantina

Catana

MARE
IONIUM

Piazza Armerina

Halycus

Akragas

Himera

Hybläisches
Bergland

Syrakus

Gela

Villa Tellaro

Hybla

MARE LIBYCUM

Melita

Linsen

Honig

Wein

Muränen

0   10   20   30 km

KAPITEL VI

Sicilia –
Überfluss und Ausbeutung

M an braucht nämlich, um Sizilien mit einem Lastschiff zu umfahren, kaum weniger als acht Tage, und bei dieser Größe verhindert nur eine Meeresstraße von ungefähr 20 Stadien Breite, dass sie mit dem Festlande zusammenhänge.» So definiert der berühmte Geschichtsschreiber Thukydides aus Athen in seiner um 400 v. Chr. verfassten Darstellung des *Peloponnesischen Krieges* die Größe der Insel (6,1), gegen die die Athener im Jahr 415 zu einem Eroberungsfeldzug aufbrachen, nämlich «begierig im Grunde nach der Herrschaft über die ganze Insel» (Thuk. 6,6). Was aber machte, jenseits strategischer Erwägungen, Sizilien in den Augen der Athener so begehrenswert? Sein allseits bekannter Getreidereichtum wurde als Geschenk der Insel an die Fruchtbarkeitsgöttin Persephone durch den Göttervater Zeus erklärt; daher galt den Dichtern jener Zeit das «üppige Sizilien» als «das beste Land der fruchtbringenden Erde». So formulierte es im frühen 5. Jahrhundert v. Chr. Pindar aus Theben (Nem. I 14 – 15), der mit seinen Liedern auf Sieger bei den heiligen Wettspielen beispielsweise in Olympia und Delphi immer wieder Aristokraten aus sizilischen Städten besang. Diese siegten vornehmlich in der prestigereichen Disziplin des Wagenrennens mit dem Viergespann, weil sich die breiten Ebenen der Südküste ihrer Heimat zur Pferdezucht bestens eigneten. Besonderer Glanz lag auf Akragas/Agrigentum (heute Agrigento), das sich seines regen Handels mit dem reichen Karthago rühmte, wohin wohl Wein und Öl exportiert wurden, weil in Nordafrika beides noch unbekannt gewesen sein soll. Darüber hinaus bezeichnet Pindar Sizilien als «*das schafreiche*» (Ol. I 13 – 14), und aus dem fragmentarischen Text des athenischen Komödiendichters Hermippos erfährt man, dass rund zehn Jahre vor dem oben erwähnten Feldzug gegen Syrakus diese Stadt als Lieferantin für Schweine und Käse von bester Qualität gerühmt wurde. In den Köpfen derjenigen Athener, die 415 für die Flottenexpedition votierten, hatte sich allem Anschein nach das Bild eines leicht zu erobernden Schlaraffenlandes eingenistet.

Als im 3. Jahrhundert v. Chr. Sizilien – gleichzeitig mit Sardinien – die erste römische Provinz wurde, stellte sich zwar infolge des jahrzehntelangen Ersten Punischen Krieges (264 – 241), der auf der und um die Insel geführt worden war, deren wirtschaftliche Situation nicht mehr so rosig dar. Doch schien es nur eine Frage der Zeit, dass sich die viel gerühmte Fruchtbarkeit wegen der guten Böden und des milden Klimas im Frieden bald wieder einstellen würde.

Zur Kornkammer Roms wurde Sizilien dann nach dem Zweiten Punischen Krieg (218–201 v. Chr.), da fortan auch das zuvor noch unabhängige Syrakus (heute Siracusa) mit dem unter seiner Vormacht stehenden Südosten der Insel in die Provinz einbezogen wurde.

Während des Krieges hatten die Verbündeten Roms, in erster Linie Syrakus unter König Hieron II., die römischen Legionen ebenso zu versorgen wie eroberte Städte, bei denen Lebensmittel requiriert wurden. Auch die Karthager unterhielten ihre Truppen auf Kosten der Inselbevölkerung, so weit sie unter ihrer Kontrolle stand. Allerdings ist festzustellen, dass das kleine Königreich im Südosten der Insel erstaunliche agrarische Überschüsse erwirtschaftete. Archäologen haben im Einzugsbereich von Syrakus eine Reihe prosperierender Landstädtchen wie beispielsweise Morgantina ausgegraben und dabei einen hohen Standard hellenistischer Kultur festgestellt.

Die regelmäßigen hohen Einkünfte aus der Landwirtschaft beruhten auf einer präzisen Regelung der Abgabe des Zehnten aus den Ernten verschiedener Feldfrüchte, die Hieron II. aus der Steuergesetzgebung des ptolemäischen Ägypten übernommen hatte. Diese Regelung wiederum – die sogenannte *lex Hieronica* – haben ihrerseits die Römer weiterverfolgt.

Die Agrarwirtschaft der römischen Provinz Sizilien stand zweifellos unter dem Druck, regelmäßige Steuerleistungen, vornehmlich Getreidelieferungen, zu erbringen, denn die Insel galt bereits dem Alten Cato als Ernährerin des römischen Volkes (*nutrix plebis Romanae*) und Vorratskammer der Republik Rom (*cella penaria rei publicae*

Wandfresko einer römischen Villa mit Schiffen und Meerestieren: Detail Tintenfisch (Palazzo Massimo Rom)

Romanae). Es wurde ein Zehntel der Getreide-, Wein-, Oliven-, Obst- und Gemüse-
ernte in Naturalien erhoben; in Geld war eine Steuer auf Weideland zu leisten. Hinzu
kam die Vorgabe, nur mit Ausnahmegenehmigung des Senats in Rom landwirtschaftliche Erzeugnisse in andere Gebiete als nach Italien zu exportieren.

Den Eindruck gnadenloser Ausbeutung vermitteln zwei gut bezeugte Ereignisse
der Inselgeschichte: die beiden Sklavenaufstände im letzten Drittel des 2. Jahrhunderts v. Chr. und die gnadenlose Statthalterschaft des römischen Aristokraten
C. Verres (73–71 v. Chr.). Dieser durch seine politischen Freundschaften gleichsam
unantastbare *nobilis* wurde im Jahr 70 in Rom von M. Tullius Cicero angeklagt und
entzog sich seiner sicheren Verurteilung durch freiwilliges Exil.

Wie groß der jährliche Ertrag der Weizenernte auf Sizilien tatsächlich war, wissen
wir nicht. Bei Versuchen, die Höhe zu erschließen, wurden bis zu 3,3 Millionen Hektoliter errechnet. Diese gewaltige Menge hätte – auch nach Abführung der Steuerlas-
ten – ausgereicht, um rund 800 000 Menschen zu ernähren. Hatte die Landwirtschaft
Siziliens damals Züge einer Monokultur angenommen? Diese verbreitete Vorstellung
traf zumindest nicht auf alle Teile der Insel zu.

Unser Wissen über beide Themen hilft bei der Beantwortung der Fragen: Das extrem fruchtbare Gelände am Ätna ist wegen des vulkanischen Bodens und der reichlichen Bewässerung für Wein- und Baumkulturen sowie Gemüsegärten prädestiniert.
Viehzucht dürfte sich dagegen in den höher gelegenen Zonen der Peloritanischen
Bergkette und im Mittelgebirge Westsiziliens ausgebreitet haben; auch das Hybläi-
sche Bergland im Hinterland von Syrakus, bestehend aus karstigem Kalkgestein, wird
dem «schafreichen Sizilien» alle Ehre gemacht haben. Dass in der Kaiserzeit der Honig von Hybla ebenso gerühmt wurde wie der attische, lässt eine weitere, nicht zu
unterschätzende Facette sizilischer Landwirtschaft aufblitzen.

Einen weiteren wichtigen Wirtschaftsfaktor bildete schließlich die Fischerei an
den Küsten der Insel: Gerade im Westen gab es seit phönizisch-karthagischen Zeiten – wie bis in die Gegenwart noch – Salinen, die sehr wahrscheinlich in Verbindung
mit dem Fischfang für traditionelle Konservenzubereitung, sei es *garum* oder Tro-
ckenfisch, genutzt wurden.

Ausgrabungen haben mehrere große und prächtig ausgestattete Villen auf Sizilien
aus dem 3. und 4. Jahrhundert n. Chr. zutage gefördert. Am bekanntesten ist die kaiserliche Anlage bei Piazza Armerina; einen neueren Fund stellt beispielsweise die
Villa Tellaro südlich von Syrakus dar. Die hier wie dort oftmals auf farbenprächtigen
Mosaiken dargestellten Jagdszenen könnten sich zwar eventuell nur künstlerischen
Typenbüchern verdanken; es darf aber dennoch als sicher gelten, dass in den Wäldern der Insel auch tatsächlich Wild – Hirsch, Reh, Wildschwein – gejagt wurde, und
zwar nicht erst in der späten Kaiserzeit. Die Esskultur der alten Sizilier wird in der
literarischen Überlieferung kaum einmal Thema. Wenn Cicero von Gastmählern be-

richtet, zu denen der von ihm einst angeklagte C. Verres eingeladen war, so geht es in diesem Zusammenhang nie um die bei solchen Gelegenheiten aufgetragenen Speisen, sondern um die kostbaren Ausstattungen mit kunstvollem Tafelgeschirr, das sich der räuberische Statthalter anschließend mit mehr oder weniger offener Gewalt angeeignet hat.

Für die ältere Zeit hingegen – also bevor die Insel römische Provinz wurde – sind immer wieder üppige Gastereien in vornehmen Häusern bezeugt. So weiß Thukydides (6,46) von einem Täuschungsmanöver der Segestaner zu berichten, das die Athener letztlich zu ihrer fatalen Sizilienexpedition verlockt haben soll: Die athenische Gesandtschaft, die im Winter 416/15 in die elymische Stadt im Nordwesten Siziliens gereist war, wurde dort reihum großzügig bewirtet. Was ihr entging war, dass in den verschiedenen Häusern, in die sie eingeladen war, stets dasselbe – und teilweise aus benachbarten Städten geliehene – goldene und silberne Trinkgeschirr Verwendung fand. Was sie sahen oder besser: zu sehen glaubten, beeindruckte die rund 200 Ruderer des Staatsschiffes zutiefst – einfache Athener, die nach ihrer Rückkehr in Athen begeistert von den vermögenden Segestanern erzählten. Daher genehmigte die Volksversammlung, ohnehin von dem allgemeinen Wohlstand Siziliens überzeugt (S. 75), das waghalsige Unternehmen der Invasion.

Von einem Kriegsschiff besonderer Art ist bei Athenaios (2, 37b–c) die Rede: In Akragas, das für seinen Wein weithin bekannt war, hieß im Volksmund ein bestimmtes Haus *Triëre* («Dreiruderer»), weil sich dort einmal Folgendes ereignet hatte: Junge Leute hatten sich bei einem Gelage dermaßen betrunken, dass sie sich auf hoher und stürmischer See wähnten und ‹Ballast› über Bord warfen – der gesamte Hausrat landete auf der Straße!

Den außerordentlichen Wohlstand von Akragas am Ende des 5. Jahrhunderts v. Chr. verdeutlicht der Geschichtsschreiber Diodor (13, 83) mit der Schilderung eines Weinkellers, der aus zwei in den Felsen gehauenen Bassins mit einem Fassungsvermögen von umgerechnet 75 und 250 Hektoliter bestand. Dessen Besitzer war Tellias, einer der reichsten Bürger jener Stadt, der oft und gerne viele Fremde zu Tische lud, einmal sogar eine 500-köpfige Reitertruppe aus der Nachbarstadt Gela, die in ein Unwetter geraten war. Vielleicht hatte der aus Gela gebürtige Schriftsteller Archestratos die Freigebigkeit des Tellias vor Augen, als er den Rat erteilte, dass an einer gastlichen Tafel nicht mehr als höchstens fünf Freunde speisen sollten – sonst hätte man ein Zelt plündernder Söldner. Archestratos lebte im späten 4. Jahrhundert v. Chr. und war als Autor eines Buches über leibliche Genüsse (*Hedypatheia*) berühmt geworden.

Dass auch andere Akragantiner zu Massenbewirtungen in der Lage waren, zeigt das Beispiel eines Mannes, der anlässlich der Hochzeit seiner Tochter ein Mahl ausrichtete für alle – damals rund 20 000 – Mitbürger (Diod. 13, 84).

Diodor berichtet an anderer Stelle von einem künstlichen Meerwasserteich, in dem «*eine Menge verschiedenartiger Fische für die öffentlichen Festgelage*» gezüchtet wurden (13, 82, 5); dieses Bassin soll einen Umfang von umgerechnet knapp 1,5 Kilometer und eine Tiefe von etwa 10 Meter gehabt haben.

Dass in Sizilien wie in Athen und generell in griechischen Städten auf einer repräsentativen Tafel Fischgerichte nicht fehlen durften, bezeugt eine Geschichte, die Athenaios (1, 6e) über den Tyrannen Dionysios I. von Syrakus (um 430–367 v. Chr.) erzählt: Der Held der Episode ist der Dichter Philoxenos aus Kythera, der oft an den Trinkgelagen des Tyrannen teilgenommen haben soll. Als diesem Mann bei einer Einladung zum Essen eine viel kleinere Barbe serviert wurde als dem Herrscher, «*nahm er den Fisch in die Hände und hielt ihn sich ans Ohr. Als Dionysios wissen wollte, warum er das tue, erwiderte Philoxenos, er schreibe gerade ein Gedicht über Galatea und wolle der Barbe einige Fragen über Nereus stellen, aber die habe gesagt, sie wisse von nichts, weil sie zu jung war, als sie gefangen wurde, und daher noch nicht in der Gesellschaft mitgeschwommen sei. Aber jene Barbe, die Dionysios bekommen habe, sei älter und wisse alles genau, was Philoxenos interessiere. Da brach Dionysios in Gelächter aus und ließ ihm die Barbe, die vor ihm stand, hinübertragen.*» Anekdoten wie diese demonstrieren nicht nur die Überlegenheit des Geistes über die Macht, sondern gehören zur vielfältigen Überlieferung über ein vorgeblich luxuriöses Tyrannenleben.

Von der Listigkeit Dionysios' I. kündet eine Schrift, die unter dem Namen des Aristoteles über die Hauswirtschaft (*Oikonomiká*) überliefert ist und deren zweites Buch eine Sammlung von Tricks zur Steigerung der Staatseinnahmen bietet. Dabei geht es zumeist darum, die fiskalische Beraubung der Bürger zu kaschieren, denn in der gesamten Antike galten Steuern oder Zwangsumlagen als Zeichen der Unfreiheit und politischen Unterdrückung. In diesem Rahmen fallen die Maßnahmen, die Dionysios I. zur Deckung seines Finanzbedarfs ergriffen haben soll, nicht sonderlich aus dem Rahmen. Bemerkenswert ist vielmehr, wie der Tyrann und die Bürger sich gegenseitig auszutricksen suchten. So betraf eine Maßnahme die Landwirtschaft der Syrakusaner bzw. ihren Fleischverzehr. Offenbar hatte der Despot eine Steuer auf Vieh erhoben, worauf die Untertanen mit Abschaffung ihrer Tiere reagierten. Daher ordnete Dionysios die Abgabenfreiheit gerade für Viehbesitzer an, woraufhin viele Bürger die Tierhaltung wieder aufnahmen. Als dann der Herrscher mit typischer Tyrannenwillkür erneut eine Abgabe erhob, kam es zu einer radikalen Reaktion: Die Syrakusaner schlachteten massenhaft ihre Tiere, woraufhin Dionysios Schlachtungen über den täglichen Eigenbedarf hinaus verbot. Dem folgenden Schachzug der Viehbesitzer, ihre Tiere als Opfer den Göttern auf den Altären der Tempel darzubringen, setzte der Herrscher das Verbot entgegen, weibliche Tiere zu opfern. Ob und wie dieses Spiel weiter gegangen ist, wird nicht berichtet. Man darf aber annehmen, dass die Viehzucht in Syrakus ungeachtet der Abgabenlast fortgeführt worden ist; sollten die

Bauern aber tatsächlich regelmäßig ‹für den täglichen Eigenbedarf› geschlachtet haben, dürfte dies in jedem Falle zu einem gesteigerten Fleischverzehr bei Gastmählern geführt haben.

Aus der Zeit der römischen Herrschaft fehlen freilich derartige Anekdoten, so dass man auf Vermutungen angewiesen ist, ob die Statthalter Siziliens und die Angehörigen der lokalen Oberschichten den Tafelluxus der römischen Nobilität nachgeahmt haben oder hinter der alten Üppigkeit zurückgeblieben sind.

Mittelteil eines Bodenmosaiks aus einer römischen Villa bei Rom:
Obstkorb und Hühner (Palazzo Massimo Rom)

MENÜ ZU KAPITEL VI

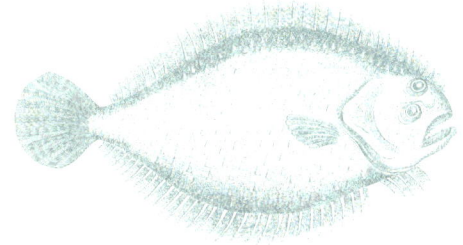

VORSPEISEN:

Pepones et melones (Melonensalat)
Patina solearum (Patina von Seezungen)

HAUPTSPEISEN:

Pullus Varianus (Huhn à la Varius)
Sepia farsilis cocta (Gefüllter Tintenfisch)

NACHSPEISE:

Dulcia domestica (Gefüllte Datteln)

PEPONES ET MELONES

«Nimm Pfeffer, Flohkraut, Honig oder passum, liquamen und Essig. Zuweilen wird Silphium zugefügt.»

- 200 g grüne Gurke schälen, halbieren, entkernen und würfeln, in eine Schüssel geben.
- Eine Wassermelone halbieren, mit einem Kugelausstecher 200 g Fruchtfleisch (ohne Kerne!) entnehmen, zu den Gurkenstücken geben.
- Eine Honig- oder Galia-Melone halbieren, entkernen, mit einem Kugelausstecher 200 g Fruchtfleisch entnehmen, in die Schüssel geben.
- Je 2 EL Tokayer und Honigbalsamessig mit 1 EL Balsamico-Essig mischen. Etwa 1 TL geriebene Ingwerwurzel, 1 TL frisch gemahlenen Pfeffer und zwei Msp. Muskatblüte unterrühren.
- Die Sauce über die Melonen- und Gurkenstücke gießen, alles gut vermischen; vor dem Servieren mindestens 30 Minuten kühl stellen.

PATINA SOLEARUM

«Klopfe und reinige die Seezungen und lege sie in eine Pfanne. Füge Öl, liquamen und Wein hinzu. Während der Fisch kocht, stampfe im Mörser Pfeffer, Liebstöckel und Origanum; zerreibe dies gründlich, gieße etwas von der Fischbrühe dazu, gib rohe Eier hinein und verrühre alles zu einer glatten Mischung. Gieße es über die Seezungen und koche es auf kleinem Feuer. Wenn es steif genug ist, bestreue mit Pfeffer und serviere.»

Vorbemerkung: Seezungen werden vom Fischhändler filetiert und brauchen nicht ‹geklopft› zu werden; man kann das Rezept auch mit (flachen) Filets von anderen Fischen zubereiten.

- Die ausgelösten 4 Filets (= ca. 400 g) von einer ca. 800 g schweren Seezunge nebeneinander in eine geeignete (ggf. beschichtete) Pfanne legen.
- Aus 100 ml trockenem Weißwein, 1 EL chinesischer Fischsauce und 1 EL Öl eine Sauce rühren und gleichmäßig über die Fischstücke verteilen; bei mittlerer Hitze den Sud zum Kochen bringen, dann bei schwacher Hitze ca. 5 Minuten garen.
- Inzwischen jeweils 1 EL feingeschnittene Oreganum- und Liebstöckelblättchen mit 1 TL frisch gemahlenem Pfeffer mischen.
- Von dem Sud aus der Pfanne ca. 1 EL zu den Gewürzen geben, den Rest der Flüssigkeit abgießen, die Pfanne vom Feuer nehmen.

- 4 Eier verschlagen, die Gewürzmischung hineingeben, gut verrühren und gleichmäßig über die gegarten Fischstücke in der Pfanne verteilen.
- Bei erneut mittlerer Hitze das Gericht eindicken bzw. stocken lassen, dann mit frischem Pfeffer bestreut (in der Pfanne) servieren.

PULLUS VARIANUS

«Schmore das Huhn in liquamen, Öl und Wein mit einem Bündel von Lauch, Koriander und Bohnenkraut. Wenn es gar ist, stampfe Pfeffer und etwa 90 g Pinienkerne, gieße etwas von der Hühnerbrühe dazu, nachdem du das Bündel entfernt hast, und mische mit Milch. Gieße den Inhalt des Mörsers über das Huhn, bringe zum Kochen. Binde mit zerstampftem (hartgekochtem) Eiweiß. Richte das Huhn auf einer Platte an und gieße die Sauce darüber. Diese Sauce wird ‹weiße Sauce› genannt.»

- Falls keine Speisestärke zum Binden benutzt werden soll: 2 Eier hartkochen, abschrecken und abkühlen lassen.
- 50 g Pinienkerne mit 200 ml heißer Sahne übergießen und abkühlen lassen; dann in einem Mixer mit 1 TL Pfeffer pürieren und zur Seite stellen.
- In einem Schmortopf 4 EL Öl erhitzen; sogleich 4 Frühlingszwiebeln, 1 Bund Koriandergrün und 6 Zweige Bohnenkraut fest zusammenbinden.
- 4 Hühnerbeine – gewaschen und getrocknet – in den Schmortopf geben, von allen Seiten anbraten, dann mit 200 ml Weißwein und 2 EL chinesischer Fischsauce ablöschen und das Kräuterbündel darauf legen, zugedeckt bei mittlerer Hitze 15 – 20 Minuten garen.
- Inzwischen die Eier schälen, das Eiweiß klein hacken, das Eigelb für andere Verwendung aufbewahren.
- Aus dem Schmortopf die Kräuter entfernen; ca. 50 ml Bratensauce abnehmen und mit der Piniensahne vermischen, dann über das Hühnerfleisch geben; bei milder Hitze weitere 10 Minuten schmoren lassen.
- Zum Schluss die gehackten Eiweiß dazugeben (alternativ: mit Speisestärke binden), Huhn und Sauce auf einer Platte anrichten und servieren.

SEPIA FARSILIS COCTA

«Stampfe ein enthäutetes gekochtes Hirn mit Pfeffer, füge genügend rohe Eier, Pfefferkörner und kleine Fleischklößchen hinzu. (Fülle damit den gekochten Tintenfisch), nähe ihn zu und gib ihn in einen siedenden Kessel, so dass die Füllung steif werden kann.

Nimm Pfeffer, Liebstöckel, Selleriesamen, Kümmel, Honig, liquamen, Wein, gemischte Kräuter. Lasse dies heiß werden, schneide den Tintenfisch auf und gieße die Sauce darüber.»

- 4 Tintenfischtuben (à ca. 200 g) ggf. ausnehmen, waschen, beiseitelegen.
- Für die Füllung 40 g altbackenes und entrindetes Brot (ggf. Toastbrot) in warmem Wasser ca. 15 Minuten einweichen, dann gut ausdrücken und zur Seite stellen.
- 1 große Schalotte oder mittlere Zwiebel fein hacken, mit 1 EL feingehackter Petersilie in 1 EL Öl andünsten, dann abkühlen lassen.
- Ca. 275 g gemischtes Hack mit 1 Ei, Weißbrot und Zwiebel-Petersilien-Mischung vermengen, mit 1 EL frisch gemahlenem Pfeffer würzen.
- Diese Masse gleichmäßig in die vier Tintenfischtuben füllen, jede mit einem Rouladen-Spießchen verschließen.
- In einem Schmortopf 4 EL Öl stark erhitzen, die gefüllten Tintenfischtuben darin von allen Seiten gut anbraten, dann ca. 200 ml heißes Wasser angießen und zugedeckt bei knapp mittlerer Hitze ca. 45 Minuten garen.
- Inzwischen für die Sauce 200 ml Wein, 2 EL Honig, 2 EL chinesische Fischsauce verrühren, je 1 TL gem. Pfeffer, gem. Kümmel und Liebstöckel sowie 0,5 TL Selleriesalz hineinrühren.
- Die Sauce erhitzen, je 2 EL gehackte Petersilie und Koriandergrün unterziehen, ggf. mit Speisestärke etwas binden.
- Die Tintenfische aufschneiden, auf eine Platte geben und die Sauce darüber verteilen; sofort servieren.

DULCIA DOMESTICA

«Entsteine Datteln und stopfe sie mit Nüssen, Pinienkernen oder gemahlenem Pfeffer. Wälze sie in Salz, brate sie in aufgekochtem Honig und serviere.»

- 12 frische Datteln längs aufschneiden, Kern entfernen und ins Innere jeweils eine gute Prise gemahlenen Pfeffer geben.
- Jede Dattel mit einem – je nach Größe der Dattel knappen oder gehäuften – TL gehackte Mandeln (oder auch: gehackten Pinienkernen bzw. gehackten Pistazienkernen) füllen, die Schnittstelle gut zusammendrücken.
- 150 g Honig in einer geeigneten Pfanne erhitzen.
- Währenddessen die Datteln in 2 EL Salz wälzen.
- Wenn der Honig aufkocht, die Datteln hineingeben und unter gelegentlichem Wenden ca. 5 Minuten braten lassen.
- Möglichst heiß servieren.

Öl
Kaninchen
Wein
Disteln
Muränen
G Garum

OCEANUS ATLANTICUS

MARE CANTABRICUM

Burdigala

Tolosa

Legio

(zur Kaiserzeit)

Iberus

Pyrenäen

TARRACONENSIS

LUSITANIA

Durius

Scallabis

Tagus

Bilbilis Augusta

Salo

(Ebro)

Öl

Tarraco

Toletum

(zur Zeit der Republik)

Sucro

BAETICA

Öl

Corduba

Italica

Munda

Valentia

Sagunt(um)

G

Gades

Baetis

Baleares

MARE INTERNUM

Cartago nova

Tingi

MARE IBERICUM

Portus Magnus

0   50   100 150 km

KAPITEL VII

Hispaniae –
Rebellen und Rivalen

D ie Iberische Halbinsel ist in der römischen Antike kein einheitlicher poli-
tisch-ökonomischer Raum gewesen; auch unter römischer Herrschaft war sie
nicht in einer einzigen Provinz geeint, sondern in drei verschiedene unter-
teilt. Zumal der Westen mit der Atlantikküste ist lange Zeit das Siedlungsgebiet ausschließlich einheimischer Keltiberer gewesen, während die Regionen an der Mittelmeerküste und im Süden westlich der sogenannten Säulen des Herakles seit dem
3. Jahrhundert v. Chr. zur mediterranen Kultur gehörten. Als die Römer als eines der
Ergebnisse des Zweiten Punischen Krieges im Jahr 201 die Herrschaft über Iberien
von den Karthagern übernahmen, konnten sie kaum ahnen, dass es zwei Generationen dauern würde, bis sie dort ihre Macht tatsächlich durchgesetzt hatten. Auch im
1. Jahrhundert boten die hispanischen Provinzen Rebellen aus dem eigenen Land wie
Römern, die gegen die Regime Sullas und Caesars kämpften, eine sichere Zuflucht
und Operationsbasis. So konnte beispielsweise der Bürgerkrieg, den Cn. Pompeius
und C. Iulius Caesar entfacht hatten, erst mit der Schlacht bei Munda (46 v. Chr.)
entschieden werden. Die *pax Augusta* – der Augusteische Weltfrieden (seit 27 v. Chr.) –
führte dann auch in spanischen Landen eine wirtschaftliche Blütezeit herauf, die sich
aber nicht nur in zunehmenden Exporten von Öl und Wein nach Italien spiegelte,
sondern auch darin, dass aus den dortigen lokalen Eliten ambitionierte Männer nach
Rom kamen: Intellektuelle wie Seneca und Martial, Senatoren und schließlich Kaiser
wie Trajan und Hadrian.

Die Romanisierung war auf der Iberischen Halbinsel so gründlich, dass nicht nur
das Christentum dort tiefe Wurzeln schlug – der erste katholische Kaiser Theodosius
(379–394 v. Chr.) und seine Dynastie stammten von dort –, sondern selbst in der
Völkerwanderungszeit die Goten und nach der arabisch-islamischen Eroberung die
Mauren akkulturiert wurden.

Ohne eine widerstandsfähige wirtschaftliche Basis ist die historische Rolle Spaniens, die bis in das gegenwärtige Europa hineinwirkt, nicht vorstellbar.

Der Dichter M. Valerius Martialis – oder wie er heute knapp genannt wird: Martial –,
gebürtig aus dem Städtchen Bilbilis Augusta in der unter Augustus geschaffenen Provinz Tarraconensis, rühmt gelegentlich, wie das folgende Beispiel (1.49, vv 1–4;

13–14; 19–26) zeigt, in seinen Epigrammen liebevoll seine Heimat: «*O Freund, du bist zu preisen bei den Völkern Keltiberiens, / zum Ruhm für unser Spanierland! / Bald wirst du, Licinian, das hohe Bilbilis erblicken / – durch Pferdezucht und Waffen wohlbekannt – / [...] / Dort ist dein Gut Voberca, das zum frühen Mahl dir Wildpret schenkt, das du ganz nahe jagen kannst. / [...] / Doch wenn der eisige Dezember und der harte Wintertag / vom rauhen Nordwind heiser stöhnt, / suchst du den Sonnenstrand von Tarraco / und gehst zu deinem Landgut Laletania. / Dort fängst du Rehe ein in dünnen Netzen, die man / aufgestellt, und schlachtest sie und stellst / dem heimatlichen Eber und gewandten Hasen nach, die du / mit starken Pferden jagst; / die Hirsche überlässt du deinem Gutsverwalter.*» Vom einfachen Glück des Landlebens (S. 65 f.) schwärmt der Dichter, unmittelbar vor der Heimkehr nach Spanien stehend, in anderen Versen (10.96, 1–6): «*Du wunderst dich, Avit, daß ich, ein Greis geworden hier in Latiums großer Stadt, / sooft von Völkern spreche, die allzu fern und abgeschieden sind, / dass es mich hin zum Tagus drängt, der Gold enthält, zum heimatlichen Salo und / dass*

Bodenmosaik (vermutlich Mittelteil) einer Villa bei Rom:
Sechs Fische (Palazzo Massimo Rom)

ich zurück will auf das rauhe Land, mit seinen sattgefüllten Scheuern? / Ich liebe jene Gegend, wo mich schon etwas Geringes glücklich macht / und wo bescheidne Habe schon als Luxus gilt.»

Den goldführenden (*auriferus*) Tagus (heute Tejo) erwähnt er auch an anderer Stelle, ist doch Bilbilis stolz auf das dort gewonnene Gold und Eisenerz (12.18, 9). Die ökonomische Bedeutung der römischen Provinzen auf der Iberischen Halbinsel erschöpft sich nicht in ihrer landwirtschaftlichen Leistungsfähigkeit (S. 87; s. u.); vielmehr spielte das Flussgold insbesondere der galizischen Flüsse eine bedeutende Rolle neben den Silbergruben am oberen Baetis (Guadalquivir) und im Hinterland von Carthago Nova (Cartagena). Dabei ist nicht nur an fein verarbeiteten Schmuck aus Edelmetall zu denken, sondern vor allem an die Münzprägung, die in der römischen Kaiserzeit sehr viel mehr Gold benötigte als in der Republik.

Über die Arbeitsorganisation im Bergbau ist bekannt, dass die staatlich-römischen und die kaiserlichen Gruben respektive Goldwäschereien verpachtet wurden; in den Stollen arbeiteten Gefangene, Sklaven und auch freie Arbeiter aus der einheimischen Bevölkerung, insgesamt viele zigtausend Menschen.

Ähnlich große Produktionseinheiten hat es dagegen allem Anschein nach in der spanischen Landwirtschaft nicht gegeben; dort beherrschten Ländereien von mittlerer Größe und mit rationeller Arbeitsorganisation das Bild. Wo Ackerland in der Hand von Großgrundbesitzern gebündelt war, handelte es sich um Streubesitz – wie etwa bei dem Freund Martials, der ein Landgut bei Bilbilis und (zumindest) ein weiteres bei Tarraco in Küstennähe besaß (S. 88). Die archäologische Forschung hat jedenfalls in Spanien und Portugal im Umland der zahlreichen Munizipien (Landstädte) genügend Überreste von *villae rusticae* gefunden, um auszuschließen, dass in den Provinzen der Iberischen Halbinsel Latifundienwirtschaft – der Betrieb von Großgütern – dominierte. Dort existierte offenbar eine Bodenverteilung und -bearbeitung wie in Italien und wie sie Columella propagierte (S. 17 f.).

Zu agrarischen bzw. der Landarbeit nahestehenden Produktionen dieser Provinzen gehörten in erster Linie die Fertigung von Fischkonserven und Fischsaucen – darunter das besonders geschätzte spanische *garum* aus Makrelen – und in geringerem Umfang Textilfabrikation; dazu verwendete man Wolle aus den für Schafzucht geeigneten Bergregionen etwa bei Valentia und Flachs bzw. Leinwand aus der Gegend bei Tarraco. Bei Sagunt hatten sich Keramikwerkstätten entwickelt, die *terra sigillata* – jenes edle, rötlich glänzende Tafelgeschirr – herstellten und in geringem Umfang auch exportierten. Martial erwähnt es abschätzig in einem satirischen Epigramm, in dem er ärmliche Saturnaliengeschenke aufzählt (4.46, 12 – 16): *«Und von Clienten aus Picenum kam / ein kleiner Pack Oliven, wenig. Und / Keramik, siebenteilig aus Sagunt, / mit dickem Stab des Künstlers ziseliert, / Tonzeug, auf Spaniens Scheibe modelliert.»*

Die typischen Erzeugnisse der spanischen Landwirtschaft waren – zumal in der Landschaft Baetica – Getreide, Wein, Öl, Obst und Gemüse. Auch in diesem Falle waren es Spitzenprodukte, die den italischen Waren Konkurrenz zu machen vermochten, beispielsweise bestimmte Weinsorten oder auch Öl; auch dazu hören wir mehr bei Martial (12.63, 1–3; 5): «Du, Corduba – / das stolzer auf sein Öl ist als Venafrum, / nicht weniger vollkommen als ein Krug aus Istrien, / [...] / brauchst nicht mit Purpurschneckenfarbe zu betrügen.»

Hauptzeugen für die Exporte aus den iberischen Provinzen, die zum allergrößten Teil vom Hafen von Gades (heute Cadíz) verschifft wurden, sind allerdings die überaus zahlreichen Scherben der Transportamphoren vornehmlich in Gallien, Germanien und Britannien; in größter Menge aber finden sie sich am ‹Abfallberg› Monte Testaccio in Rom. Für die Archäologen sind deren Henkel von größtem Interesse, sofern die Stempel noch erhalten sind, mit denen die Gutsbesitzer die für ihre Waren vorgesehenen Tonkrüge noch vor dem Brennen markiert haben. Gerade die Sichtung und Auswertung der Amphorenhenkel aus Spanien hat ergeben, dass es sich um eine Vielzahl von Erzeugern gehandelt hat, deren Namen zudem aus örtlichen Inschriften in Spanien nicht unbekannt sind. Die Vielzahl der Produzenten zeigt, dass mittelgroße Produktionseinheiten die Norm waren. Als weiteres Phänomen fällt auf, dass viele Tonkrüge für den Warentransport auch Stempel der Reeder tragen und dass sich unter ihnen kaum spanische Exporteure befinden, sondern italische und südgallische. Demnach lag der Handel in der Hand von überwiegend fremden Schiffseignern (*navicularii*). Im Hafen von Ostia, über den der größte Teil der Importe für Rom abgewickelt wurde, sind Büros von solchen *navicularii* aus verschiedenen Regionen des *Imperium Romanum* nachgewiesen. Während es sich in der frühen Kaiserzeit zumeist um Einzelunternehmer handelte, die nur lose miteinander verbunden waren (in *corpora* oder *societates*), verstärkten sich im Laufe der Zeit Druck und Kontrolle durch diejenigen Behörden, die für die Lebensmittelversorgung der Metropole zuständig waren, bis sie in der späteren Antike Zwangsverbände wurden.

Für die Lebensmittelversorgung war die Getreidezufuhr von zentraler Bedeutung, weniger hingegen Luxusartikel wie Wein, Öl und *garum*, die aus Spanien nach Rom gelangten. Freilich sind auch von dort Getreideimporte – sowohl literarisch als auch anhand der organischen Reste in den Amphoren – bezeugt. Die Frage, inwieweit die iberischen Provinzen zur Lieferung von Steuergetreide verpflichtet waren, kann indessen beantwortet werden: Allem Anschein nach erfolgte Tributerhebung in Form von Getreide nur ausnahmsweise in Notsituationen; das zweifellos in erheblicher Menge erzeugte spanische Getreide diente vornehmlich zur Versorgung der einheimischen Bevölkerung. Wenn also Weizen aus den *Hispaniae* nach Rom gelangte, dann als Ware für den freien Markt.

MARCUS	Da sind wir also in der Heimat unseres Kaisers Hadrianus! Bester Lucius, du hast uns hier in Corduba in die Villa urbana deines überaus liebenswürdigen Freundes Manius geführt!
MANIUS	Verehrte Gäste, es ist mir eine besondere Ehre, euch zu bewirten, fällt doch gleichsam ein bisschen vom Glanze Roms auf mein bescheidenes Haus. Wenn es eure Zeit erlaubt, müsst ihr mich auch auf meinem Landgut im Gebirge besuchen – dort ist die Luft besser als hier am Flusse Baetis!
LUCIUS	Alter Freund, ich erinnere mich an deine entzückende Villa rustica; aber wir sind ja nur für wenige Tage hier und wollen uns bald in Gades nach Italien einschiffen.
MANIUS	So lasst uns schnell das Mahl eröffnen – mit einem Gruß des Meeres.
LUCIUS	Aah, eine Sardellen-Patina – da werde ich ganz wehmütig und denke schon an die Seereise!
MANIUS	Dann nimm, Lucius, lieber die andere Schüssel: Fleisch und Gemüse Spaniens in spanischem Wein gekocht!
TITUS	Vor allem sehe ich Zwiebeln! Was soll das für Fleisch sein – Geflügel?
MARCUS	Mein Sohn, hier wird gegessen, was das freigebige Haus aufträgt!
AULUS	Möchte der junge Herr unseren Gastgeber vielleicht mit einer Rezitation aus einer alten Plautus-Komödie überraschen?
TITUS	Meinst du den Koch im *Pseudolus*?
AULUS	Genau – und was sagt der von seinen Kollegen?
TITUS	Dass sie die Gäste füttern wie grasendes Vieh, indem sie ihnen Grünzeug aufdrängen und mit noch mehr Grünzeug würzen: Koriander, Fenchel, Knoblauch, Sauerampfer, Kohl, Mangold.
LUCIUS	Sehr schön, wirklich! Diese Zwiebeln hier sind aber kein Grünzeug, sondern eine Leckerei. Statt dein Hirn mit so dummen Versen zu belasten, Titus, solltest du lieber deinen Gaumen ausbilden: Die Fischsauce, die der Koch des Manius für dieses *gustum* verwendet hat, ist von erster Qualität!
MARCUS	Du schmeckst da tatsächlich Nuancen heraus, mein Freund?

LUCIUS	Aber gewiss! Das *liquamen* aus den spanischen Provinzen ist in Rom doch nicht ohne Grund so sündhaft teuer!
AULUS	Da hat es sich also letztlich für die Römer gelohnt, den Krieg gegen Karthago um Spanien zu führen! Die Punier waren damals die berühmtesten *garum*-Produzenten.
TITUS	Und sie haben die Fischsauce hier in Spanien gebraut und nicht in Nordafrika? Hat man denn nicht wegen des *garum* den dritten Krieg geführt?
MANIUS	Eine interessante Hypothese – was Spanien betrifft, so hatte ich immer gedacht, es sei um die Metallbergwerke gegangen.
MARCUS	Na hört mal, will hier jemand ernsthaft behaupten, Rom hätte je für materielle Interessen gekämpft? Unsere Altvorderen haben schwere Bedrohungen abwehren müssen – Hannibal überschritt doch nach der Eroberung ganz Iberiens den Ebro, um gemeinsam mit den Galliern Italien vom Norden her einzunehmen.
MANIUS	Liebe Freunde, das ist ja gottlob alles längst vorbei! Dass wir auch ohne die Fischsauce zu würzen verstehen, beweist euch jetzt mein Koch mit dem ‹Ersten Tisch› – einem Fisch in Kräutersauce.
LUCIUS	In der Tat, ich schmecke Kümmel, Koriander, Oreganum und Raute heraus, ja – und Silphium.
TITUS	Und ich: Pfeffer und was Süßes.
LUCIUS	Sehr gut, junger Mann, das sind Dattelstückchen. Und der Essig ist ein ganz alter, vorzüglicher.
AULUS	Mit dem Silphium hat dein Koch auch nicht gerade gespart, das merke sogar ich. Wie geht die Rede von dem Koch bei Plautus weiter, Titus? Sagt der nicht, dass die anderen Köche auf die Gerichte ein Pfund Silphium und obendrauf noch eine Ladung Senfkörner werfen, so dass ihnen dabei selbst die Augen tränen?!
MANIUS	Amüsant, dieser Plautus! Mein Koch hat alle Freiheiten, und wenn er mich mit Silphium und Pfeffer ruinieren will – soll er!
LUCIUS	Der Fisch ist aber doch von hier, oder?
MANIUS	Natürlich, den haben wir aus dem Baetis! Und das Wildkaninchen, das ich euch sogleich auftragen lasse – kommt aus der Umgebung meines Landgutes!
MARCUS	Wusstest du, dass ich Hasen und Kaninchen über alles liebe?
AULUS	Da kannst du deine späte Geburt segnen, Marcus, denn wenn du vor sieben Generationen gelebt und hier Militärdienst geleistet hättest, dann würdest du keinen Hasen mehr sehen mögen. Damals hatten die römischen Soldaten nichts außer etwas Getreide und magere Feldhasen zu essen.

TITUS	Woher weißt du das, Aulus?
AULUS	Da gibt es einen noch jungen Gelehrten, den Appianos in Alexandria, der erforscht, wie Rom seine Provinzen eine nach der anderen gewonnen hat; mein Freund Fronto korrespondiert mit ihm und hat mir davon erzählt.
LUCIUS	Egal, Freunde, mich begeistert an dem Hasen vor allem diese süße Sauce! Euer Weinbau hat wohl große Fortschritte gemacht? Der Essig vorhin schon hat mich erfreut, und jetzt ist es ein exquisites *caroenum*, das offenbar aus Süßwein gemacht ist.
MANIUS	Ganz recht! All dies liefern meine Weinfelder im oberen Baetis-Tal, auch die Trockenbeeren stellen wir selber her. Nur die Datteln beziehen wir von auswärts – damit dein Berufstand, Lucius, nicht ganz verarmt und auch uns mal was verkaufen kann!
MARCUS	Sag, Manius, wirkt es sich bei euch aus, dass unser Imperator Hadrianus hier geboren ist? Mir kommt es so vor, als würde auch die Zahl unserer Senatoren aus den spanischen Provinzen zunehmen.
MANIUS	Das mag sein. Vergiss nicht, dass schon Kaiser Traianus ein Iberer war; er ist in Italica geboren, einem netten Städtchen weiter südlich Richtung Baetis-Mündung. Und diese Seneca-Familie, die in Rom ganz hübsch bei Hofe mitgemischt hat, kam direkt aus unserem Corduba! Ich kenne übrigens einige Senatorenfamilien persönlich. Ein Spross daraus hat mir allerdings erzählt, dass es für ihn in Rom nicht immer leicht sei. Die Senatoren mit italischen Wurzeln machen sich über ihn und seine Landsleute gern lustig.
MARCUS	Wegen dieses komischen Dialekts, den ihr sprecht, nicht wahr? Das ist auch dem Hadrianus widerfahren.
TITUS	In meinem Rhetorikunterricht sitzt auch ein Senatorensohn aus Lusitania, der tut sich so schwer, dass der Lehrer verzweifelt.
AULUS	Da sei mal hübsch vorsichtig, vielleicht ist das ein künftiger Kaiser!
MARCUS	Nun übertreibt nicht! Wenn ich sehe, wie viele Leute aus Kleinasien und aus dem Osten, ja sogar vom Balkan im Senat sitzen, dann glaube ich eher, dass eines nicht zu fernen Tages ein Kaiser von dort kommt!
MANIUS	Um auf deine Frage zurückzukommen, Marcus: Die Provinz Baetica und die anderen spanischen Regionen profitieren eigentlich nicht von der Karriere unserer Landsleute auf dem Kaiserthron. Vielmehr gehen immer mehr tüchtige und ambitionierte Leute nach Rom – die fehlen uns hier!
LUCIUS	Aber wenn der Kaiser seine Heimat besucht, dann zieht ihr doch große Aufmerksamkeit auf euch …

MANIUS	… Neid inbegriffen! Als vor einigen Jahren Hadrian aus Germanien und Gallien nach Tarraco kam, hat er es vermieden, auch uns noch mit einem Besuch zu beehren.
TITUS	Da muss die Baetica halt mit uns Vorlieb nehmen!
MANIUS	Das ist in jedem Fall eine Ehre! Und wir wollen euch gern nach Kräften verwöhnen, damit ihr gut über uns in Rom sprecht. Wir sind ja hier keine Exoten, sondern ganz normale Römer! Von euch Römern haben wir unsere tausend Sorten Birnen bekommen – daher gibt es jetzt zum Dessert eine Birnen-Patina.
AULUS	Manius, ich lobe deine gute Wahl! Ich bin kein Feinschmecker wie Lucius, der es leicht mit dem alten Apicius aufnehmen könnte. So sehr ich Kaninchen und die leckeren Saucen hochachte – Birnenomelette ist doch etwas wirklich Feines!
MARCUS	Da schließe ich mich ganz und gar an – und man braucht auch keine teuren Importe! Ich stelle mir vor, wie sich einst die Scipionen, Vater und Onkel unseres gloriosen Cornelius Scipio Africanus, im punischen Spanien hin und wieder eine Birnen-Patina gegönnt haben.
AULUS	Ein netter Gedanke, Marcus, aber ich fürchte, damals gab's hier noch gar keine Birnen; vielleicht haben sie sich wegen dieses frugalen Genusses sogar nach Italien zurückgesehnt!
MARCUS	Diesen Gedanken will ich zu Ehren und zum Dank gegenüber unserem Gastgeber Manius aufgreifen: Er hat uns mit der Sardellen-Patina einen Vorgeschmack auf unsere Seereise nach Italien gegeben und mit dem Birnengericht zum Schluss unsere Sehnsucht nach der Heimat geweckt. Es ist aber nicht so, dass man es bei ihm in Corduba nicht auch noch sehr viel länger aushalten könnte – auch ohne Hasen und Geflügel und süße Saucen. Ich denke, dass wir, wenn wir wieder in Rom sind, noch oft und gern an diesen Abend am Baetis zurückdenken werden, sicherlich mit wieder erwachender Sehnsucht nach diesem schönen, reichen Land!
MANIUS	Damit ihr einen Trost für eure künftigen Sehnsüchte habt, lasse ich euch einige Amphoren vom besten spanischen *liquamen* und einige Amphoren von meinem *caroenum* schicken!

MENÜ ZU KAPITEL VII

VORSPEISEN:

Patina de apua (Sardellen-Patina)
Gustum de holeribus (Gemüse-Ragout)

HAUPTSPEISEN:

Ius diabotanum in pisce frixo (Bratfisch mit Kräutern)
Aliter ius in leporem (Hase in süßer Sauce)

NACHSPEISE:

Patina de piris (Birnen-Patina)

PATINA DE APUA

«Reinige die Sardellen und lege sie in Öl ein. Gib sie in eine feuerfeste Tonschüssel (Cumana) und füge Öl, liquamen und Wein hinzu. Darauf binde kleine Büschel von Raute und Origanum und lege sie in die Schüssel. Wenn das Gericht gar ist, entferne die Kräuterbündel, bestreue es mit Pfeffer und trage auf.»

— Ca. 500 g Sardellen (bzw. 16 recht kleine Fische) waschen, ggf. ausnehmen und mit ca. 10 EL Öl in einer Schale einige Stunden ziehen lassen.
— Den Backofen auf 180 °C vorheizen.
— Inzwischen die Fischchen in eine ofenfeste Form legen, ggf. von dem Öl, in dem sie eingelegt waren, etwas darüber träufeln.
— 3 EL chinesische Fischsauce mit 6 EL Wein gemischt darüber geben.
— 6 Zweige von jeweils Zitronenmelisse und frischem Oreganum zu drei Sträußchen zusammenbinden und auf die Fische legen.
— Die ofenfeste Form in die Mitte des vorgeheizten Ofens geben und die Fische ca. 15 Minuten garen.
— Die Form aus dem Ofen nehmen, die Kräuter entfernen, mit (1 TL) frisch gemahlenem Pfeffer servieren.

GUSTUM DE HOLERIBUS

«Schmore Zwiebeln in liquamen, Öl und Wein. Wenn sie gar sind, gib Schweineleber und zerschnittene Hühnerbeine und -flügel dazu. Lasse alles zusammen nochmals kochen. Wenn es gar ist, zerstampfe im Mörser Pfeffer und Liebstöckel, befeuchte dies mit liquamen, gieße Wein dazu und passum zum Süßen sowie etwas von der Zwiebelbrühe. Gieße dies alles über die Zwiebeln. Sowie die Mischung wieder kocht, dicke sie mit amulum an.»

Vorbemerkung: Die zu verwendenden Zwiebeln sollten mild sein; moderne Interpreten verweisen darauf, dass sie in diesem Rezept *bulbi* genannt werden und daher Blumenzwiebeln (etwa von Aphodil und Gladiolen) gemeint sein müssen. Die Verwendung großer spanischer Gemüsezwiebeln ist nicht mit dem Gedanken des Kochens in Wein in Einklang zu bringen, es sei denn, man wollte viele Portionen zubereiten. Die folgende Umsetzung geht davon aus, dass feine Scheiben großer Gemüsezwiebeln verarbeitet werden, die in Öl mit Wein zu dünsten sind. Alternativ sind kleinere weiße Zwiebeln zu verwenden.

- 8 Hähnchenflügel (ca. 500 g) waschen und trockentupfen.
- Ca. 750 g Zwiebeln schälen und in sehr dünne Scheiben schneiden.
- In einem Schmortopf 5 EL Öl heiß werden lassen, die Zwiebeln hineingeben, andünsten; dann 200 ml Weißwein mit 2 EL chinesischer Fischsauce hinzufügen; zugedeckt bei kleiner Hitze 10 Minuten schmoren lassen.
- Inzwischen 150 g Leber (z. B. Rinderleber) in mundgerechten Stücken in einer breiten Pfanne in 2 EL Öl braten; herausnehmen und beiseitestellen.
- In derselben Pfanne die Hähnchenflügel von allen Seiten braten; herausnehmen und gemeinsam mit der gebratenen Leber in den Schmortopf zu den Zwiebeln geben; aufkochen lassen.
- Für die Sauce 1 EL Pfeffer, 1 TL feingehackte frische Liebstöckelblätter mit 3 EL Wein, 2 EL Süßwein und 1 EL Worcestersauce verrühren. Nach Bedarf 2–3 EL von dem Zwiebelschmorsud hinzufügen.
- Mit dieser Sauce den Bratensatz der Pfanne ablöschen, in den Topf geben und nach Bedarf mit einem Bindemittel binden; anrichten und servieren.

IUS DIABOTANUM IN PISCE FRIXO

«Nimm einen beliebigen Fisch, reinige, salze und brate ihn. Stampfe Pfeffer, Kümmel und Koriandersamen, Laserwurz, Origanum, Raute und zerreibe dies, gieße Essig dazu, gib Jericho-datteln, Honig, defrutum, Öl und liquamen hinzu; rühre dies gut um, gieße es in eine Kasserolle und bringe es zum Kochen. Wenn es kocht, gieße die Sauce über den gebratenen Fisch. Bestreue ihn mit Pfeffer und serviere.»

Vorbemerkung: Wenn man sich vorstellen möchte, dass der zu servierende Fisch etwa aus dem Baetis hätte stammen können, wird man einen Süßwasserfisch (z. B. Zander) für das Gericht wählen.

- Für die Sauce 20 g Ingwerwurzel fein reiben; 30 g entkernte Datteln fein würfeln; Zitronenmelisseblätter feinschneiden (ca. 1 EL).
- je 1 TL frisch gemahlenen Pfeffer, Koriander, Kreuzkümmel und getrocknetes Oreganum vermischen, dann je 4 EL würzigen Essig und eingedickten roten Traubensaft (*defrutum*) hinzugeben; alles gut verrühren.
- 2 EL Honig sowie 1 TL Sardellenpaste hineinrühren, dann den geriebenen Ingwer, die Dattelstücken und die Zitronenmelisse hinzufügen, schließlich mit 4 EL Öl in einen kleinen Topf geben.
- Vier Stücke Zanderfilet (à ca. 125 g) waschen, trockentupfen und leicht salzen, in einer breiten Pfanne in 2 EL Öl von beiden Seiten braten.

- Inzwischen die Sauce erhitzen.
- Den gebratenen Fisch anrichten, mit der Sauce übergießen und mit 1 TL frisch gemahlenem Pfeffer bestreut servieren.

ALITER IUS IN LEPOREM

«Wenn der Hase fast so weit ist, dass man ihn herausnehmen kann, stampfe Pfeffer, Datteln, Laser, Rosinen mit caroenum, liquamen und Öl. Gieße die Sauce über den Hasen, wenn sie gekocht hat, bestreue den Hasen mit Pfeffer und serviere.»

Vorbemerkung: Anstelle von Hasenfleisch kann Kaninchenfleisch verwendet werden – ein ganzes Tier oder Teile davon; ich nehme 2 große, jeweils halbierte Keulen.

- Den Ofen auf 90 °C vorheizen, dabei eine ofenfeste Form miterwärmen.
- 2 EL Rosinen waschen und in 5 EL Tokayer (o. ä.) einweichen.
- Die Kaninchenkeulenstücke (ca. 750 g) waschen, trockentupfen, leicht salzen und pfeffern, in 2 EL Öl rundherum anbraten, dann in die vorgewärmte Form legen und im Ofen 1 Stunde garen lassen.
- Den Bratensatz mit ca. 3 EL eingedicktem Traubensaft (*caroenum*) ablöschen, in der Pfanne zur Seite stellen.
- Rechtzeitig vor Ende der Garzeit die Sauce bereiten aus den Rosinen samt Süßwein, ca. 40 g entkernten, fein gewürfelten Datteln, 1 EL Worcestersauce, 1 EL Ingwerpulver, 1 TL frisch gemahlenen Pfeffer sowie 3 EL Öl.
- Die Sauce in die Pfanne mit dem abgelöschten Bratensatz geben und aufkochen lassen; ggf. Fleischsaft aus der ofenfesten Form hinzufügen.
- Das gegarte Fleisch mit der Sauce anrichten und mit Pfeffer bestreuen.

PATINA DE PIRIS

«Koche Birnen und entferne die Gehäuse. Stampfe sie im Mörser mit Pfeffer, Kümmel, Honig, passum, liquamen und ein wenig Öl. Füge Eier hinzu, um eine Patina-Mischung zu machen, bestreue sie mit Pfeffer und serviere.»

- Den Backofen auf 180 °C vorheizen.
- 1 kg weiche Birnen waschen, schälen, die Kerngehäuse herausschneiden; in grobe Würfel schneiden und in einem geschlossenen Topf mit 3 EL Tokayer so lange garen, bis sie fast zerfallen.

– Inzwischen 3 Eier mit 2 EL Honig, 1 EL Öl, je 1 TL Pfeffer und Kümmel sowie einer Prise Salz gut verschlagen.
– Die Birnen gut zerdrücken und etwas abkühlen lassen, dann mit der Eimasse vermischen und in eine gefettete Auflaufform geben.
– In der Mitte des Ofens ca. 20 Minuten backen, zum Servieren mit Pfeffer bestreuen.

Wandfresko aus der Casa Iulia Felix/Pompeji: Stillleben mit Eiern und Rebhühnern (Archäologisches Nationalmuseum Neapel)

BAETICA

Baetis

Italica
Hispalis
Munda
Malaca
Gades

Carthago Nova

MARE
INTERNUM

MARE
IBERICUM

Caesarea (Iol)
Icosium
Rusucurru
Sald
Rusguniae
Cartennae
Tipasa

Auzia

Chinalaph

Tingi
Tamuda

Portus Magnus

Lixus

Rusaddir
Albulae

MAURETANIA
CAESARIENSIS

Banasa

Nigris

Sala
Volubilis

Subur

Malucha (Malua)

MAURETANIA
TINGITANA

0   50   100   150 km

N
W   O
S

G Garum

Wein

Feigen

Datteln

Disteln

Zwiebeln

Rosinen

Perlhühner

Öl Öl

MARE INTERNUM

Segesta
Motya
Lilybaeum
Panormus
SICILIA
Agrigentum

Cossura I.

Melita I.

Utica
Hippo Regius
Ilgili
Ifis
Cirta
Cuicul
Madauros
AFRICA VETUS
Bagradas
Carthago
Clupea
Hadrumetum
Öl
AFRICA
NOVA
AFRICA
PROCONSULARIS

MARE
INTERNUM

Lambaesis
Aurasius Mons
UMIDIA
Gemellae

Thaenae
SYRTIS MINOR
Girba

Pallas Palus
Tritonis Lacus
Libya Palus

Sabratha
Leptis
Magna
G
Arae
Philaenorum

TRIPOLITANIA

nach Cidamus

CYRENAICA →

SICILIA
Syracusae
(Syrakus)

Corinthus
Sparta
Athen
Ephesos

Myra
Rhodos

Knossos
CRETA
Paphus

MARE
INTERNUM

Tripolis
Leptis Magna
Berenice
Syrtis
major
Cyrene
Tobruk
Alexandria

CYRENAICA

Memphis
AEGYPTUS

Libysche Wüste

Wüstentrüffel

Achetaton
(Amarna)

KAPITEL VIII

Africa –
Latifundien und Landstädtchen

Der greise Marcus Porcius Cato kehrte im Jahr 150 v. Chr. von einer Gesandt-schaftsreise aus Karthago zurück, bei der er zu erkunden suchte, ob die punische Metropole, seit einem halben Jahrhundert auf ihr nordafrikani-sches Territorium beschränkt, im Konflikt mit dem benachbarten Numiderkönig Massinissa diesen zu Recht militärisch angegriffen hatte. Als er vor dem römischen Senat Bericht erstattete und das Wohlergehen der Stadt sowie deren Bevölkerungs-wachstum betont hatte, ließ er zum Schluss aus dem Bausch seiner Toga einige dicke saftige Feigen kullern und sagte, solche Früchte wüchsen nur drei Tage Schiffsreise von Rom entfernt. Fortan wurde Cato nicht müde, die Zerstörung der alten Rivalin zu fordern. Die glaubhaft überlieferte Anekdote ist in der Forschung dahingehend interpretiert worden, dass bei dem dann bald folgenden Dritten Punischen Krieg (149–146 v. Chr.) die enorme Fruchtbarkeit Nordafrikas das entscheidende Motiv gewesen sei. Die moderne Ausdeutung dieser Episode ist unrichtig, weil es Cato nicht um die prächtigen Früchte an sich ging, sondern sie symbolisch für die nahezu unverwüstliche Vitalität des Feigenbaums präsentierte, mit dem er Karthago ver-glichen wissen wollte: Um die Feige zu vernichten, muss man sie mit Stumpf und Stiel zerhauen – und so geschah es mit dem punischen Staat, der von der politi-schen Landkarte verschwand, und mit der Stadt, die bis auf die Grundmauern zer-stört wurde.

Dass Nordafrika ein äußerst ertragreiches Land war, wussten die Herren Sena-toren bereits zur Zeit Catos, die dann aber als Sieger über Karthago nichts unternah-men, um die neue Provinz *Africa* ökonomisch auszubeuten. Erst in der Kaiserzeit, als das römische Herrschaftsgebiet auf diesem Kontinent von der Großen Syrte im Wes-ten der Kyrenaika bis an den marokkanischen Atlantik reichte und schließlich in die Provinzen *Africa proconsularis*, *Mauretania Caesariensis* und *Mauretania Tingitana* unter-teilt war, entwickelte sich die Großregion zum Weizenlieferanten und nachgerade als landwirtschaftliches Wunder. Der Schlüssel für die außerordentliche agrarische Pro-duktivität lag in der Urbanisierung und Romanisierung des Binnenlandes, wo um die Mitte des 2. Jahrhunderts n. Chr. rund 300 städtische Gemeinden gezählt werden konnten. Die Weichen für diese Entwicklung wurden aber bereits sehr viel früher ge-stellt, nämlich im 2. und 1. Jahrhundert v. Chr.

Wer direkt von dem für Karthago katastrophal endenden Zweiten Punischen Krieg (218–201 v. Chr.) profitiert hatte, war Roms Verbündeter Massinissa, der zum König über die Numider ernannt worden war und sich in der über sechzigjährigen Regierungszeit, die mit seinem Tod unmittelbar vor dem Beginn des Dritten Punischen Krieges (149) endete, stets auf römische Protektion verlassen konnte. Schritt um Schritt dehnte er sein Territorium auf das Gebiet Karthagos aus, das bei den immer wieder als Schiedsrichter angerufenen Römern stets unterlag. So waren auch das fruchtbare Tal des Flusses Bagradas, an dessen Mündung die alte Phöniziergründung Utica lag, und die Sahelzone an der Syrte mit einer Reihe blühender Küstenstädte unter numidische Herrschaft gekommen. Dass bereits damals die Agrarwirtschaft stark gefördert wurde, beweist zum einen die Existenz eines Lehrbuches, das der Karthager Mago verfasst hatte und das die römischen Sieger 146 ins Lateinische übersetzen ließen, zum anderen das Lob, das der Geschichtsschreiber Polybios dem König Massinissa im Nachruf auf ihn spendet (36, 16): «*Seine größte, beinahe göttliche Leistung aber war dies: Während ganz Numidien bis dahin Ödland gewesen war und durch Klima und Boden für untauglich galt, Feld- und Baumfrüchte hervorzubringen, hat er zuerst und allein den Beweis geliefert, daß sein Land diese Fähigkeit nicht weniger besitzt als irgendein anderes.*»

Über die naturräumlichen Gegebenheiten Afrikas hat einst Sallust, der erste Statthalter der *Africa nova*, in seinem Werk über den *Iugurthinischen Krieg* die oft zitierte Angabe gemacht (17, 5), der Boden sei ertragreich und für Tierzucht geeignet, für Baumkulturen aber weniger günstig. Im gleichen Zusammenhang (17, 5–6) fügte er hinzu, dass das Meer der afrikanischen Küste stürmisch und ohne (gute) Häfen sei, Erde und Himmel des Wassers ermangelten – was nichts anderes bedeutet, als dass Klima und Land trocken und heiß waren. Von den dortigen Bewohnern wusste er ferner zu berichten, dass sie gesund, wendig und körperlich belastbar seien.

Dies waren im Großen und Ganzen die Bedingungen, unter denen das römische Afrika seine gerühmte und das frühere Ausmaß weithin übertreffende Fruchtbarkeit entwickelte. Ohne künstliche Bewässerung und ohne härteste Landarbeit auch der einheimischen Arbeitskräfte hätten die unter Caesar und Augustus so zahlreich angesiedelten Kolonisten aus Italien nicht jenen Wohlstand erreicht, der sich nicht nur in der wachsenden Zahl der Munizipien – der Landstädte – spiegelte, sondern auch in deren prächtiger und großzügiger architektonischen Gestaltung.

Man baute in *Africa proconsularis* vor allem Getreide an; bezog doch aus dieser Provinz das kaiserzeitliche Rom zwei Drittel seiner Weizenimporte. Dass Latifundienwirtschaft die übliche Produktionsform war, lässt sich unter anderem aus einer Stelle beim Kaiserbiographen Sueton über den tyrannischen Herrscher Nero herauslesen, derzufolge jene sechs Grundbesitzer, in deren Händen sich die Hälfte des Bodens der Provinz befand, von dem Kaiser unter fadenscheinigem Vorwand angeklagt, verurteil und hingerichtet, ihre riesigen Landgüter sodann den kaiserlichen Domänen zugeschlagen worden seien.

Andererseits bezeugen Inschriften aus den neuen Städten aber auch die enorme soziale Mobilität, der es nicht zuletzt einheimische Libyer zu verdanken hatten, dass sie zu Besitz und auf dessen Grundlage zu kommunalen Ehrenämtern und öffentlichen Aufgaben gelangten.

Erklären das starke Bevölkerungswachstum und der Zuzug von Einheimischen in die überall entstehenden Munizipien deren wirtschaftlichen Aufschwung, so liegt zugleich auf der Hand, dass die Landwirtschaft mithin auch den rasant wachsenden Eigenbedarf decken musste. Urbarmachung von Ödland durch Bewässerungskanäle und Bodendüngung trugen zur Intensivierung der Bodennutzung ebenso bei wie die Differenzierung der angebauten Pflanzen. Zunehmend verbreitete sich die Ölbaumkultur bis ins Binnenland. Gesteigert wurde sie zudem – wie die archäologisch nachgewiesenen Reste zahlloser Ölmühlen und -pressen zeigen – in der Küstenzone und selbst in Tripolitanien, das für seine Ölproduktion seit jeher berühmt war.

Die schnelle Romanisierung der afrikanischen Provinzen hat, wie uns auch die steinernen Zeugen aus jener Zeit – die Städte mit ihren Theatern, Amphitheatern, Tempeln, Thermenanlagen, Marktplätzen, Ladenstraßen, Häusern mit Fußboden-

Ausschnitt aus einem Bodenmosaik aus der Umgebung von Hadrumetum (heute Sousse): Fischer und Fische (Museum Sousse/Tunesien)

mosaiken und Wandfresken sowie unterschiedlichstem Hausrat – vor Augen führen, zugleich eine Tendenz zur Einheitlichkeit mit sich gebracht. So zeigen beispielsweise Mosaiken aus verschiedenen Gebieten der – am intensivsten erforschten – *Africa proconsularis* die gleichen Motive: Jagden, mythische Szenen mit Neptun, Venus, als Fischer dargestellte Eroten, Jahreszeiten sowie Szenen aus dem Circus, vornehmlich aber Wagenrennen und Tierhetzen. Aber nicht nur innerhalb Afrikas sind die Bildmotive gleich, auch in anderen Provinzen begegnen derartige Fußbodendekore, abgesehen vielleicht von dem Motiv der Jagd auf afrikanische Wildtiere, die dann zur blutigen Unterhaltung der Zuschauer in die Circusarenen im Lande wie im gesamten *Imperium Romanum* getrieben wurden.

Das Gleiche gilt für die Darstellung von Gastmählern und den wohl für sie vorgesehenen Viktualien wie beispielsweise Fische, Früchte, Rebhühner. Somit ist nicht zu erkennen, inwiefern sich die Ess- und Küchenkultur in dieser Provinz von derjenigen in Italien bzw. anderen Provinzen unterschieden haben sollte.

Damit erhebt sich die Frage, welche Erzeugnisse in Nordafrika selbst produziert, welche für den gehobenen Bedarf importiert worden sind und schließlich auch, was noch außer Getreide für den Export – und für welchen Absatzmarkt – zur Verfügung gestellt wurde. Einen ersten Hinweis bieten jene Mosaiken mit offenbar typisch nordafrikanischem Bildprogramm, die vornehme Landvillen an der Küste oder umgeben von Oliven- und Weinpflanzungen zeigen und zu deren Motiven gleichermaßen Tiere und Landarbeiter wie auch etwa eine Gutsherrin gehören, die Gaben von den Pächtern empfängt. Solche Darstellungen geben freilich weniger das Leben auf jenen

*Mosaik in Ostia: Ausschnitt aus dem Vorplatz der afrikanischen collegia naviculariorum:
Öl-Amphora zwischen Palmen und Fischen*

riesigen Ländereien wieder, wo großflächig Monokulturen gezüchtet wurden, als vielmehr die intensiv genutzten, ein vielfältiges Spektrum an Waren hervorbringenden Gutshöfe, die es freilich nicht erst seit der Zeit gab, in der diese Mosaiken größtenteils entstanden sind – dem späteren 3. Jahrhundert n. Chr. Wir können also davon ausgehen, dass dort schon lange Fischfang an den Küsten, aber auch Geflügel- und Kleintierzucht betrieben, Baumplantagen und professionell gepflegte Gemüsegärten angelegt, aber eben auch die klassischen Exportgüter Getreide, Wein und Öl erzeugt wurden. Dass in Rom auf der Abfallhalde des Monte Testaccio vergleichsweise wenige afrikanische Amphoren – etwa im Verhältnis zu spanischen Amphoren – gefunden wurden, hat zu der Überlegung Anlass gegeben, dass der hauptsächliche Absatzmarkt für Öl aus der *Africa proconsularis* Ägypten war, weil man dort dieses Basislebensmittel nicht in ausreichender Menge selbst produzieren konnte. Neuere Untersuchungen haben für Tripolitanien gezeigt, dass der Seetransport entlang der nordafrikanischen Küste tatsächlich über die Städte der Kyrenaika nach Alexandria ging. Ein gründliches Studium der Amphorenformen hat inzwischen zudem gezeigt, dass afrikanische Exporte aber auch in die nördlichen Provinzen des Römischen Reiches gelangten. Mithin verliefen die Warenströme, die etwa mit feiner Keramik (*terra sigillata*) aus Südgallien in die afrikanischen Provinzen gelangten, nicht auf einer ‹Einbahnstraße›. Dass unter den hochwertigen Gütern, die nach Norden geschafft wurden, nicht nur Agrarprodukte waren, sondern sich auch Erzeugnisse der Konservenfabrikation – beispielsweise *garum* aus Leptis Magna – sowie der Textil- und Lederherstellung befanden, die aus der keineswegs unterentwickelten Viehzucht stammten, ist gut bezeugt. Händler und Schiffseigner (*navicularii*) aus den großen afrikanischen Küstenstädten unterhielten Büros in der römischen Hafenstadt Ostia und waren in zahlreichen Provinzen anzutreffen. In der Spätantike, die in diesem Buch allerdings unberücksichtigt bleiben soll, überschwemmte afrikanische *terra sigillata* geradezu den Donauraum; und afrikanische Tonlämpchen beispielsweise sind überall im Römischen Reich zu finden.

Die Ess- und Küchenkultur im römischen Nordafrika zeichnete sich durch ihren ganz und gar römischen Charakter aus; dort standen dieselben Lebensmittel zur Verfügung wie in Italien, Spanien und Gallien. Punische Traditionen lassen sich nicht mehr erkennen, was insofern nicht überrascht, als nach dem Untergang Karthagos die Träger der römischen Kultur die Bewohner der neuen Städte respektive die alten kolonialen Eliten des späten 1. Jahrhunderts v. Chr. waren. Wenn sich dennoch Unterschiede zeigen, dann erklären sie sich aus den anders gearteten klimatischen Bedingungen: Die Viehzucht lieferte nicht zuletzt deswegen weniger Fleisch für den Verzehr, weil das sehr warme Klima es fast unmöglich machte, die Erzeugnisse frisch zu halten. Dessen ungeachtet ist – wenngleich zumeist für die spätere Antike – selbst Schweinezucht bezeugt. Man hat dabei die Tiere wohl in einer Art Winter- und Sommerweidewechsel je nach Jahreszeit in gebirgigen Zonen, wo sie mit den Eicheln der

Wälder gemästet wurden, oder in den warmen küstennahen Zonen gehalten. Dass man Schweine als Nutztier hielt, ist jedenfalls ein typisch römisches Phänomen, das auch klimatischen Differenzen widerstand.

Wenn man für die Provinzen auf der Iberischen Halbinsel feststellen darf, dass dort die Romanisierung im Spiegel des Städtewesens, der Wohn- und der Agrarkultur im 1. Jahrhundert n. Chr. solche Fortschritte machte, dass von einem zweiten Italien gesprochen werden konnte, so trifft dies grundsätzlich auch für die afrikanischen Provinzen zu; allerdings muss man Abstriche im Hinblick auf die Geschwindigkeit der Entwicklung und auf die in dieser Region stärker zu zusammenhängendem Groß-grundbesitz tendierenden Produktionsformen machen. Die feinen Leute der Gesell-schaft in den so zahlreichen Munizipien zwischen der Mittelmeerküste und dem *limes Africanus*, zwischen der Ostgrenze zur Kyrenaika und dem Atlantik im Westen eiferten dem italischen bzw. dem stadtrömischen Vorbild nach: Sie liebten Thermen, Theater, Arenen (Amphitheater) und Tempel. Dabei stand die mit diesen ‹Freizeit-räumen› zusammenhängende Fest- bzw. Alltagskultur in einer Wechselbeziehung zur Gastmahlskultur römischer Prägung, indem sich öffentliche Speisungen und private Gastereien in den Wohnhäusern der Hautevolee ergänzten.

Zu Gast bei
Quintus in Utica

MARCUS	Mein lieber Quintus, die Götter mögen dich segnen für den liebenswürdigen Empfang, den du uns als deinen Gästen bereitet hast!
QUINTUS	Von eurer Seereise ruht nun in meinem Hause in geselliger Runde aus und erzählt mir von den Neuigkeiten!
LUCIUS	Bester Freund, wir kamen gestern bei gutem Wind von Karthago herüber; Nachrichten aus der schönen Tiberstadt haben wir keine, denn dort haben wir vor zwanzig Tagen abgelegt. Indes – es wird sich dort wohl nichts Interessantes ereignet haben, denn der Kaiser Hadrianus weilt noch immer in Ägypten.
TITUS	Und wenn der Kaiser nun auch wieder wie vor zwei Jahren hierher nach Africa käme?
MARCUS	Dann werden ihn, mein Sohn, die Uticenser wohl genauso liebevoll empfangen wie einst den tapferen Cato, der hier in den Tod ging, um nicht dem Sieger Julius Caesar in die Hände zu fallen!
AULUS	Vermutlich werden sie in Erinnerung an die Bescheidenheit des Gegners jeglicher Alleinherrschaft tagtäglich punischen Brei servieren, hat doch bereits der Alte Cato ein Rezept für diese schlichte, aber schmackhafte Speise aufgezeichnet.
MARCUS	Liebe Freunde, so wahr ich den Quintus kenne, ist er ein gwiefter Feinschmecker, geradezu ein afrikanischer Apicius! Da dürfen wir auf ein vorzügliches Mahl *comme il faut* gespannt sein.
QUINTUS	Ihr sollt nicht enttäuscht werden – schon bringen die Diener gekühltes *mulsum* und die Vorspeisen!
AULUS	Oha – ich sehe einen Brei und den vom verehrten Apicius so wenig geschätzten Kohl!
LUCIUS	Aber was für ein prächtiges Kohlgericht! Es duftet nach Kümmel – das ist doch sicher eine Kümmelsauce nach des Apicius' Kochbuch!
MARCUS	Und der Brei scheint nicht aus Getreide zu sein, sondern aus Linsen, wie sie dieses Land hier in bester Qualität liefert, soweit ich weiß.
TITUS	Was ist denn oben darauf? Das sind doch keine Linsen!

QUINTUS	Das sind faschierte Muscheln von meinem Landgut am Meer — und sie sind auch darinnen in dem Linsengericht.
MARCUS	Mein lieber Gastfreund, wir sind entzückt!
LUCIUS	Lasst uns raten, was als nächster Gang folgt! Ich vermute, Quintus wird uns erneut mit ganz unerwarteten Genüssen überraschen — ich tippe mal auf Spanferkel.
TITUS	Gibt es denn Schweine hier im Lande der alten Phönizier? Ich habe in der Schule gelernt, dass den Puniern diese Tiere verhasst waren.
QUINTUS	Schön und gut, junger Mann, aber unsereins hält sich doch mehr an die römischen Traditionen! Dennoch liegt Lucius falsch: Es gibt heute kein Gericht mit Schweinefleisch.
MARCUS	Dann rate auch ich einmal: Geflügel?
QUINTUS	Genau, und zwar Numidisches Huhn.
LUCIUS	Aha, das ist sicher was Feines, aber in der Nähe Numidiens nicht gerade eine Überraschung …
AULUS	… es sei denn, es wird nach einem Rezept zubereitet, das aus den Zeiten des Hannibalbesiegers Scipio stammt, ja, am besten noch vom Numiderkönig Massinissa selbst, unserem treuen Verbündeten gegen Karthago!
QUINTUS	Da müsste ich den Koch fragen, woher er seine Kunst nimmt. Aber es gibt noch mehr als das Huhn, nämlich Fisch.
AULUS	Ich wette: Thunfisch!
QUINTUS	Richtig — mit Koriander und Rosinen.
TITUS	Ein Schwein wäre mir schon lieber.
AULUS	Nun, die Thunfische nennt man ja auch Meeresschweine, wie einst der Historiker Polybios bemerkt hat. Der schreibt, die Thunfische vor der Küste Lusitaniens würden jede Menge Eicheln fressen von den Bäumen, die direkt im Wasser wachsen.
LUCIUS	Mein Bester, glaubst denn du, belesen wie du bist, wirklich jeden solchen Schmarren? Dass ich nicht lache — Meeresschweine!
MARCUS	Ich finde das alles recht charmant: In einem punisch-römischen Land serviert uns der treffliche Quintus Fisch und doch auch zugleich Schwein, dazu noch in einer süßen Sauce, die des klugen Mago ebenso würdig wäre wie des verschleckten Apicius!
AULUS	Nicht zu vergessen die numidische Miniatur des römischen Adlers: das Perlhuhn!
LUCIUS	Ah! Da werden sie schon aufgetragen, die Gerupften und Gesottenen, auf einer silbernen Platte — Donnerwetter, Quintus, so etwas wundervoll Zisieliertes habe ich ja noch nirgendwo gesehen! Wo gibt es diese Tabletts?

QUINTUS	Ein Erbstück, guter Freund, das mein Vater von seiner mauretanischen Großmutter hatte, die im Jahr geboren wurde, als der König Ptolemaios von Nero nach Rom gerufen und dort ermordet wurde.
AULUS	Ein mauretanisches Erbe ist doch wohl auch, wenn ich das bemerken darf, die Dattelsauce, in der diese Vögel baden.
TITUS	Datteln gibt es doch auch im ‹alten› Africa – und nicht nur in der Provinz *Africa nova*, die mit dem Tod von König Juba an die Römer kam. Deren erster Statthalter war, wie ich gelernt habe, der spätere Geschichtsschreiber Sallust.
MARCUS	Bravo, mein Junge, da hat man euch mal was Rechtes beigebracht! Aber ich hab's nicht so mit den alten Königen – gut, dass der große Julius damals aufgeräumt hat!
AULUS	Immerhin hat Caesar den kleinen Sohn Jubas mit nach Rom genommen. Von Augustus ist er dann wieder als König in Mauretanien eingesetzt worden und hat rund ein halbes Jahrhundert dort geherrscht. Auch er ein «Juba». Sein Sohn Ptolemaios hätte auch schön lange regieren können, aber dann hat Nero seine Hand auf das westliche Afrika gelegt – wie auf so manches andere.
LUCIUS	Und was hat das mit der schönen Platte hier von Quintus' Urgroßmutter zu tun?
AULUS	Nichts direkt – aber ich wollte ja auf das Erbe der Dattelsauce hinaus: Juba war verheiratet mit Selene, der Tochter von Ägyptens letzter Herrscherin Kleopatra, und später mit Glaphyra, der verwitweten Schwiegertochter des Königs Herodes von Judäa, in dessen Land die fettesten Datteln wuchsen.
MARCUS	Ich verstehe schon: Die Damen haben in ihrer neuen Heimat die Dattelsauce vermisst und den Köchen Jubas beigebracht, wie man die macht, und seitdem ist das eine ‹numidische› Tunke für Geflügel.
AULUS	So ungefähr, ja. Aber wir sollten zugreifen, bevor diese Köstlichkeiten kalt werden!
QUINTUS	Meine lieben Gäste, hoffentlich seid ihr ebenso hungrig wie gelehrt! Wen der Hauptgang nicht sättigt, mag sich auf den ‹zweiten Tisch› freuen: Da gibt es die süß-pikanten afrikanischen Weinbrötchen, von denen schon unser Gavius geschwärmt hat.
MARCUS	Und wenn wir dann zum frohen Trinken übergehen, so erheben wir unsere Pokale zuallererst auf unseren guten Kaiser Hadrian, der in seinem üppigen Ägypten gar nicht ahnt, welche nachgerade kaiserlichen Tafelfreuden uns Quintus hier bereitet!

MENÜ ZU KAPITEL VIII

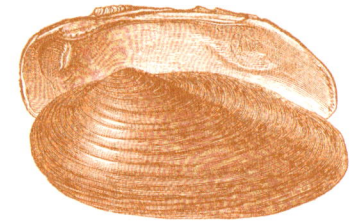

VORSPEISEN:

Cauliculi (Kohlsalat)
Lenticula ex sfondylis (Linsenbrei mit Muscheln)

HAUPTSPEISEN:

Pullus numidicus (Numidisches Huhn)
Ius in Thynno (Thunfisch mit Sauce)

NACHSPEISE:

Dulcia (Süße Brötchen)

CAULICULI

«Lege den gekochten Kohl in eine flache Schüssel und würze ihn mit einer Sauce aus liquamen, Öl, Wein und Kümmel. Bestreue ihn mit Pfeffer, gehacktem Lauch, Kümmel und gehacktem frischen Koriander.»

- Den Kohlkopf putzen, vierteln, den Strunk entfernen; die Blätter in nicht zu feine Streifen schneiden, in kochendem Salzwasser auf kleiner Flamme gar ziehen lassen (ca. 20 Minuten); inzwischen je ein halbes Bund Schnittlauch und Koriandergrün fein schneiden, beiseitestellen.
- 50 ml Wein mit 1 TL grob gemahlenem Kümmelsamen, 1 TL Sardellenpaste und 50 ml Öl in einen Topf geben, unter Rühren aufkochen lassen; auf ausgeschaltetem Herd stehen lassen, ggf. mit Salz abschmecken.
- Den gegarten Kohl abgießen und mit kaltem Wasser abschrecken, gut abtropfen lassen; auf einer Platte anrichten, mit der Sauce begießen.
- Mit den gehackten Kräutern und gemahlenem Pfeffer bestreut servieren.

LENTICULA EX SFONDYLIS

«Nimm einen sauberen Topf (und koche die Linsen darin). Zerstampfe im Mörser Pfeffer, Kümmel, Koriandersamen, Minze, Raute und Flohkraut; befeuchte die Mischung mit Essig; füge Honig, liquamen und defrutum hinzu, schmecke mit Essig ab und gieße dies in den Topf. Dann faschiere gekochte Muscheln (gib sie in den Topf) und lasse das Ganze aufkochen. Wenn es kocht, binde es. Serviere das Gericht in einem boletar, gieße bestes Öl darüber.»

- 150 g braune Linsen in einem Topf mit Wasser gut bedeckt mindestens 6 Stunden (am besten über Nacht) einweichen.
- Falls keine Muscheln aus Dose oder Glas verwendet werden, zunächst die Muscheln vorbereiten: Dazu 500 g Mies- oder Venusmuscheln gründlich waschen, die geöffneten aussortieren; Muscheln tropfnass in einen heißen Topf geben und zugedeckt ca. 8 Minuten garen lassen. Herausnehmen, die noch geschlossenen Muscheln aussortieren; die anderen beiseitestellen.
- Die Blätter von je 1 Zweig Minze und Zitronenmelisse fein schneiden.
- Die Linsen in dem Einweichwasser in einem breiten Topf aufkochen und bei schwacher Hitze ausquellen lassen (ca. 35 Minuten).
- Inzwischen die gekochten Muscheln auslösen bzw. die Muscheln aus Dose oder Glas (ca. 120 g) abspülen und gut abtropfen lassen.
- Die Muscheln grob hacken und beiseitestellen.

- In einer Schüssel 50 ml Essig mit 1 EL Honig, 1 TL Apfeldicksaft und 1 TL Worcestersauce sowie je 1 TL gemahlenen Pfeffer, Kümmel, Koriander und 1 Msp. Muskatnuss vermischen, dann die gehackten Kräuter unterziehen; diese Sauce zu den Linsen in den Topf geben.
- Gut durchgerührt, ggf. mit einem Kartoffelstampfer die Linsen zerdrücken, dann die gehackten Muscheln – bis auf einen EL voll – zu den Linsen geben, erneut aufkochen und, wenn nötig, mit 1 EL in etwas Wasser angerührter Speisestärke binden.
- In eine Servierschüssel umfüllen, mit dem Rest des Muschelhacks bestreuen und mit Öl beträufeln.

PULLUS NUMIDICUS

«Richte das Huhn zu, koche es, nimm es aus dem Wasser, bestreue es mit Laser und Pfeffer und brate es. Stampfe Pfeffer, Kümmel, Koriandersamen, Laserwurzel, Raute, Jerichodatteln, Pinienkerne; gieße Essig, Honig, liquamen und Öl dazu, rühre durch. Wenn es kocht, dicke mit amulum an, gieße die Sauce über das Huhn, bestreue es mit Pfeffer und serviere.»

- Die Hühnerbrustfilets in siedendes, leicht gesalzenes Wasser (ggf. mit 1 Lorbeerblatt) geben, zugedeckt ca. 20 Minuten bei kleiner Hitze garen.
- Den Backofen auf 180 °C vorheizen.
- Inzwischen 8 – 10 Datteln (ca. 100 g) ggf. entkernen und in feine Würfel schneiden, beiseitestellen. 10 g Ingwer schälen und reiben (bzw. sehr fein hacken) und ebenfalls beiseitestellen,
- 1 EL Ingwerpulver mit 5 EL Öl und 1 TL gemahlenem Pfeffer verrühren.
- Die Brustfilets aus der Brühe nehmen, abtropfen lassen. Das Fleisch auf eine ofenfeste Platte setzen, mit dem Ingwer-Pfeffer-Öl bestreichen und auf der mittleren Schiene im Ofen ca. 15 Minuten ‹braten› lassen, dabei ggf. zwischendurch mit dem restlichen Würzöl beträufeln.
- 50 ml Honig, 150 ml Essig mit dem geriebenen Ingwer sowie je 1 TL gemahlenem Pfeffer, Kümmel, Koriander verrühren, mit einigen EL Hühnerbrühe auffüllen. Darin ca. 50 g Pinienkerne und die Dattelstücke pürieren, schließlich 100 ml Öl und die Zitronenmelisse unterrühren.
- In einen kleinen Topf geben und unter Rühren aufkochen; die Sauce mit 1 EL Speisestärke, mit etwas Wasser angerührt, binden und nochmals aufkochen lassen, ggf. mit Salz abschmecken.
- Das Huhn mit der Sauce anrichten und heiß servieren.

IUS IN THYNNO

«Nimm Pfeffer, Kümmel, Thymian, Koriander, Zwiebel, Rosinen, Essig, Honig, Wein, liquamen und Öl. Lasse dies heiß werden und binde mit amulum.»

- Für die Sauce 50 g Sultaninen in 150 ml Weißwein (für ca. 15 Minuten) einweichen; 50 g Zwiebeln fein würfeln, beiseitestellen.
- Je 1 TL gemahlenen Pfeffer, gemahlene Korianderkörner, grob gemörserten Kümmelsamen und getrockneten Thymian gut vermischen.
- Die Sultaninen abseihen, den Wein mit je 50 ml Essig und Honig gut verrühren, die Würzmischung in diese Flüssigkeit geben, 1 TL Sardellenpaste hinzufügen, gut verrühren; unter Rühren 50 ml Öl hinzufügen.
- Zusammen mit den Zwiebeln und den Sultaninen in einen kleinen Topf geben und aufkochen; 1 EL Speisestärke in 50 ml Wasser anrühren, hinzugeben und nochmals aufkochen, dann bei ausgeschaltetem Herd zugedeckt ziehen lassen.
- Inzwischen 4 Scheiben Thunfisch (à 200 g) mit Öl einpinseln und in einer Grillpfanne oder auf einem Grill zubereiten.
- Die Thunfischscheiben mit der Sauce auf einer Servierplatte anrichten.

DULCIA

«Entferne die Kruste von besten afrikanischen Süßweinbrötchen und weiche sie in Milch ein. Wenn sie sich vollgesogen haben, gib sie in den Backofen, aber nicht zu lange, so dass sie nicht trocken werden. Nimm sie heiß heraus, übergieße sie mit Honig und stich sie an mehreren Stellen ein, so dass der Honig einziehen kann. Bestreue mit Pfeffer und serviere.»

- 4 Brioche- (oder auch: Rosinen-)Brötchen in eine Schüssel legen und mit ca. 250 ml heißer Milch übergießen, zugedeckt 15 Minuten ziehen lassen.
- Die Brötchen in eine ofenfeste Form geben, im Backofen bei 90 °C (mittlere Schiene) ca. 30 Minuten eher trocknen als backen lassen.
- 5 Minuten vor Ende der Backzeit 200 g flüssigen Honig in einem kleinen Topf zum Kochen bringen.
- Die Brötchen aus dem Ofen nehmen, mit einer Gabel rundherum einstechen, dann den heißen Honig auf dem Gebäck verteilen.
- Mit frisch gemahlenem Pfeffer bestreuen und sofort servieren.

MAKEDONIEN

Philippi

Thessalonike

Chalkidike

Thasos

THRAKISCHES MEER

Lemnos

Larissa

THESSALIEN

*MARE
AEGAEUM*

Skyros

Hypata

ÄTOLIEN

Ledon

Euböa

Delphi

Panopeis

Kopais-See

Chalkis

Thespiai

Theben

BÖOTIEN

Leukas

Kephallonia

Patrai

Aigion

Dyme

ACHÄA

Megara

Athen

ATTIKA

Korinth

Argolis

ARKADIEN

Peleponnes

Argos

Zakynthos

Epidauros

Megalopolis

Hermione

*MARE
IONIUM*

MESSENIEN

Sparta

Kykladen

*MYRTOISCHES
MEER*

Gythion

*Messenischer
Golf*

Kythera

Lattich

Melonen

Honig

Tarowurzeln

0   20   40   60km

N
W   O
S

KAPITEL IX

Achaea –
Altehrwürdigkeit und Armut

Der römische Reiseschriftsteller Pausanias verfasste im 2. Jahrhundert n. Chr. eine *Beschreibung Griechenlands* aufgrund eigener Besichtigungen und Recherchen vor Ort. Da der vermutlich aus Kleinasien stammende Literat sich in erster Linie für die ‹Antiquitäten› der alten hellenischen Städte interessierte, ist die umfangreiche Schrift eine unerschöpfliche Quelle für heutige Archäologen und Religionshistoriker, aber auch für den modernen Reisenden, der sich auf seine Ausflüge in die jeweilige Gegend einstimmen möchte. Sie ist ein schöner Beleg dafür, dass die Zeitgenossen Griechenland einst wie ein kolossales Freilichtmuseum wahrgenommen haben, gleichsam eine ‹Konserve› einstiger Bedeutsamkeit und Pracht. Beobachtungen des Autors, dass manche Siedlungen so arm an öffentlichen Gebäuden bzw. Einwohnern seien, dass sie die Bezeichnung Stadt gar nicht mehr verdienten, haben zu dem verbreiteten Bild von einem heruntergekommenen Land mit abnehmender Bevölkerung und maroder Wirtschaft inmitten einer ansonsten blühenden römischen Welt geführt. Zwar ist dieses Bild in der Forschung gelegentlich hinterfragt worden, scheint aber doch im Wesentlichen – wenn auch nicht überall in gleichem Maße – zutreffend gewesen zu sein.

Pausanias berichtet über Korinth, die Hauptstadt der römischen Provinz *Achaea*, Folgendes (II 1, 2): «*Korinth bewohnt von den alten Korinthiern niemand mehr, sondern von den Römern geschickte Kolonisten. Daran ist der Achaeische Bund schuld; denn auch die Korinthier gehörten dazu und nahmen daher an dem Krieg gegen Rom teil [...] Als die Römer im Kriege gesiegt hatten, nahmen sie auch den anderen Griechen die Waffen fort und zerstörten die Mauern, soweit es befestigte Städte gab.*» Damit sind die Verantwortlichen für die Lage Griechenlands respektive der Provinz *Achaea* angesprochen: Wer die Waffen gegen die Römer erhob, musste mit radikalen, ja, brutalen Maßnahmen der Sieger rechnen – und so war Griechenland wiederholt in seiner Geschichte von Strafmaßnahmen der Römer betroffen. Da musste es den griechischen Zeitgenossen ein schaler Trost sein, wenn Horaz rühmte: «*Das eroberte Griechenland eroberte den wilden Sieger und führte die Künste in das bäuerische Latium.*» (*Briefe* 2, 1, 156–157).

Angesichts der kriegerischen Verwüstungen und Plünderungen, die der südliche Balkanraum in der ersten Hälfte des 2. Jahrhunderts v. Chr. erlitt, ist es verständlich, dass die Wirtschaft in *Macedonia* bzw. *Achaea* einen tiefgreifenden Umbruch erlebte und in der Kaiserzeit im Kreise der blühenden Provinzen des *Imperium Romanum* als Armenhaus galt. Hellas war von den Römern zunächst die Rechnung dafür aufgemacht worden, dass viele Griechenstädte sich dem Makedonenkönig Perseus (179–168 v. Chr.) gegen Rom angeschlossen hatten – die dann mit ihm die Folgen der bitteren Niederlage ausbaden mussten –, und sie war dem Land nach einer Pause von rund zwei Generationen im 1. Jahrhundert neuerlich präsentiert worden, als Rom die Kriege gegen Mithridates VI. von Pontos (120–63 v. Chr.) und seine griechischen Parteigänger ausfocht. Was dann noch heil geblieben war, wurde durch die römischen Bürgerkriege schwer in Mitleidenschaft gezogen. Was blieb, war ein Bild des Jammers. So berichtet Pausanias in seiner *Beschreibung Griechenlands* von der phokischen Stadt Panopeis (10, 4, 1–2), sie habe «*weder Amtsgebäude, noch ein Gymnasium, noch ein Theater, noch einen Markt […] nicht einmal Wasser, das in einen Brunnen fließt*», sondern lediglich Behausungen nach Art von Berghütten, dafür aber einen «alten Mauerring» von umgerechnet 1,3 Kilometer Länge. Die phokische Stadt Ledon gar soll um die Mitte des 2. Jahrhunderts n. Chr. nicht mehr als 70 Einwohner gehabt haben, die indessen etwa 8 Kilometer von der einstigen Stadt entfernt siedelten, welche demnach völlig aufgelassen worden war (10, 33, 1).

Ausschnitt aus einem römischen Sarkophag mit der Darstellung von ländlicher Idylle mit Viehzucht: Schafböckchen (Thermenmuseum Rom)

Das Problem entvölkerter Städte hatte schon wenige Jahre nach dem Ende des Achäischen Krieges (146 v. Chr.) der Geschichtsschreiber Polybios (36, 17) thematisiert, der selbst aus dem peloponnesischen Megalopolis stammte: *«In der Zeit, in der wir leben, ist in ganz Griechenland die Zahl der Kinder, überhaupt der Bevölkerung in einem Maße zurückgegangen, daß die Städte verödet sind und das Land brachliegt, obwohl wir weder unter Kriegen von längerer Dauer noch unter Seuchen zu leiden hatten. [...] (sc. dies geschieht) nur deshalb, weil die Menschen der Großmannssucht, der Habgier und dem Leichtsinn verfallen sind, weder mehr heiraten noch, wenn sie es tun, Kinder, die ihnen geboren werden, aufziehen wollen, sondern meist nur eines oder zwei, damit sie im Luxus aufwachsen und ungeteilt den Reichtum ihrer Eltern erben.»*

Dass tatsächlich die Selbstsucht der Bürger für die damals schon drohende Verödung der Städte verantwortlich zu machen ist, erscheint im Licht anderer Zeugnisse zur versiegenden Finanzkraft der Provinzbewohner eher fraglich; vielmehr ist im Bevölkerungsschwund das Symptom einer tiefgreifenden wirtschaftlichen Krise zu sehen. In der Forschung zur Wirtschaft Griechenlands unter römischer Herrschaft ist sogar bestritten worden, dass es einen signifikanten Bevölkerungsrückgang gegeben habe; dagegen wird nämlich aus dem Anwachsen einiger Städte – wie Athen, Thespiai, Dyme, Aigion und Patrai – auf eine massive Landflucht geschlossen. Der grundlegende Wandel wird aber selbst von denjenigen Gelehrten nicht in Zweifel gezogen, die von partiell ‹blühenden Landschaften› überzeugt sind: An die Stelle der Städte seien Herrenhäuser der Großgrundbesitzer getreten, auf deren ausgedehnten Landgütern Kleinbauern als Pächter (*coloni*) in eigenen Dörfern lebten. Die Landwirtschaft in traditioneller Form fand demnach nur noch in gebirgigen Regionen in Form von Schafzucht und Holzgewinnung statt, wobei dort auch die Imkerei eine herausragende Rolle spielte. Daneben gab es Zonen intensiven Plantagenanbaus von Weinstöcken und Ölbäumen. Wesensmerkmal dieser griechischen Agrarwirtschaft war ihre Exportorientierung, denn Öl, Wein und Honig wurden in andere Reichsteile, in erster Linie nach Rom und Italien, ausgeführt. Dies gilt auch für Holz sowie für die zu Textilien verarbeitete Schafwolle, vor allem aber für die Leinenproduktion in der nordwestlichen Peloponnes, wo die Erträge der Leinenpflanzen vornehmlich in Patrai zu einem reichsweit begehrten dünnen Leinenstoff, dem *byssos*, verarbeitet wurden. Zu dieser Textilindustrie kam die in Griechenland neue Purpurgewinnung hinzu, deren Zentren Gythion und Hermione an der peloponnesischen Süd- und Ostküste lagen. Die erforderlichen Investitionen tätigten die Großgrundbesitzer, die zumeist keine einheimischen Griechen waren, sondern entweder römische Kolonisten oder italische bzw. auch aus anderen Reichsteilen stammende Unternehmer. Das Bild vom Nebeneinander herrschaftlicher Villen und großer Kolonendörfer dürfte in Mittel- und Nordwestgriechenland sowie in Makedonien das Gleiche gewesen sein, wobei in Letzterem noch in einem gewissen Umfang der Bergbau im Gebiet um die römische

Kolonie Philippi hinzukam. Charakteristisch war bei alledem das Fehlen einer bürgerlichen Mittelschicht, einer ‹Bourgeoisie›, die das städtische Leben aus eigener Kraft hätte erblühen lassen können.

Der herkömmlichen Auffassung, dass der wirtschaftliche Wohlstand eines Landes an dessen Urbanisierung – dem Vorhandensein von typischen öffentlichen Bauten wie Thermen, Theatern und Marktgebäuden (S. 105) – gemessen werden könne, mag man entgegenhalten, dass es dabei darauf ankommt, inwieweit die Städte sowohl Produzenten als auch Konsumenten sind. Der Südbalkan unter römischer Herrschaft unterscheidet sich gerade in dieser Hinsicht von Nordafrika, wo Städte als Lebensraum auch konsumierender Gemeinden zu Hunderten emporwuchsen. Die Urbanität Griechenlands und zum Teil auch Makedoniens spiegelt sich in den architektonischen Neugestaltungen, die von wenigen finanziert wurden, deren Wirtschaftskraft sich ihrerseits durch die Ausbeutung der verarmten und zum großen Teil außerhalb der Städte lebenden Bevölkerung speiste.

Eindrückliche Beispiele solcher ‹neuen› Städte bieten Athen, Delphi und Epidauros; dort floss von außerhalb der Provinz Kapital in die prächtige Ausgestaltung der ‹Freilichtmuseen› bzw. der weltberühmten Kultorte. Im Fall von Delphi sind es die Besucher des Orakelheiligtums und der Pythischen Spiele, die dem Ort zu einer außerordentlichen Prosperität verhalfen; was Epidauros betrifft, so waren es die Patienten des Kurbetriebs im Asklepios-Heiligtum, die den gleichen Effekt auslösten. Für Athen ist in diesem Sinne auf die Bildungsreisenden zu verweisen, daneben aber auch auf eine andere vielköpfige und zahlungskräftige Klientel mit längerer Aufenthaltsdauer: Waren es doch in jener Stadt, in der vor Zeiten Sokrates, Platon, Aristoteles, Epikur und Zenon gewirkt hatten, nicht zuletzt die Studenten aus begüterten Familien aller Teile des *Imperium Romanum*, die es ihr ermöglichten, an ihre einstige Blütezeit anzuschließen. Sie wurden im Rhetorikunterricht der altehrwürdigen Philosophenschulen für ihre Führungs- oder Lehraufgaben in den heimatlichen Gemeinden ausgebildet und knüpften zugleich soziale Netzwerke. Dass die Stadt sich landeinwärts ausbreitete und in dem Vorort Kephisia die Grundbesitzer ihre Villen hatten und dass dem renommierten Bürger Herodes Atticus halb Attika gehörte, verbindet indes auch Athen mit der gesellschaftlichen und wirtschaftlichen Struktur der gesamten Provinz.

Ein bedeutendes literarisches Werk der römischen Kaiserzeit, die *Metamorphosen* (Verwandlungen) des um 120 n. Chr. im numidischen Madaurus geborenen Lucius Apuleius, wird oft als Zeuge für das Alltagsleben im damaligen Griechenland, vor allem für die ökonomische Situation der dortigen Städte herangezogen. Da sein Roman, der auch unter dem Titel *Der goldene Esel* bekannt ist und von Abenteuern, Liebeshändeln und Zauberei handelt, unter anderem eine Novelle des Loukios aus Patrai verarbeitet, spielt die Rahmenerzählung in der Provinz *Achaea*. Die thessalische Stadt Hypata, in die der Protagonist Lucius – übrigens auch er ein ehemaliger Athen-

Student – kommt, erfährt darin eine mitunter satirische Beschreibung (I 24, 2–25, 5): «[…] Um aber zunächst etwas zum Essen für uns zu besorgen, suche ich den Lebensmittelmarkt auf und sehe dort prächtige Fische ausgelegt. Ich frage nach dem Preis, den man mit 100 Kupferstücken (nummi) bezeichnete; das lehnte ich ab und erhandelte sie für 20 Kupferstücke. Wie ich gerade von dort fortgehen will, begegnet mir Pythias, mein Mitschüler aus Athen; sobald er mich nach recht beträchtlichem Zeitraum erkannte, kam er liebevoll auf mich zu […] ‹Wir haben die Lebensmittelversorgung›, sagte er, ‹und spielen die Polizei und wenn du etwas einzukaufen wünschst, werden wir dir auf jeden Fall behilflich sein.› Ich dankte, da ich ja fürs Essen schon zur Genüge das Fischgericht besorgt hatte, doch wie Pythias den Korb erblickte, schüttelte er die Fische, damit man sie besser sehen konnte. ‹Ja, aber für wieviel hast du diesen Schund denn gekauft?› ‹Mit Mühe nur›, sagte ich, ‹habe ich es dem Fischer abtrotzen können, bloß 20 Kupferstücke dafür zu nehmen.› Wie er das hörte, packte er mich sofort an der Rechten, und während er mich auf den Lebensmittelmarkt zurückführte, fragte er: ‹Und von wem hast du dies Zeug gekauft?› Ich zeige ihm den Alten; er saß an der Ecke. Alsobald fährt er kraft seiner Polizeigewalt mit heftiger Stimme auf ihn los: ‹Jetzt nehmt ihr nicht einmal auf unsere Freunde oder überhaupt auf irgendwelche Fremde Rücksicht›, ruft er, ‹daß ihr wertlose Fische so teuer auszeichnet und die blühendste Stadt des thessalischen Landes durch Verteuerung der Lebensmittel einer felsigen Einöde gleichmacht? Aber das soll nicht so ungestraft hingehen. Ich will dafür sorgen, daß du weißt, wie man unter meinem Regiment die Schurken in Schranken halten muß.› Und damit schüttet er den Korb auf die Straße und befiehlt seinem Amtsdiener, auf die Fische zu treten und alle mit seinen Füßen zu zertrampeln. Mit diesem strengen Benehmen zufrieden, gibt mir mein Pythias den guten Rat fortzugehen: ‹Es genügt mir, Lucius›, sagt er, ‹dem kümmerlichen Alten diese Schmach angetan zu haben.› […] Die energische Maßregel meines weisen Schulkameraden hatte mich ja zugleich um mein Geld und um mein Essen gebracht.»

Dieser kurze Text ist wie der gesamte Roman vielschichtig und keineswegs einfach zu interpretieren. Von Belang ist weniger, dass eine Stadt ein Bad, einen Markt und Amtsträger für die öffentliche Ordnung besitzt, als vielmehr das selbstherrliche Auftreten der Marktaufsicht, die Vetternwirtschaft der zwar studierten, aber dümmlichen Ortshonoratioren sowie die Sorge um das Ansehen der Stadt, die vor schurkischer Preistreiberei geschützt werden muss. Dass ein historischer Kern dieser Darstellung zugrunde liegen dürfte, verrät eine Äußerung in den *Metamorphosen*, mit der sich ein Reisegefährte jenes Lucius vorstellt (I 5, 2–4): «[…] Mit Honig, Käse und derartigen Waren für Schenken ziehe ich hin und her durch Thessalien, Ätolien und Böotien. Da ich nun vernommen hatte, dass man in Hypata, der bedeutendsten Stadt in ganz Thessalien, frischen und gut schmeckenden Käse für ziemlich günstigen Preis verschleudere, so eilte ich schleunigst dorthin, um den ganzen Vorrat zu kaufen […] Die Hoffnung auf Gewinn foppte mich, denn die ganze Masse hatte der Großhändler Lupus tags zuvor aufgekauft.»

Vor dem Hintergrund der historischen und wirtschaftshistorischen Skizze der römischen Provinzen auf dem südlichen Balkan darf man für die Ess- und Küchenkultur von *Achaea* und *Macedonia* schließen, dass stadtrömische Usancen bei den Gastmählern gewaltet haben. In den vornehmen Villen dürfte der *Lifestyle* der Metropole ebenso nachgeahmt worden sein wie in den Städten, in denen – wie in Korinth, Patrai, Philippi – römische Siedler heimisch geworden waren bzw. in denen sich – wie in Athen, Epidauros, Thessalonike – ein internationales Publikum mischte. Die breite Masse der Bevölkerung war von dem Tafelluxus der Oberschicht ausgeschlossen; insbesondere Fische galten wie schon in klassischer Zeit als Kostbarkeit und wurden allenfalls, wenn es besondere Feste wie Hochzeiten zu feiern galt, für den Speiseplan in Betracht gezogen.

Im *Gelehrtengastmahl* des Athenaios rezitieren die zum Abendessen versammelten gebildeten und belesenen Männer zur Unterhaltung ständig kürzere oder längere Passagen aus der griechisch-hellenistischen Literatur. Dabei entsteht der Eindruck, dass auch in ihrer Gegenwart die beigebrachten Zitate zumindest eine implizite Aktualität besaßen oder zum Vergleich mit der Gegenwart dienten – so etwa wenn die betonte Bescheidenheit der Speisen den Ruhm der einst über die ‹üppigen› Perser siegreichen Hellenen unterstreichen soll. In diesem Sinne wird von den böotischen Thebanern berichtet, die 479 v. Chr. den Generalissimus der Perser bewirteten, dass sie «eng und geizig» gewesen seien und selbst diesem hohen Gast lediglich Eierkuchen, Gemüse, Sardellen, Würstchen, Anchovis, Rinderrippen und Bohnenbrei aufgetischt hätten (4, 148 e). Im späten 4. Jahrhundert sollen sich allerdings die Böoter allgemein dem Wohlleben ergeben haben, was ihren Bündnispartner Megara angeblich dazu bewog, in die Allianz der Achaier einzutreten. Polybios wird als Gewährsmann dafür angeführt, dass viele Böoter den größten Teil ihres Vermögens für Tafelfreuden im Kreise ihrer Freunde ausgaben (9, 418 b). In Böotien galt als größter Leckerbissen Aal aus dem Kopaissee, desgleichen Meeraal, der besonders von dem Dichter Antagoras, einem Freund des Makedonenkönigs Antigonos II. (277–238 v. Chr.), geschätzt wurde. Dazu wird unter anderen diese Anekdote überliefert (8, 340 f): «Als Antagoras einmal im Feldlager aufgeschürzt ein Gericht Meeraale kochte, trat König Antigonos zu ihm und sprach ihn an: ‹Sag mal, Antagoras, meinst du, dass Homer die Taten Agamemnons besungen hätte, wenn er sich damit beschäftigt hätte, Aale zu kochen?› Worauf der Dichter nicht ungeschickt erwiderte: ‹Und meinst du, dass Agamemnon seine großen Taten vollbracht hätte, wenn er sich damit beschäftigt hätte nachzustöbern, wer in seinem Lager Aale kocht?›»

In der Kaiserzeit gab es im Kopaissee keine Aale mehr, denn der See, der wegen brüchiger Deiche Ländereien zerstört hatte, war daraufhin in seinem Westteil trockengelegt und in ein Anbaugebiet für Gärtnereien umgewandelt worden.

Dass in den ‹alten› Texten, an denen sich die Teilnehmer des *Gelehrtengastmahls* entzückten, solche Köche gepriesen wurden, die ihre Menüs exakt auf die Vorlieben der erwarteten Gäste abzustimmen wussten, mag ein Indiz für die stärkere Vereinheitlichung des Geschmacks in der römischen Küchenkultur sein (vgl. 4, 131 f – 132 f):

So galten die Rhodier als Gourmets, die große Fische wie Wels bevorzugten, die Byzantier tränkten gern alles mit Wermut und würzten stark mit Salz und Knoblauch, die Arkader liebten Muscheln, die Inselbewohner verachteten Salzfisch, schwärmten aber für scharf gewürzte Bouletten. Weniger waren die Nichtathener von dem typischen attischen Gelage angetan, darf man dem Komödiendichter Lynkeus glauben (4, 131 f–132 b): *«Wir schätzen nicht die attischen Gelage, denn freudlos ist es da wie unter Fremden: Die Platte bringt man, riesig, und mit fünf ganz kleinen Schälchen drauf. In einem ist Knoblauch, im andern zwei Seeigel, dann Gebäck, ganz süß, dann noch zehn ganze Muscheln, im letzten dann ein wenig Hecht. Ess ich von diesem, nimmt der andere jenes ganz und umgekehrt. Doch will ich, guter Mann, von beidem – doch Unmögliches begehr ich, denn nicht fünf Hände noch fünf Münder hab ich. Für's Auge, ja, da ist es hübsch zum Anschn, hingegen nichts ist so was für den Bauch: genetzt hab ich die Lippen, nicht gefüllt.»*

Gastgeber für anspruchsvolle Gäste mussten freilich finanzkräftig sein, denn wenn es auch auf Märkten wie beispielsweise in Athen und Korinth ein breites Angebot gab, hieß es doch bei den Preisen aufpassen. In einer Komödie des Alexis lässt sich der Gast eines Gemeinschaftsmahles vom Koch die Rechnung aufschlüsseln (3, 117e – 118a):

Ausschnitt aus einem Bodenmosaik einer römischen Villa mit der Darstellung eines Meeres-Thiasos; hier Fisch und Tintenfisch (Palazzo Massimo Rom)

«Koch: *Für rohen Salzfisch macht's fünf Kupferstücke.*

Gast: *Weiter.*

Koch: *Für Muscheln sieben Kupferstücke.*

Gast: *Gut so. Weiter.*

Koch: *Seeigel einen Obolos.*

Gast: *Ist recht.*

Koch: *Dann kam der Rettich, den ihr lobtet.*

Gast: *Ja, er war auch gut.*

Koch: *Ich zahlte zwei Obolen. [...] Fischwürfel: drei Obolen.*

Gast: *Geschenkt! Und die Endivien kosten nichts?*

Koch: *Du kennst, mein Bester nicht den Markt. Die Würmer haben alles Grünzeug ruiniert.*

Gast: *Und warum rechnest du den Salzfisch doppelt?*

Koch: *Es liegt am Händler, geh und frag ihn selbst. Der Aal macht zehn Obolen.*

Gast: *Nicht zu viel. Und weiter.*

Koch: *Den Bratfisch kaufte ich für eine Drachme.*

Gast: *Au! Wie Fieber. Einmal sinkt's, dann steigt es wieder.*

Koch: *Dazu der Wein. Als ihr schon trunken wart, besorgt ich noch drei Krüge, jeder zehn Obolen.*»

Um verschwenderischen oder gar ruinösen Bewirtungen in Privathäusern Einhalt zu gebieten, soll es in Athen nach dem Zeugnis des Komödiendichters Menandros im späteren 4. Jahrhundert v. Chr. Aufgabe der ‹Sittenpolizei›, der ‹Frauenwächter› gewesen sein, im Auftrag des obersten Gerichtshofes (Areopag) zu kontrollieren, dass bei Hochzeiten und Opferfesten höchstens 30 Personen zum Essen zusammenkamen (6,245 c). In Korinth gingen die Behörden einen anderen Weg, Schlemmereien im Namen der öffentlichen Sicherheit zu kontrollieren; dies führt ein Dialog aus der Komödie *Der Kaufmann* von Diphilos vor, der hier zitiert sei (6, 227e – 228b): «‹Hier in Korinth, mein Freund, ist es Gesetz: Kauft einer unentwegt die teuersten Delikatessen, soll man ihn verhören, wovon er lebt und was er tut. [...] Wer gar nichts hat und auf großem Fuß lebt, der wird dem Henker übergeben! [...] Versteh, ein solcher Mensch vermag ja nicht zu leben ohne Fehl, und notgedrungen wird er nächtlich Mäntel stehlen, Wände brechen, mit solchen Banden sich zusammentun, als Denunziant und falscher Zeuge auf dem Markt erscheinen. Dies verhindern wir.› ‹Mit Recht, beim Zeus! Doch was erzählst du's mir?› ‹Mein Bester, täglich sehen wir, wie du nicht mäßig einkaufst, sondern übermäßig. Um deinetwillen gibt es kaum noch Fisch, die ganze Stadt muss nach Gemüse rennen, man kämpft um Sellerie, als sei's am Isthmos. Ein Häschen kommt – schon hast du's in der Hand; Rebhuhn und Drossel sehen wir, beim Zeus, nicht mal mehr in der Luft. Gewaltig hat Importwein aufgeschlagen deinetwegen.›»

Aus dem griechischen Alltag bzw. Festtag in der römischen Kaiserzeit gibt es keine vergleichbaren Zeugnisse, die es uns ermöglichen würden, den ‹späten› Hellenen in den Kochtopf oder auf die Servierplatten zu schauen. Selbst in den *Metamorphosen* des Apuleius bleiben die Szenen, in denen es ums Essen geht, detail- und farblos. Immerhin ist an einer Stelle (II 11,1) davon die Rede, dass dem Protagonisten in Hypata eines Tages von seiner begüterten Tante gerade um die Mittagszeit als Geschenk ein fettes Schwein, fünf Hühnchen und ein Krug kostbaren alten Weins geschickt wird. Dabei muss man sich freilich vorstellen, dass diese Tiere bereits gekocht oder gebraten waren, denn im Hause seines Gastgebers verfügte er über keine Möglichkeit, auch nur lebende oder gerade geschlachtete Hühner zuzubereiten. Sein Wirt war der pathologisch geizige Milo, der als wucherischer Pfandleiher eingeführt wird (I 21,1–4). Die erste Begegnung schildert Apuleius als symbolträchtige Szene (22, 4): «[…] *Ich begab mich (sc. ins Haus) und fand ihn auf einem ziemlich dürftigen Lager ruhend und eben im Begriff zu speisen. Am Fußende saß seine Frau, und ein leerer Tisch stand da, auf den er hinwies mit den Worten: ‹Das ist's, womit ich bewirten kann.›»*

MENÜ ZU KAPITEL IX

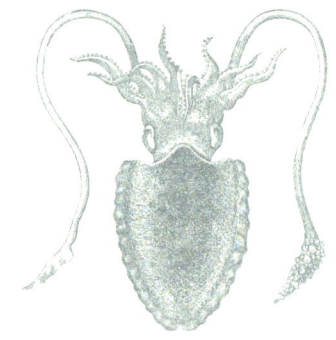

VORSPEISEN:

Porrus maturus (Lauchsalat)
Isicia omentata (Fleischwürstchen)

HAUPTSPEISEN:

Aliter Sepiae (Tintenfisch in Sauce)
Agnina excaldata (Gedünstetes Lammfleisch)

NACHSPEISE:

Apothermum (Weizengrütze)

PORRUS MATURUS

«Mische Wasser und Öl mit einer Handvoll Salz und koche den Lauch darin. Wenn er gar ist, nimm ihn heraus und richte ihn mit Öl, liquamen und Wein an.»

- 4 dünnere Lauchstangen waschen, putzen, das Weiße und ggf. die hellgrünen Teile auf die Größe eines weiten Kochtopfes zuschneiden.
- In dem Kochtopf 1 l Wasser mit 1 EL Salz und 50 ml Olivenöl vermischen, die Lauchstangen (bzw. -teile) zugeben und zum Kochen bringen.
- Bei mittlerer Hitze ca. 10–15 Minuten garen; herausnehmen, abtropfen lassen und in eine passende Schüssel legen.
- Für die Sauce in 50 ml Weißwein einen halben TL Sardellenpaste auflösen, dann 50 ml Öl hinzufügen; die Sauce über den Lauch gießen.
- Lauwarm oder kalt (ggf. mit schwarzen Oliven dekoriert) servieren.

ISICIA OMENTATA

«Hacke Fleisch und stampfe es im Mörser mit Weißbrot ohne Kruste, das zuvor in Wein eingeweicht wurde. Ebenso stampfe Pfeffer, liquamen und, nach Belieben, entkernte Myrtenbeeren. Forme kleine Buletten, in die du noch Pinienkerne und Pfefferkörner hineinsteckst. Hülle sie in Wursthaut und koche sie leicht in caroenum.»

- 6 Scheiben entrindetes Toastbrot mit 100 ml Weißwein übergießen, etwa 15 Minuten ziehen lassen, gut ausdrücken, ggf. mit einer Gabel zerkleinern.
- Den Brotbrei mit 350 g Hackfleisch (z. B. Lammhack od. mageres Rinderhack) vermischen, mit 1 EL Pfeffer, 3 EL Sardellenpaste sowie je 1 TL Salz und gemahlenem Piment würzen.
- In die Masse 3 EL Pinienkerne einarbeiten.
- Schweinenetz in reichlich warmem Wasser einweichen und anschließend ausbreiten, auf Küchenkrepp antrocknen lassen, dann in passende Stücke (ca. 20 x 20 cm) schneiden, diese ausbreiten.
- Aus der Hackmasse insgesamt ca. 12 etwas längliche Klöße formen und in die Schweinenetze wickeln.
- In einem Schmortopf 2 EL Öl erhitzen, die Hack‹würste› hineingeben und scharf anbraten; anschließend wenden, von der anderen Seite anbraten, dann mit 100 ml Süßwein ablöschen.
- Bei höchstens mittlerer Temperatur ca. 30 Minuten schmoren lassen.
- Aus dem Sud heben und servieren.

ALITER SEPIAE

«Nimm Pfeffer, Liebstöckel, Kümmel, frischen Koriander, frische Minze, Eidotter, Honig, liquamen, Wein und etwas Öl. Lasse dies aufkochen und binde mit amulum.»

- In ca. 2 l Salzwasser die gesäuberten Tintenfischtuben (ca. 1 kg) zum Kochen bringen und nach der Größe zwischen 15 und 45 Minuten auf mittlerer Hitze garen; dann zur Seite stellen; zuvor 150 ml Sud abnehmen, 1 EL Honig einrühren, abkühlen lassen.
- Inzwischen für die Sauce Blätter von 2 Stängel Minze und 6 Stängel Koriandergrün kleinschneiden (je 1 EL), gleichfalls von 1 Stängel Liebstöckelkraut (1 TL).
- Den lauwarmen, gesüßten Tintenfischsud in einem kleinen Topf mit 150 ml Weißwein, 1 EL chinesischer Fischsauce vermischen, 3 Eigelb hineinrühren und mit je einem halben TL gemahlenem Pfeffer und gemahlenem Kreuzkümmel würzen, dann die Kräuter dazugeben.
- Die Sauce aufkochen und bei milder Hitze 10 Minuten ziehen lassen; dann mit 1 EL Speisestärke, aufgelöst in 1 EL Wasser (oder ggf. Wein), binden.
- Indessen die Tintenfischtuben aus dem Sud nehmen, leicht abtropfen lassen und in mundgerechte Ringe schneiden, in einer passenden Schüssel anrichten und mit der gebundenen Sauce übergießen.

AGNINA EXCALDATA

«Gib das geschnittene Fleisch in einen Topf. Hacke eine Zwiebel und Koriander fein, stampfe Pfeffer, Liebstöckel, Kümmel, liquamen, Öl und Wein. Gib den Inhalt des Mörsers auf das rohe Fleisch. Lasse (alles) kochen, gieße es in ein flaches Gefäß, binde mit amulum.»

- Ca. 750 g Lammfleisch (Schulter oder Keule) in grobe Würfel schneiden.
- Für die Marinade in einer Schüssel 150 ml Wein und 2 EL Sojasauce mit 50 g feingehackter Zwiebel, je 1 EL gemahlenem Pfeffer, gemahlenem Kümmel sowie Liebstöckel und 3 EL gehacktem Koriandergrün vermischen; zum Schluss 4 EL Olivenöl unterrühren.
- Das Fleisch in der Marinade zugedeckt mehrere Stunden kalt stellen.
- Die Fleischstücke aus der Marinade heben und einzeln trockentupfen.
- In einem Schmortopf 2 EL Öl erhitzen, die Fleischstücke darin anbraten, dann die Marinade zugießen und zugedeckt ca. 10 Minuten schmoren.

– Das Fleisch herausnehmen, die Sauce mit 1 EL in Wasser angerührter Speisestärke binden, aufkochen lassen und das Fleisch nochmals hineingeben. Dann zusammen in einer Schüssel servieren.

APOTHERMUM

«Koche Weizengrütze zusammen mit Pinienkernen und geschälten Mandeln, die vorher in Wasser eingeweicht und mit Kreide, wie man sie zum Silberputzen benutzt, eingerieben werden, so dass sie ebenso weiß werden. Gib Rosinen, caroenum oder passum dazu. Bestreue das Gericht mit Pfeffer und serviere es in einem boletar.»

Vorbemerkung: Obgleich das Apicius-Rezept keinen Honig vorsieht, sollte man ihn zur Süßung verwenden. Statt Wasser wird hier Süßwein genommen, man kann diesen auch (z. B. zur Hälfte) durch Trauben- oder Apfelsaft ersetzen. Es empfiehlt sich, zur Bindung ein Ei hinzuzugeben. Welche Nüsse verwendet werden, ob nur Pinienkerne, nur Mandeln oder Mischungen, ist reine Geschmackssache. In jedem Fall sind die Nüsse zuvor einzuweichen.

– 60 g Pinienkerne und 60 g Rosinen in Mineralwasser einweichen.
– 120 g Bulgur (Weizengrütze) in 400 ml Süßwein aufkochen.
– Die abgetropften Pinienkerne und Rosinen unterrühren, auf kleiner Flamme und zugedeckt ca. 30 Minuten ausquellen lassen.
– Inzwischen den Backofen auf 200 °C vorheizen.
– 60 g gemahlene Mandeln und 1 Ei in die Grütze einrühren, in eine gefettete ofenfeste Form streichen, im Ofen auf der 2. Schiene von unten 30 Minuten garen.
– Kurz vor Ende der Garzeit 2 EL Honig in einer Pfanne erhitzen, dann über den fertigen Auflauf gießen und mit 1 TL Pfeffer bestreuen.

Legende

- **G** Garum
- Wein
- Feigen
- Kümmel
- Lattich
- Sterlet
- Papageienfisch

PONTUS EUXENIOS
(SCHWARZES MEER)

Propontis
(Marmarameer)

Prokonnesos

Parion

Kyzikos

Lampsakos

Abydos

Sangarios
(Sakaria)

Limnos

TROAS

PHRYGIEN

Lesbos

MARE
AEGAEUM

Pergamon

LYDIEN

Sardes

Chios

IONIEN

Smyrna

Chios

G

Teos

Lebedos

Magnesia

Maiandros
(Großer Mäander)

Ephesos

Samos

Myus

Aphrodisias

Milet

KARIEN

KILIKIEN

Kos

Kaunos

Rhodos

Rhodos

MARE
INTERNUM

Kreta

0 20 40 60 km

KAPITEL X

Asia Minor –
Urbanität und Unterdrückung

Unter *Asia* verstanden die antiken Griechen und Römer nicht den Mittleren und Fernen Osten, sondern den vom altpersischen Achämenidenreich geprägten Kontinent. Seit den Perserkriegen im frühen 5. Jahrhundert v. Chr. wurde *Asia* als ideologisch geprägter Gegenentwurf zu Europa aufgefasst: hier die Hellenen als freie und tapfere Menschen mit ihrem starken Unabhängigkeitsbedürfnis – dort die sklavengleichen, feigen Untertanen der persischen Großkönige. Selbst die Bewohner der Griechenstädte an den Küsten West- und Nordkleinasiens, in denen überwiegend Ionier lebten, wurden als in üppiger Schwelgerei erschlafft, gleichsam vom Wohlleben (*tryphe*) als einer unvermeidlichen Krankheit erfasst, begriffen. Dieses Klischee übernahmen auch die Römer, die aufgrund der vermuteten unermesslichen Reichtümer Asiens so ihren dortigen Kriegsgegnern einerseits jede materielle Überlegenheit, andererseits mangelnde Widerstandskraft unterstellten.

Kleinasien war in der Antike politisch stets vielgestaltig: Im 7. bis 4. Jahrhundert v. Chr. grenzten Territorien des Lyder- und Perserreiches an solche im Besitz griechischer Groß- und Kleinstädte; in späteren Jahrhunderten existierten nebeneinander die verschiedenen Monarchien respektive die aus ihnen hervorgegangenen Provinzen, wobei die Griechenstädte zumeist ihren Sonderstatus als autonome Gemeinwesen bewahrten.

Die Wirtschaft und zumal die Agrarwirtschaft in *Asia Minor* variierte in den vielfältigen Landschaften gemäß den jeweiligen naturräumlichen und klimatischen Bedingungen. Politische Grenzen machten sich freilich indirekt als wirtschaftliche Faktoren bemerkbar, insofern innerhalb dieser Grenzen Ernte- und Handelserträge aus herrscherlicher Wertschöpfung auch nur im Sinne und mit Zustimmung des jeweiligen Herrschers verwendet werden durften. Es ist kein Zufall, dass bald nach ihrer Einrichtung die Provinz *Asia* zum Inbegriff römischer Ausbeutungspolitik wurde und der pontische König Mithridates VI. dort mit seiner Idee vom Befreiungskrieg (89–63 v. Chr.) großen Anklang fand. Indessen führte der Aufstand gegen die Besatzungsmacht in ein politisches und ökonomisches Desaster – nicht nur für die Bewohner der Provinz selbst, sondern auch für die der angrenzenden Königreiche, die schließlich zu direkt von Rom beherrschtem Gebiet wurden: Hohe Kriegskontributionen wuchsen in den folgenden Jahren durch Wucherzinsen auf das Sechsfache der ursprünglichen Höhe an, mehrere Schuldenschnitte waren nötig, um die ganze Region wirtschaftlich wieder aufzurichten. Nach neuerlichen ökonomischen Bedrängnissen, welche die Bürgerkriege der späten römischen Republik bis 31 v. Chr. mit sich brachten, war es dann die gerade in *Asia* euphorisch begrüßte *pax Augusta* – die umfassende Friedensregelung des ersten römischen Kaisers –, die eine Erholung der Provinz – und der gesamten Großregion – erlaubte.

Der Wohlstand Kleinasiens erreichte unter Kaiser Hadrian (117–138 n. Chr.) seinen Höhepunkt, doch wurde in dem Zeitraum vom späteren 2. bis 6. Jahrhundert n. Chr. die Region zwischen Europa und der Ostgrenze des *Imperium Romanum* zum Durchzugsgebiet zahlloser Heere. Ursache dafür waren Kriege gegen Parther und Sassaniden sowie zahlreiche Usurpationen der sogenannten Soldatenkaiser (235–284 n. Chr.) gerade an der Ostfront. Dass sich Kleinasien dennoch als widerstandsfähig erwies und in der Spätantike das Fortbestehen des Oströmischen Reiches im byzantinischen Mittelalter sicherte, erklärt sich aus seiner wirtschaftlichen Leistungsfähigkeit. Deren Kern bildeten die zahlreichen Städte an den Küsten von Ägäis, Marmara- und Schwarzem Meer. Diese Regionen und Kulturlandschaften prosperierten seit der griechisch-hellenistischen Antike wegen ihrer Mittlerrolle im gesamten Mittelmeerraum, nicht zuletzt aber als Verbindung zwischen dem östlichen Europa und dem westlichen Orient.

Die ‹Hauptstadt› der römischen Provinz *Asia* war ursprünglich Pergamon (das heutige Bergama in der Westtürkei), doch trat dann die Hafenstadt Ephesos – rund 170 Kilometer südlich gelegen – an dessen Stelle. Ihr Wohlstand ist uns unter ande-

Wandfresko einer römischen Villa mit Schiffen und Meerestieren: Detail Wolfsbarsch
(Palazzo Massimo Rom)

rem aus der Apostelgeschichte bekannt, in der wir vom Besuch des Paulus und seinen Predigten gegen das dortige Artemis/Diana-Heiligtum lesen. Die mit der *pax Augusta* einhergehende Blüte der Provinz zeigte sich beispielsweise in der Errichtung von Theater- und Bibliotheksbauten, selbst in kleineren Landstädten (z. B. Nysa im Mäandertal und Aphrodisias in Karien). Altehrwürdige Städte wie etwa Ephesos und Milet wurden prächtig ausgebaut, wobei sich ein neues Konkurrenzdenken in den Führungsschichten dieser Städte entwickelte, das insbesondere darauf abzielte, einen Tempel für den Kaiserkult in der Provinz errichten zu dürfen, nachdem Augustus den ersten derartigen Bau für *Asia* in Pergamon gestattet hatte. Der Historiker Tacitus berichtet über den Wettbewerb von elf Städten vor dem Kaiser Tiberius (14 – 37 n. Chr.), dem fünf der Kandidaten in wirtschaftlicher Hinsicht nicht leistungsfähig genug schienen, der außerdem der Auffassung war, dass Pergamon, Ephesos und Milet durch die bereits in diesen Städte vorhandenen Heiligtümer zu sehr beansprucht seien und der sich schließlich für Smyrna (das heutige Izmir) entschied. Der Kaiserkult-Tempel, der um 130 n. Chr. für Hadrian in Kyzikos errichtet wurde, galt den Zeitgenossen wegen seiner Größe und Schönheit als eines der Weltwunder.

Die Politik nahezu aller römischen Kaiser gegenüber den Städten dieser Provinz beruhte bis ins 3. Jahrhundert n. Chr. einerseits auf einer sorgfältigen Überwachung der lokalen Selbstverwaltung, andererseits in der Verleihung des römischen Bürgerrechts an die führenden Männer der jeweiligen Städte als den Trägern eben jener Selbstverwaltung. Davon, dass sich zahlreichen ambitionierten Personen eine Karriere im Ritter- und auch Senatorenstand eröffnete, zeugen in den betreffenden Städten Ehreninschriften ebenso wie von der Heimatliebe dieser prominenten Bürger. Darin zeigt sich eine Kontinuität seit hellenistischer Zeit (336 – 30 v. Chr.), denn auch schon vor der römischen Herrschaft unterhielten die Städte Verbindung zu ihrem Monarchen dadurch, dass Bürger aus einflussreichen Familien als Königsfreunde und Funktionäre ihrer Heimat Vorteile zu schaffen suchten.

Von hier aus spannt sich ein Bogen zu dem Teil der Wirtschaftsgeschichte Kleinasiens, der uns besonders interessiert. Im Mittelpunkt soll besonders der ionisch-karische Raum stehen, der größtenteils mit der späteren Provinz *Asia* identisch ist. Die Privilegien und geldwerten Zugeständnisse bzw. Geschenke, die alle Machthaber zu ihrer Zeit den Bewohnern griechischer Städte in Kleinasien machten, um zu erreichen, dass diese im Gegenzug die neuen Herren möglichst akzeptierten, ohne dass sie militärisch Gewalt anwenden mussten, betrafen zumeist wirtschaftliche Grundanliegen der Untertanen. Dies waren in erster Linie die Lebensmittelversorgung, namentlich mit Getreide. In zweiter Linie ging es um Steuerfreiheit, die üblicherweise nur befristet gewährt wurde, so wie auch die Gewährung dieser Gunst beispielsweise an verdiente Bürger, fremde Euergeten (wörtlich: Wohltäter – des Gemeinwesens) oder für Neubürger, und zwar stets für einen bestimmten Zeitraum.

Was wir über die Wirtschaft der Antike wissen, erfahren wir hier wie auch andernorts meist weniger aus der Geschichtsschreibung, deren Autoren in griechischer wie in römischer Zeit kaum an wirtschaftlichen Gegebenheiten interessiert waren, als vielmehr aus inschriftlichen Zeugnissen, die als offizielle Dokumente von großer Bedeutung für die historische Forschung sind. Zu den ältesten Steininschriften dieser Art gehört der Brief des Perserkönigs Dareios I. aus der Zeit um 500 v. Chr., der im 2. Jahrhundert n. Chr. wiederaufgezeichnet wurde und so bis heute erhalten blieb (HGIÜ 22). Gefunden in der Umgebung von Magnesia am Mäander bezieht er sich auf Baumplantagen im fruchtbaren Tal dieses großen Flusses, die ein königlicher Funktionär hatte anpflanzen lassen. Das gleiche fruchtbare Gebiet bei Magnesia erhielt rund eine Generation später ein prominenter Grieche gleichsam als Lehen, der aus seiner Heimatstadt zu Artaxerxes I., dem persischen Großkönig (465–424), geflohen war: Der Grieche war der einst gegen die Perser erfolgreiche Feldherr der Athener, Themistokles, dem der Herrscher diese Stadt «für das Brot» schenkte, ferner das damals als weinreichster Ort geltende Lampsakos am Hellespont «für den Wein» und Myus, eine zwischen Magnesia und Milet gelegene Stadt, «für die Zukost». So lesen wir bei dem Historiker Thukydides (1,138), wie der König den Flüchtling ausstattete, damit es ihm an nichts fehle. Die Fruchtbarkeit Kleinasiens geht auch aus der Beschreibung jenes anderen großen griechischen Geschichtsschreibers, Herodot, hervor, wenn er sich über den Weg von Sardes nach Susa äußert; auf dieser persischen Königsstraße konnte man in 90 Tagen die Achämenidenresidenz erreichen, wobei sie «durch dicht bewohntes [...] und sicheres Land» führte (5,52). Der Autor legt den Bericht dem Aristagoras in den Mund, einem Bürger der kleinasiatischen Stadt Milet, der vor dem Spartanerkönig Kleomenes für dessen Beteiligung am Ionischen Aufstand gegen die Perser wirbt. Aufgezählt an Gütern werden für Ionien Gold, Silber, Erz, bunte Kleidung, Zugvieh und Sklaven, für Lydien fruchtbares Land und «sehr viel Silber», für Phrygien außerordentlich großer Viehbesitz und reiche Ernten aller Art. Lange Zeit hat man angenommen, dass es beim Ionischen Aufstand, der unter Führung Milets um 500 ausbrach und mit der nahezu vollständigen Zerstörung dieser Stadt (494 v. Chr.) endete, um eine Revolte gegen die wirtschaftliche Unterdrückung der Griechen Kleinasiens durch die Perserherrschaft gegangen sei. Davon ist man inzwischen abgekommen; erlebte doch gerade Milet im späten 6. Jahrhundert eine wirtschaftliche und kulturelle Blüte eben wegen seiner guten Beziehungen zu den Persern. Bevor diese das Lyderreich um 545 erobert hatten, genoss die mächtige Metropole Milet in vielerlei Hinsicht eine Vorzugsbehandlung seitens der Lyderkönige, jedenfalls seit – dem Bericht Herodots zufolge – einem günstigen um 600 v. Chr. geschlossenen Friedensvertrag mit dem Lyderherrscher Alyattes (605–561). Zuvor allerdings hatten die Milesier standhalten müssen, denn das feindliche Heer hatte regelmäßig zur Erntezeit die milesischen Getreidefelder abgebrannt. Aber die florierende Hafenstadt hatte sich über See mit dem Nötigsten versorgen und dadurch dem übermächtigen Gegner trotzen können. Die bedeutende Seemacht Milets erklärt auch die Gründung einer großen Anzahl von Kolonien seit dem 8. Jahrhundert v. Chr.: am Hellespont (z. B. Abydos), im Marmarameer (Parion, Kyzikos) sowie an den Küsten des Schwarzen Meeres (Olbia, Pantikapeion, Sesamos, Sinope). Die reichlichen Getreideimporte aus dem pontischen Raum, an denen auch andere kleinasiatische Städte, darunter die mächtige Insel Chios, beteiligt waren, dienten vornehmlich dem Handel mit Städten in Griechenland wie Athen und sicherten dort bis in die hellenistische Epoche hinein die Lebensmittelversorgung. Milet selbst verfügte in seinem eigenen Hinterland, das sich vom Mäandertal über die milesische Halbinsel nach Süden erstreckte, über vielfältig ertragreiche landwirtschaftliche Produktionsflächen. Das Gleiche gilt für Ephesos und das Tal des Kleinen Mäander in seinem Hinterland.

Dass in Milet die Schafzucht eine herausragende Rolle spielte, geht aus der hohen Wertschätzung hervor, derer sich die besonders feine, weiche milesische Wolle über die Jahrhunderte hinweg erfreute. Aus der frühhellenistischen Zeit am Ende des 4. Jahrhunderts v. Chr. sind zwei Briefe des Königs Antigonos I. an das ionische Teos erhalten geblieben (HGIÜ 280), die verschiedene Aspekte wirtschaftlicher Probleme einer unter Bevölkerungsmangel leidenden Stadt erhellen; dabei geht es unter anderem um die Schwierigkeiten, Kredite für den Getreidekauf aufzubringen, damit die Bevölkerung nicht hungern musste. Vergeblich hatte sich der Machthaber um eine Zusammenlegung der Städte Teos und Lebedos bemüht, doch bald nach seinem Tod war es den Bürgern von Teos offenbar gelungen, eine hinreichende Anzahl Neusiedler zu gewinnen, um ihre abgesunkene Bevölkerungszahl wieder zu erhöhen; jedenfalls belegt eine weitere Inschrift aus der Zeit bald nach 300 die Privilegien, die den neuen Bürgern angetragen wurden (HGIÜ 298): Sie wurden freigestellt für zehn Jahre von Steuern für ihre Pflug- und Mastochsen; zudem wurden ihnen auch gemeindliche Umlagearbeiten erlassen; steuerfrei blieben Esel und Sklaven sowie die Schafzucht. Dabei geht aus der Bestimmung zur Steuerfreiheit, die auch für die gleichfalls mögliche Schweinezucht gelten sollte, hervor, dass die Anzahl der Schafe und Schweine begrenzt war. Man erfährt ferner, dass es eine – übrigens niemandem erlassene – Steuer gab, deren Erträge für die Honorierung eines öffentlichen Arztes aufgewendet wurden, sowie Steuern auf Holzkauf und Textilherstellung, ferner für die Ausfuhr dieser Produkte und darüber hinaus Abgaben auf Gärten und sogar auf Bienenstöcke. Dass es sich bei den Steuern auf Bodenerträge und andere landwirtschaftliche Produkte einschließlich Viehweidennutzung um auch anderenorts ganz übliche Steuern handelte, geht aus vielen Inschriften der Region hervor, die in der Summe einen guten Einblick in den Facettenreichtum der städtischen Einnahmen geben. So überrascht es kaum, dass Machthaber und Könige sich vornehmlich mit der Bitte um Getreideschenkungen und Steuerfreiheit konfrontiert sahen – eine Situation, die sich unter der römischen Herrschaft nicht grundlegend änderte. Die Römer hatten im Jahr 133 die Provinz *Asia* eingerichtet, als ihnen der letzte König von Pergamon, Attalos III., seinen Herrschaftsbereich testamentarisch vermacht hatte.

Die Wirtschaftskraft der Provinz beruhte auf dem Handel von Hafenstädten wie Ephesos, Milet und Kaunos. Dabei spielten Marmor, Holz, Leder und Keramik (aus Pergamon und Samos) neben Textilien sowie einzelne landwirtschaftliche Qualitätsprodukte wie Wein, Honig, Obst und Gemüse eine wesentliche Rolle; aber auch junge Sklaven – vor allem schöne Knaben aus dem kleinasiatischen Raum, die in den Villen reicher Römer gleichsam zum luxuriösen Interieur gehörten – werden in den literarischen Quellen gelegentlich erwähnt. Wichtig war nicht zuletzt die Schifffahrt, wobei zum einen der Schiffsbau in Kilikien und in der Troas wichtig war, zum anderen die Reeder, die im Seeverkehr in allen Teilen des Mittelmeeres kräftig mitmischten. Das Tableau kleinasiatischer Wirtschaftsleistungen in Produktion und Handel änderte sich im weiteren Verlauf der römischen Kaiserzeit nicht. Archäologische Zeugnisse aus dem Gebiet von Milet belegen, dass sich dort Gehöfte befanden, auf deren Gelände wiederum man spezifische Werkzeuge – etwa zur Honigherstellung – gefunden hat, so dass offenbar selbst noch im Umfeld dieser betriebsamen Handelsstadt eine intensive landwirtschaftliche Nutzung stattfand.

Mithin lässt sich über alle politischen Wandlungen der antiken Epochen hinweg die Kontinuität eines regen Wirtschaftslebens feststellen. Die damals erzeugten Güter wurden vorwiegend in Kleinasien selbst verbraucht. Dass die Romanisierung der Region im Sinne der Teilhabe der lokalen Führungsschichten am *Roman way of life* die Vorlieben der Küchenkultur wesentlich verändert hätte, ist indessen nicht zu erkennen.

Den Reichtum der Provinz *Asia* einerseits und das Ausmaß, in dem andererseits das Land durch römische Machthaber regelrecht ausgepresst wurde, erhellt eine von Plutarch überlieferte Anekdote über das Gebaren des für den Osten des *Imperium Romanum* zuständigen Marcus Antonius, der sich mit Lepidus und Octavian im sogenannten zweiten Triumvirat (43–32 v. Chr.) die Macht teilte und um 40 v. Chr. in Ephesos in geradezu königlicher Weise Hof hielt: «[...] *Als er schließlich den Städten einen zweiten Tribut auferlegen wollte, erkühnte sich Hybreas, für Kleinasien zu sprechen, wobei er sich der klugen, auf den Geschmack des Antonius berechneten Formulierung bediente:* «Wenn du in einem Jahr zwei Tribute erheben kannst, dann kannst du uns wohl auch zwei Sommer und zwei Ernten schaffen», *und indem er ihm durchschlagend und freimütig vorrechnete, dass Kleinasien ihm schon 200000 Talente geliefert hatte, fuhr er fort:* «Wenn du diese nicht bekommen hast, dann fordre sie von denen ein, die sie erhoben haben; aber wenn du sie bekommen, aber nicht mehr hast, dann sind wir verloren.» *Das machte einen starken Eindruck auf Antonius; denn er wusste um vieles nicht, was vorging, nicht so sehr aus Leichtfertigkeit, wie weil er aus Harmlosigkeit den Leuten seiner Umgebung Vertrauen schenkte [...].»*

Zu den Belastungen der griechischen Bürger in einer römischen Provinz zählten neben diversen finanziellen Forderungen des Statthalters die Einquartierungen römischer Magistrate und ihres Gefolges respektive von Soldaten und ihren Befehlshabern.

Wie brutal Römer bei solch einer Gelegenheit in der Provinz auftreten konnten, belegt auch eine der Reden des M. Tullius Cicero gegen den bereits erwähnten (S. 78), gleichermaßen ausbeuterischen wie rechtsbrecherischen C. Verres. Als jener im Jahr 80/79 als Adjutant den Feldherrn Cn. Dolabella in den Amtsbezirk Kilikien begleitete, kam er anlässlich einer Mission bei König Nikomedes IV. durch das für seine Römerfreundschaft berühmte Lampsakos an den Dardanellen. Der herrisch auftretende Reisende, selbst einquartiert bei einem gewissen Ianitor, erzwang von einem der angesehensten Männer der Stadt die Beherbergung seines Untergebenen Rubrius – aus keinem anderen Grund, als dass er selbst die unverheiratete und sehr hübsche Tochter dieses vornehmen Bürgers Philodamos entführen lassen wollte. Obwohl jener das Privileg genoss, nur Prätoren und Konsuln bei sich aufnehmen zu müssen, gab er dem einfachen, aber frechen Verres nach und erwies seinem Gast die übliche Dienstbarkeit: *«Glänzend und reichlich (er war ja unter seinen Landsleuten besonders wohlhabend) lässt er ein Gastmahl vorbereiten. Er forderte Rubrius auf, wen er wolle, dazu einzuladen; nur für ihn möge er, wenn es ihm recht sei, einen Platz übriglassen. Sogar seinen Sohn, einen ausgezeichneten jungen Mann, schickte er zum Essen aus dem Hause, zu einem seiner Verwandten. Rubrius lädt die Begleiter des Verres ein. Der unterrichtet sie alle, was zu tun sei. Sie kommen beizeiten; man lässt sich nieder; man unterhält sich miteinander; man fordert sich auf, nach griechischer Weise zu trinken. Der Gastgeber spricht ihnen zu; sie verlangen größere Becher; die allgemeine Unterhaltung und Heiterkeit belebt das Mahl. Als Rubrius glaubte, die Stimmung sei genügend angeheizt, sagt er: «Ich bitte dich, Philodamos, warum lässt du nicht deine Tochter zu uns hereinrufen?» Philodamos, ein Mann von ernsten Grundsätzen und schon bejahrt und zudem der Vater, war fassungslos über die Worte dieses Schurken. Rubrius setzte ihm zu. Da erklärte er, um etwas zu antworten, es sei bei den Griechen nicht Brauch, dass Frauen an einem Männergastmahle Platz nähmen. Jetzt ruft der eine hier, der andere dort: «Wahrhaftig, das kann man nicht durchgehen lassen; man hole das Mädchen herbei!» Und zugleich befiehlt Rubrius seinen Sklaven, sie sollten die Haustüre versperren und sich selbst am Eingang aufstellen. Sobald Philodamos merkt, es gehe darum und sei nur darauf abgesehen, seiner Tochter Gewalt anzutun, ruft er seine Sklaven zu sich. Denen befiehlt er, sie sollten sich um ihn selbst nicht kümmern und nur seine Tochter schützen; einer solle forteilen, um den Sohn von dem großen Unheil, das seiner Familie zugestoßen sei, zu benachrichtigen. Mittlerweile erhebt sich im ganzen Hause Geschrei; ein Kampf bricht aus unter den Sklaven des Rubrius und des Gastgebers; man jagt den vornehmen und hochangesehenen Mann in seinem Anwesen hin und her; ein jeder schlägt nach Kräften zu.*

Schließlich wird Philodamos von Rubrius mit siedendem Wasser übergossen. Als der Sohn von der Sache erfuhr, eilte er sofort atemlos nach Hause, um das Leben des Vaters und die Keuschheit der Schwester zu beschützen. In gleicher Absicht versammelten sich alle Lampsakener, sobald sie davon hörten, vor dem Hause [...].»

So also artete das freundliche Gastmahl zu einer Massenschlägerei mit einem Toten und zahlreichen Verletzten aus; Philodamos und einige weitere Bürger von Lampsakos wurden später wegen Aufruhrs gegen den Römer Verres zu schweren Strafen verurteilt.

Tatsächlich entsprach es griechischer Sitte, dass weder Frauen noch gar Mädchen an einem Gastmahl teilnahmen, denn der nicht selten erhebliche Weinkonsum ließ Übergriffe auf weibliche Mitglieder des Haushalts befürchten – zumal wenn es um Frauen im (zu Unrecht!) als üppig und lasziv verschrieenen Asien ging. Bereits der athenische Komödiendichter Menander (342/1–291/90 v. Chr.) legte in seinem Werk *Trophonios* einem Koch, der von seinem Auftraggeber die Herkunft des zu bewirtenden Fremden wissen wollte, die Behauptung in den Mund: *«Der Geldsack Ioniens macht zum Hauptgericht die bunte Platte, Essen für Liebe.»*

In der Provinz *Asia* spielt auch eine berühmte Novelle im satirischen Werk des Petronius Arbiter (14–66 n. Chr.), dem *Satyricon*, das vor allem durch das burleske *Gastmahl des Trimalchio* bekannt ist. Der Autor – ein Zeitgenosse und hochgeschätzt von Kaiser Nero in Fragen des guten Geschmacks, was Letzteren freilich nicht daran hindern sollte, den Literaten schließlich in den Selbstmord zu treiben – widmet sich darin der engen Verbindung von Essen, Trinken und anderen Sinnenfreuden, genauer gesagt der Verführbarkeit selbst züchtiger Frauen: Eine Witwe in Ephesos, die sich in Begleitung einer Dienerin aus Gram über den Tod des Gatten im Grabhaus zu Tode hungern wollte, wurde von einem römischen Wachsoldaten für das Leben gerettet: *«[...] Der begriff, dass diese Frau den Verlust ihres Mannes nicht verschmerzen konnte. Er holte nun seine bescheidene Mahlzeit in die Gruft und forderte die Trauernde auf, keinem unnützen Schmerz nachzuhängen und sich nicht selbst zugrunde zu richten [...] Die unerwarteten Trostsprüche bewirkten nur, dass sich die Frau umso heftiger auf die Brust schlug, sie raufte sich die Haare aus und streute sie über den Leichnam des Gatten. Der Soldat ließ sich nicht zurückschrecken, immer wieder sprach er ihr Mut zu und suchte sie zum Essen zu bewegen. Die Magd gab sich schließlich besiegt; vom Duft des Weines verführt, machte sie von dem freundlichen Angebot Gebrauch. Durch Speise und Trank gestärkt, bemühte sie sich dann gemeinsam mit dem Soldaten, den Widerstand der Herrin zu brechen [...] Kein Mensch hört es ungern, wenn man ihn nötigt zu essen und zu trinken. So ging es auch unserer guten Frau. Vom mehrtägigen Fasten ausgehungert gab sie schließlich ihren eisernen Entschluss auf. Begierig aß sie von den Speisen [...] Ich brauche euch wohl nicht zu sagen, welche anderen Versuchungen den satten Menschen ankommen. Mit seinen Überredungskünsten hatte der Soldat erreicht, dass die Frau weiterleben wollte; des gleichen Mittels bediente er sich nun beim Angriff auf ihre Keuschheit. Der junge*

Mann erschien der frommen Frau weder unansehnlich noch ungewandt, und die freundliche Magd, die sich dem Soldaten dankbar erweisen wollte, half eifrig nach […] Ich will euch nicht weiter auf die Folter spannen. Die Frau ließ diesen Teil ihres Körpers sowenig weiterfasten wie den Magen. Der Soldat blieb Sieger in zwei Schlachten […] Dem Soldaten gefiel nicht nur die schöne Frau, ihn reizte auch das geheime Abenteuer. Er kaufte an guten Sachen ein, was er auftreiben konnte und was ihm seine Mittel erlaubten, bei Einbruch der Dunkelheit kam er damit zum Grabmal […].»

Gern wüsste man, welche Leckereien der verliebte Soldat – offenbar in einer der Garküchen der Stadt – besorgte, doch lässt Petronius in diesem Punkt der Phantasie seiner Leser weiten Raum. Dass die Provinzhauptstadt Ephesos mit einem breiten Angebot an Fisch- und Fleischgerichten sowie Gemüsen und Süßigkeiten aufwartete, darf als sicher gelten!

Ausschnitt aus einem Wandfresko aus einer römischen Villa: zwei Quitten
(Palazzo Massimo Rom)

MENÜ ZU KAPITEL X

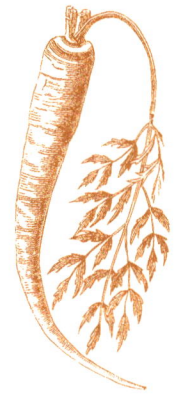

VORSPEISEN:

Cucurbitae elixatae (Zucchinisalat)
Carotae (Möhrensalat)

HAUPTSPEISEN:

Ius in pisce elixo (Fischauflauf)
Bubula cum porris vel cydoneis vel cepis vel colocaseis (Rinderschmortopf)

NACHSPEISE:

Patina versatilis vice dulcis (Süße Tortilla)

CUCURBITAE ELIXATAE

«Serviere die Zucchetti mit liquamen, Öl und Wein.»

- 3 mittelgroße bzw. ca. 500 g (gelbe) Zucchini waschen, ggf. jetzt bereits an beiden Enden Boden und Stielansatz abschneiden, in einem breiten Topf in reichlich Salzwasser ca. 20 Minuten kochen.
- Herausnehmen, abtropfen lassen und in mundgerechte Scheiben schneiden und in eine passende Schüssel legen.
- Aus 3 EL Wein, 1 EL Worcestersauce und 4 EL Olivenöl eine Marinade anrühren, über die Zucchinischeiben gießen.
- Lauwarm oder kalt – ggf. mit schwarzen Oliven dekoriert – servieren.

CAROTAE

«Koche die Möhren und schneide sie in Scheiben. Dann dünste sie in Kümmelsauce mit etwas Öl und serviere. Die Kümmelsauce wird so zubereitet wie für Austern (aus Pfeffer, Liebstöckel, Petersilie, getrocknete Minze, Lorbeerblatt, Malabathrum, reichlich Kümmel, Honig, Essig und liquamen).»

- 600 g Möhren putzen, schälen und in einem geeigneten Topf in Salzwasser ca. 15 Minuten kochen.
- Inzwischen die Kümmelsauce zubereiten aus 100 ml mildem Essig, 1 EL Honig, 1 EL Worcestersauce, 1 EL gemahlenem Kümmel, je 1 TL frisch gemahlenem Pfeffer, Liebstöckel, getrockneter Minze sowie 1 EL feingehackter Petersilie.
- Vom Kochwasser der Möhren ca. 100 ml abnehmen. Die noch bissfesten Möhren abgießen und in mundgerechte Scheiben schneiden.
- Die Kümmelsauce mit dem Möhrensud und einem Lorbeerblatt sowie einem Kaffirlimettenblatt in einem kleinen Topf aufkochen, dann auf kleinster Flamme ca. 10 Minuten leise ziehen lassen.
- In einem breiten Topf 3 EL Öl erhitzen, die Möhrenscheiben darin unter Rühren anbraten und mit der warmen Kümmelsauce ablöschen; alles bei niedriger Temperatur etwa 5 Minuten ziehen lassen.
- Zum Servieren die beiden Blätter entfernen, die Karotten mit der Sauce in einer Schüssel servieren (ggf. auch kalt).

IUS IN PISCE ELIXO

«Reinige den Fisch sorgfältig. Gib Salz und Koriandersamen in den Mörser, zerstoße dies fein. Wälze den Fisch darin, gib ihn in eine gedeckte Kasserolle (patina), versiegle den Deckel mit Gips und backe ihn im Backofen. Wenn der Fisch gar ist, nimm ihn heraus, beträufle ihn mit sehr scharfem Essig und serviere.»

Vorbemerkung: Man erwartet wegen der Überschrift des Rezepts einen gedünsteten Fisch, der beim Garen eigenen Saft entwickelt; dies ist jedoch nur bei dickeren und fetteren Fischen bzw. Fischfilets der Fall. Wenn man gesäuberte ganze Fische in Alu-folie gart, entsteht keine Sauce; allerdings unterstützt die Salz-Koriander-Mischung sehr schön das Eigenaroma des Fisches.

- Rechtzeitig einen Römertopf wässern.
- Ca. 600–700 g Fischfilet waschen, trockentupfen, von beiden Seiten mit Öl be-streichen und in einer Mischung aus 3 EL Salz und 3 EL Korianderpulver wälzen.
- In den Römertopf geben, den Deckel bestens schließend aufsetzen und im Ofen auf der mittleren Schiene bei 200 °C ca. 30 Minuten garen.
- Die gegarten Fischstücke anrichten, mit 3–4 EL Kräuterwürzessig beträufeln und servieren.

BUBULA CUM PORRIS VEL CYDONEIS VEL CEPIS VEL COLOCASEIS

«(Rindfleisch mit Lauch, Quitten, Zwiebeln und Taro). Mit liquamen, Pfeffer, Laser und etwas Öl.»

Vorbemerkung: Der besondere Reiz dieses Rezepts liegt in der Verwendung von Taro-wurzeln einerseits und Quitten andererseits. Man kann das seltene Knollengewächs durch Süßkartoffeln oder Topinambur ersetzen; als Ersatz für Quitten ist die Verwen-dung von Quittenmarmelade oder -gelee erwägenswert; bei der folgenden Umset-zung arbeitet man mit Süßkartoffeln und Quittenmarmelade.

- 150 g weiße Zwiebeln würfeln, 150 g geputzte Frühlingszwiebeln (oder dünne Lauchstangen) in größere Stücke, von den geschälten Süßkartoffeln 400 g in Würfel schneiden.
- In einem Schmortopf ca. 800 g Rindergulasch in kleineren Würfeln in 3 EL Öl anbraten, die Zwiebeln dazugeben, mit ca. 150 ml heißem Wasser aufgießen und zugedeckt bei mittlerer Hitze ca. 60 Minuten garen lassen.

- Nach 15 Minuten die Frühlingszwiebeln (bzw. den Lauch) zugeben sowie 1 TL Salz, je 1 EL frisch gemahlenen Pfeffer und Ingwerpulver.
- Die Knollenwürfel in genügend Wasser ca. 20 Minuten gar kochen, abtropfen lassen und zur Seite stellen.
- 10 Minuten vor Ende der Garzeit des Fleisches 150 g Quittenmarmelade einrühren; 5 Minuten vor Ende der Garzeit die Knollenwürfel dazugeben und nochmals im Ragout erwärmen.
- In einer Schüssel anrichten.

PATINA VERSATILIS VICE DULCIS

«*Zerstampfe im Mörser geröstete Pinienkerne und zerkleinere geschälte Nüsse zusammen mit Honig, Pfeffer, liquamen, Milch, Eiern, etwas Wein und Öl. (Koche dies in einer flachen Pfanne; nach dem Erhärten) stürze das Gericht auf einen runden Teller.*»

Vorbemerkung: Als Omelett, das erst, nachdem die Eier gar sind, mit den Nüssen bestreut wird, ist die Wirkung dieses Rezepts am besten. Vermischt man die Nüsse mit den Eiern und den anderen Zutaten, verbinden diese sich nicht sehr gut miteinander. Eine ganz andere Alternative ergäbe eine Art Nusskuchen, was aber wegen des Begriffs *patina* ursprünglich eher nicht gemeint gewesen sein dürfte.

- 50 g Pinienkerne in einer fettfreien Pfanne goldbraun rösten, abkühlen lassen, dann nicht zu grob hacken.
- Je 75 g Haselnuss- und Walnusskerne nicht allzu grob hacken, dann mit den Pinienkernen mischen und zur Seite stellen.
- 8 Eier mit 3 EL Milch und einer Prise Salz verschlagen.
- In einer (beschichteten) Pfanne 2 EL Öl erhitzen, die verschlagenen Eier hineingießen, von den Rändern her immer wieder zur Mitte schieben und als Omelett stocken lassen, wenn die Oberfläche nicht mehr flüssig ist, das Omelett wenden und die Nussmischung darüber streuen; nach Geschmack halb überklappen.
- Auf eine geeignete Platte gleiten lassen, mit 4–6 EL Honig beträufeln und servieren.

N

W — O

S

PONTUS EUXENIOS
(SCHWARZES MEER)

Sinope

Trapezunt

PONTUS ET

Tios   Sesamos
        (Amastris)

Amisos

Keramos

BITHYNIA

PAPHLAGONIEN

Herakleia Pontika

Amaseia

Byzantion

Gangra

Lykos

Nikomedeia

Hypios

Sebasteia

Proponis
(Marmarameer)

Claudiopolis

Euphrat

Prusa

Nikaia

Sangarios

KAPPADOKIEN

Kyzikos

Anatolien

Halys

Mazaka/
Kaisareia

Pergamon

ASIA

Hermos

GALATIA

Zeugma

Ephesos

Maiandros

SYRIA

Euphrat

Milet

Attaleia

Orontes

Rhodos

Käse

Steinpilze

Zypern

Maronen

Kirschen

MARE
INTERNUM

Haselnüsse

Fisch

0   50   100   150km

KAPITEL XI

Pontus et Bithynia –
Erbe und Entwicklung

D er Norden Kleinasiens wurde erst im 1. Jahrhundert v. Chr. der direkten römischen Herrschaft unterworfen. Er umfasste zum einen die südliche Küste des Schwarzen Meeres mit ihrem Hinterland, zum anderen das nördliche Anatolien bzw. die südliche Küstenzone der sich von West nach Ost erstreckenden sogenannten Pontischen Alpen. Die Bevölkerung bestand aus den Bewohnern der zumeist in archaischer Zeit (8.–6. Jahrhundert v. Chr.) dort gegründeten griechischen Städte an den Küsten und verschiedenen bereits vorher dort beheimateten Stämmen diesseits und jenseits der Pontischen Alpen; im Westen dominierten eher thrakische, im östlichen Teil iranische Elemente.

Einblicke in den Alltag und die wirtschaftlichen Verhältnisse im nördlichen Kleinasien bzw. in der Doppelprovinz *Pontus et Bithynia*, die dort nach dem bereits erwähnten Sieg der Römer über Mithridates VI. von Pontus (63 v. Chr.) eingerichtet worden war, bieten nur wenige antike Autoren: vor allem das Geschichtswerk Xenophons, die *Anabasis*, ferner Strabons *Geographia* und Briefe des C. Plinius Secundus, die der Literat als dortiger Provinzstatthalter (seit 111 n. Chr.) mit dem Kaiser Trajan gewechselt hatte.

Die Wirtschaft der so vielfältigen Großregion beruhte auf Landwirtschaft, Fischfang, Handel und Bergbau; dabei spielten im agrarischen Sektor neben Getreideanbau und Viehzucht die wollverarbeitende Textilmanufaktur und die Holzwirtschaft eine besondere Rolle. Die naturräumlichen und klimatischen Rahmenbedingungen boten die Voraussetzungen dafür, dass vor allem die niederschlagsreiche Gebirgszone parallel zur Südküste des Schwarzen Meeres mit ihren dichten Wäldern begehrte Nutzhölzer lieferte, darunter als Luxusgut Buchsbaum und Nussbaum. Wenn auch nur in wenigen Landstrichen, etwa in der Ebene von Sesamos/Amastris, Olivenbäume gedeihen konnten, so legten doch die Kirschen von Kerasos und die Äpfel von Gangra Zeugnis von einer ausgeprägten Obstbaumkultur ab. Haselnüsse wuchsen vornehmlich als Wildpflanzen, waren aber, wie ihr lateinischer Name *nux pontica* beweist, typisch für die ostpontischen Waldregionen. Der breite Küstenstreifen am Marmarameer lieferte Wein von hoher Qualität, doch auch anderenorts wurden Reben gepflanzt und Trauben gekeltert, wie nicht zuletzt die Darstellungen von Winzermessern auf Grabsteinen der dortigen bäuerlichen Bevölkerung erkennen lassen.

Die große Bedeutung der Viehzucht, insbesondere von Rindern und Schafen, ist ebenso von den mit Reliefs verzierten Grabplatten abzulesen. An Getreidesorten gediehen Weizen, Gerste, Hirse und Sesam; dies bezeugt für die Zeit um 400 v. Chr. Xenophon, der in seinem *Zug der Zehntausend (Anabasis)* die Rückkehr der griechischen Söldnerschar aus Mesopotamien über Armenien und Kappadokien an die Schwarzmeerküste nach Trapezus, Kerasos und Sinope schildert. Wenn er auf Paphlagonien zu sprechen kommt, erfährt man, dass einheimische Fürsten, die in befestigten Plätzen wohnten, Freundschaft mit den Griechen von Kerasos pflegten. Da bei allen griechischen Siedlungen in der Region die Anbauflächen durch Bergketten begrenzt waren, ist es unwahrscheinlich, dass man diese Städte in der Absicht angelegt hat, von dort aus in nennenswertem Umfang Getreidemengen in die Ägäis zu exportieren. Eher ist anzunehmen, dass sie Stationen auf dem Weg zum goldreichen Kolchis im Osten des Schwarzen Meeres waren. Der griechische Name des «*Pontos Euxeinos*» (gastliches Meer) beschönigte die Gefährlichkeit dieses Gewässers. Die Bezeichnung *euxeinos* ist übrigens eine Adaption des persischen Wortes *aksheina* (dunkel), dem die heutige Bezeichnung als Schwarzes Meer (türkisch: Karadeniz) entspricht.

Der Handel stellte einen wesentlichen Aspekt des Verkehrs in dieser Region seit archaischer Zeit dar, und er stützte sich viele Jahrhunderte lang ganz wesentlich auf die Seefahrt, denn ein Straßennetz wurde erst in römischer Zeit angelegt. Nur wenige Flüsse waren ein Stück weit ins Landesinnere schiffbar, der Halys hingegen – der heutige Kızılırmak – überhaupt nicht. Allerdings wurden im ostbithynischen Hinterland zwischen Herakleia und Tios Eisenminen ausgebeutet, ebenso im Gebirge südlich von Kerasos, wo es auch Silbervorkommen gegeben haben soll. Von dort stammte

Mosaik in Ostia vor dem Büro eines Seefahrer-Collegiums

vermutlich der begehrte Sinopische Rötel (roter Ocker), der seinen Namen dem Haupthafen seiner Verschiffung verdanken dürfte.

In Bithynien galt ein besonderes Augenmerk dem Marmor, der in verschiedenen Sorten und an verschiedenen Stellen vorkam, nämlich bei Nikomedeia und Nikaia, oberhalb des Sangarios-Flusses sowie am Hypios. Das Marmarameer, das einst *Propontis* hieß, hat seinen heutigen Namen von der Insel Prokonnessos/Marmara erhalten, deren Marmor zum berühmtesten und begehrtesten Baumaterial der Antike zählte. Zu den Handelsgütern der vorrömischen wie der römischen Zeit gehörten neben den schon genannten Erzeugnissen der Agrar- und Waldwirtschaft die einträglichen Thunfischvorkommen namentlich bei Tios und Sinope, wo diese wie auch andere Fische manufakturmäßig konserviert wurden, also geräuchert, gesalzen oder zu *garum* verarbeitet.

Aus der Korrespondenz des C. Plinius mit Kaiser Trajan (98–117 n. Chr.), der ihn als seinen persönlichen Vertreter mit consularischen Befugnissen (*legatus Augusti consulari potestate*) in die Doppelprovinz geschickt hatte, geht zwar über die verschiedenen Wirtschaftszweige wenig hervor, doch lässt sich aus den Briefen und den erhalten gebliebenen Antworten Trajans auf das ökonomische Potenzial jener Region schließen. Die Aufgabe des Plinius bestand darin, die Finanzen der einzelnen Städte zu kontrollieren und durch geeignete Maßnahmen zu sanieren. Dabei lag das Problem nicht in einem veritablen Geldmangel, sondern in einer vielerorts allzu unkoordinierten Bautätigkeit. Ambitionierte Vorhaben wurden entweder zwar begonnen, aber aus unterschiedlichen Gründen (z. B. Baumängel, Nichterfüllung von zweckgebundenen Geldzuwendungen) nicht abgeschlossen – so die Anlage von Aquaedukten in Nikomedia, von Theater und Gymnasium in Nikaea, von Thermenanlagen in Prusa und Claudiopolis –, oder ein offensichtlicher Bedarf mündete gleichwohl erst gar nicht in eine Baumaßnahme, so dass erst der Statthalter um die kaiserliche Genehmigung bat; dies war etwa für eine Wasserleitung in Sinope und die Abdeckung des kloakenartigen Flusses in Amastris der Fall. Dass indes die wohlhabenden Bürger eigentlich keiner der Städte knapp an Geldmitteln waren, zeigte sich an einer Unsitte, die Trajan drastisch begrenzt wissen wollte. Dabei ging es ihm allerdings nicht um Ressourcenschonung, sondern darum, politische Umtriebe zu unterbinden: Bei privaten oder auch öffentlichen Anlässen (wie Hochzeiten oder Gebäudeeinweihungen) war es weithin üblich, dass die Ortshonoratioren eine bis zu 1000 Personen – und manchmal auch mehr – umfassende Festgesellschaft nicht nur verköstigten, sondern auch mit ein oder zwei Denaren pro Kopf beschenkten. Auch ohne die Geldgeschenke, die der Kaiser als unerlaubte Spenden an ungenehmigte Körperschaften missbilligte, dürften die Gastereien mit so vielen Teilnehmern den Veranstaltern durchaus teuer gekommen sein, denn eine im Hinblick auf landwirtschaftliche Erzeugnisse gut gestellte urbane Gesellschaft wie die in *Pontus et Bithynia* pflegte ein anspruchsvolles Tafeln!

Zu Gast bei
Gaius in Sinope

GAIUS Meine lieben Gäste, möget ihr mit dem bescheidenen Mahl, das ich euch in Sinope, am Ende der römischen Welt, zu bieten vermag, nicht unzufrieden sein! Bedenkt, wie dünn hier der Firnis römischer Zivilisation ist, und dass Diogenes, der große Sohn dieser Stadt als kynischer Philosoph die Armut verehrte!

MARCUS Bester Gaius, die Reise in deine Stadt ist wahrlich weit. Aber einst hat sich der tüchtige Agrippa, unseres ersten Kaisers Augustus Vertreter, bis hierher vorgewagt, um für römische Ordnung zu Wasser und zu Lande zu sorgen – und er hat eure Region gerühmt!

AULUS Und er hat damals auch den gierigen Vasallen aus Jerusalem, seinen Freund Herodes, mit dessen nagelneuer Flotte hierher beordert. Der mag wohl gefürchtet haben, bei euch Hunger zu leiden…

LUCIUS Guter Gaius, zu dem sichersten Hafen des Pontos Euxeinos komme ich immer wieder gern! Seit vielen Jahren entzücken mich das grüne Gebirge, die fruchtbaren Ebenen und die üppigen Fischgründe. Dein Koch müsste aus der Fülle, die eure Märkte bieten, etwas Schönes auf den Tisch bringen – es sei denn, er ist ein nichtsnutziger Paphlagonier!

GAIUS Nun, verhungert ist hier noch niemand, doch soll mein Koch, der aus dem altehrwürdigen Herakleia Pontika stammt, euch beweisen, dass auch wir zu leben wissen! Da werden auch schon die Vorspeisen hereingebracht!

MARCUS Meine Nase sagt mir, dass sich in der Eier-*patina* Fischchen verbergen – aber was in der anderen Schüssel ist, kann ich nicht raten.

TITUS Sind das vielleicht Linsen?

GAIUS Richtig! Sie kommen von den Ufern des großen Flusses Halys, der einige Meilen östlich von hier ins Meer fließt.

AULUS So sind wir nicht auf einst medischem Gebiet. Hat nicht der berühmte Geograph Strabo die roten Linsen seiner pontischen Heimat den braunen Italiens vorgezogen?

TITUS Ist Amasia, wo Strabo herstammt, in der Nähe? Besuchen wir die Stadt auch noch?

LUCIUS	Wenn wir nicht noch weiter bis nach Trapezus segeln wollten, hätten wir mehr Zeit und könnten ins Binnenland reisen: Amasia liegt hinter jenem hohen Gebirge, an das sich die Küste schmiegt.
MARCUS	In dem Linsengericht ist aber noch etwas anderes drin …
GAIUS	Das sind Kastanien von den Hängen des Pontischen Gebirges. Dort gibt es auch Nüsse und Obst.
AULUS	Dein Koch ist, wie du sagst, lieber Gaius, aus Herakleia? Dort lebten einst viele Gebildete, die in Athen studierten und dann Tyrann oder Historiker wurden – eine seltsame Alternative. Dein Koch, möchte man meinen, ist wohl auch so einer, wenn er seinen Kollegen imitiert, den der alte Komödiendichter Hegesippos hatte auftreten lassen: Der prahlte nämlich, mit Kleinfischen und Linsenbrei eine Trauergesellschaft, die er zu bedienen hatte, zu freudiger Erregung zu bringen!
TITUS	Nur mit Fischen und Linsen?
AULUS	Tja, genau das fragt in dem Stück von Hegesippos auch der Sklave Syros den Koch!
LUCIUS	Ihr Freunde, dieser Linsenbrei ist wirklich hervorragend – aber auch recht sättigend. Ich fürchte fast, dass wir die Hauptgerichte nicht mehr würdigen können.
MARCUS	Da fürchte ich eher, dass wir keine rechte Lust zum Trinken mehr haben werden! Welchen Wein wirst du uns kredenzen, Gaius?
TITUS	Wächst hier auch Wein oder müsst ihr den importieren?
LUCIUS	Für junge Leute wie dich wäre der hiesige Wein wohl gut genug, doch blüht, soweit ich weiß, der Weinhandel gerade im Pontos und man kann ein Vermögen verlieren. Erst recht, wenn man trinkfeste Gäste aus Rom hat!
AULUS	Uns kannst du nicht meinen, Lucius! Aber man hat hier mit durstigen Leuten doch wohl Erfahrung – etwa aus den früheren Kriegen?
TITUS	Wieso? Wann hat es hier denn Krieg gegeben?
MARCUS	Hast du in der Schule nichts von dem furchtbaren König Mithridates Eupator gehört? Der ist in dieser Stadt geboren worden und hat Rom jahrzehntelang genasführt, bis ihn der große Pompeius endlich erledigte.
AULUS	Kriege gab's hier schon vorher, gerade weil so mancher Vorfahr jenes Römermörders seine Hand nach dieser schönen Stadt ausstreckte, bis dann Pharnakes sie tatsächlich erobert und zur Residenz gemacht hat. Aber Sinope hatte früher mächtige Verbündete, nämlich die Republik Rhodos! Und einmal, das war vor etwa 350 Jahren, als Sinope belagert wurde von diesen pontischen Barbaren, da schenkten die Rhodier nicht nur Steinschleudermaschinen, Ingenieure und Geld, sondern

auch 10 000 Fässer Wein – so steht es jedenfalls bei dem Geschichtsschreiber Polybios.

GAIUS Mit so alten Fässern kann ich freilich nicht dienen. Doch habe ich ganz ordentlichen Thrakerwein gekauft, bei einem deiner Freunde, Lucius!

LUCIUS Wunderbar. Aber was gibt es denn nun als ‹ersten Tisch›?

GAIUS Was würdest du zu einem gekochten Fisch sagen?

LUCIUS Ich würde sagen, dass es auf die Sauce ankommt.

GAIUS Zweifellos! Und was sagst du zu einem gebratenen Kalbfleisch?

LUCIUS Natürlich dasselbe!

MARCUS Ach was, es kommt auf die Qualität des Fisches an – was für einer ist es?

TITUS Was für Saucen gibt es denn?

MARCUS Lass die Sauce, mein Junge, und widersprich deinem Vater nicht. Ich sage: Was nutzt die beste Sauce über einem faden Fisch?!

GAIUS Gemach, liebe Gäste! Die Fische im Schwarzen Meer sind alle erstklassig. Ihr bekommt heute einen Thunfisch, denn nicht umsonst sind wir für diesen als Handelsware berühmt! Und das Kalb ist von meinem Landgut im Delta des Halys. Die Sauce zum Fisch ist mit Minze bereitet, die andere mit Rosinen – da kommen auch schon die Platten!

LUCIUS Gelobt sei dein Koch, Gaius, und noch viel mehr deine Großherzigkeit – Thunfisch! Minze! Rosinen! Thrakerwein!

AULUS Weil man in Rom doch gern die Armut der Griechen rühmt, überrascht es mich, lieber Gaius, dass du an der Tradition eurer bekanntlich extravaganten Gründungsväter festhältst. Was würde der weise Hekataios aus Milet heute sagen, der damals auf die Athener herabsah, weil dort ein Festessen nur aus Gerstenkuchen und Schweinefleisch bestand? Der Alte würde staunen, wie weit Gaius aus Sinope selbst die heutigen milesischen Gourmets übertrifft!

MARCUS Mit deiner Gelehrsamkeit, Aulus, verdirbst du mir den Appetit – wir schwelgen im besten Thunfisch, den ich je serviert bekommen habe, und du schwatzest vom athenischen Gerstenkuchen!

TITUS Ha! Lieber Vater, du hast ja das Kalbfleisch noch gar nicht probiert. Und ich sehe eben, dass draußen schon Kirschen bereitgestellt werden!

AULUS Wahrhaftig! Gaius präsentiert uns Sinope als wahre Tochter Milets: Dort gab es seit alters, wie der Dichter Diphilos aus Siphnos wusste, die besten Kirschen: saftig und bekömmlich.

TITUS Aber die Kirschen hat doch unser Lucullus entdeckt!

AULUS Diphilos hat lange vor Lucullus gelebt, nämlich zu Zeiten von König Lysimachos und seiner pontischen Gattin Amastris. Nach ihr heißt bis

Zu Gast bei Gaius in Sinope

heute das alte Sesamos, eine Tochterstadt von Sinope, Amastris wo wir vor wenigen Tagen an Land gegangen sind.

MARCUS   Bester Aulus, mein Sohn hat Recht: Wie soll denn ein Dichter damals bereits die Kirschen von Milet gepriesen haben, wenn erst der Feldherr Licinius Lucullus sie entdeckt hat?

GAIUS   Zerbrecht euch nicht die Köpfe! Es mag ja sein, dass unsere Mutterstadt einstmals die besten Kirschen hatte – dieser Diphilos wusste es halt nicht besser! Aber natürlich gab es die feinen Früchte auch schon in unserer Tochterstadt Kerasos. Wenn ihr demnächst nach Trapezus weiterfahrt, werdet ihr dort vorbeikommen oder gar Anker werfen. Dort jedenfalls hatte Lucullus, der die Stadt dem schrecklichen Mithridates entriss, diese Früchte kennengelernt, sie *cerasia* genannt und nach Italien gebracht. Wir hier in Sinope haben sie auch seit Generationen angebaut, doch gedeihen sie wirklich am besten weiter östlich, wo es noch mehr Regen gibt als bei uns und die Früchte noch saftiger werden.

TITUS   Ich kann's nicht erwarten – darf ich schon etwas vom ‹zweiten Tisch› haben?

LUCIUS   Sei nicht so vorlaut! Iss noch einmal von dem gebratenen Kalb mit der Rosinensauce – wer weiß, wann wir wieder so etwas Feines auf dem Teller haben werden! Ein richtiger Mann braucht Fleisch, diese Kirschen sind vielleicht schmackhaft, aber nicht sehr nahrhaft.

AULUS   Aber dafür harntreibend!

MARCUS   Kaum so, wie du, alter Bücherwurm, galletreibend bist mit deinen Weisheiten! Sei's drum – wir wollen uns den Kirschen recht bald widmen, da hat mein Junge wieder Recht. Umso schneller kommen wir zum frohen thrakischen Becher!

LUCIUS   Jawohl! Ich sehe schon, dass wir nach dem prächtigen Mahl bei unserem Gaius die Weintönnchen um die Wette leeren werden!

AULUS   Und ich sehe schon, dass ein jeder von uns – Titus ausgeschlossen, der ist noch zu jung – morgen in einem Fass wie weiland Diogenes aufwachen wird.

GAIUS   Beim Hund! Gern gebe ich euch alle die Fässer als Souvenir mit, die ihr gleich austrinken werdet! Es ist mir eine allzu seltene Ehre, so werte Gäste aus dem goldenen Rom zu Tische zu haben, zumal so sachverständige wie ihr, die pontische Köstlichkeiten zu schätzen wissen!

MENÜ ZU KAPITEL XI

VORSPEISEN:

Patina de apua fricta (Sardellen-Omelett)
Lenticulum de castaneis (Linsenpüree mit Kastanien)

HAUPTSPEISEN:

Vitellina fricta (Gebratenes Kalbfleisch)
Ius in sarda (Gekochter Fisch in kalter Sauce)

NACHSPEISE:

Cerasia (Kirschen)

PATINA DE APUA FRICTA

«Wasche die Sardellen, schlage Eier auf und wälze die Fische darin. Nimm liquamen, Wein und Öl und bringe dies zum Kochen. Dann gib die Sardellen dazu. Wenn sie auf einer Seite gar sind, wende sie. Lasse sie etwas bräunen. Dann gieße oenogarum darüber, bestreue das Ganze mit Pfeffer und serviere.»

- Die ausgenommenen und gewaschenen 4 Sardinen mit 2 EL Essig beträufeln, nach etwa 5 Minuten mit Küchenkrepp trockentupfen und mit 2 EL Mehl bestäuben.
- In einer hinreichend großen Pfanne 3 EL Öl erhitzen, die Fische hineinlegen und bei mittlerer Hitze von jeder Seite etwa 3 Minuten braten.
- Inzwischen in einer Schüssel 4 Eier mit 2 EL Wasser, Salz und Pfeffer gründlich verschlagen und über die Fische in der Pfanne gießen; einen Deckel auflegen.
- Wenn das Ei gestockt ist, in der Pfanne servieren.

LENTICULUM DE CASTANEIS

«(Koche die Linsen). Nimm einen neuen Topf und gib die sorgfältig gereinigten Kastanien hinein. Füge Wasser und etwas Natron hinzu. Lasse dies kochen. Während die Kastanien kochen, zerstampfe im Mörser Pfeffer, Kümmel, Koriandersamen, Minze, Raute, Laserwurzel und Flohkraut. Befeuchte die Mischung mit Essig, Honig und liquamen, schmecke mit Essig ab und gieße sie über die Kastanien, wenn sie gar sind. Füge Öl hinzu und lasse das Ganze aufkochen. Rühre kräftig um. (Mische die Kastanien mit den Linsen.) Probiere: wenn noch etwas fehlt, füge es hinzu. Serviere in einem boletar und gieße bestes Öl darüber.»

- 200 g rote Linsen mit kaltem Wasser abbrausen, dann in nicht zu viel Wasser aufkochen, bei mittlerer Hitze ca. 15 Minuten garen, bis das Wasser verdampft ist und die Linsen schon auseinanderfallen.
- 150 g vorgekochte Kastanien/Maronen erhitzen.
- Inzwischen 3 EL Essig mit 1 EL Honig und 1 EL Sojasauce vermischen, folgende gemahlene bzw. kleingehackte Gewürze hinzufügen: je einen halben TL Pfeffer, Kümmel, Korianderkörner, Ingwerpulver, eine kräftige Prise Muskatnuss, 2 EL frische Minze, 1 EL Zitronenmelisse.
- Die Sauce in einem kleinen Topf kurz aufkochen, 2 EL Olivenöl hinzufügen, dann die gekochten Maronen hineingeben und gut zerdrücken; sollte es an Flüssigkeit fehlen, 1 EL Essig und ggf. 1 EL Öl hinzugeben.

– Diese Masse mit den gekochten roten Linsen gut vermischen; in eine geeignete Schüssel geben, mit 2 EL Öl beträufeln und nach Geschmack mit 1 TL Pfeffer bestreuen.

VITELLINA FRICTA

«Nimm Pfeffer, Liebstöckel, Selleriesamen, Kümmel, Origanum, getrocknete Zwiebeln, Rosinen, Honig, Essig, Wein, liquamen, Öl, defrutum.»

– Für die Sauce zunächst 50 g Rosinen in 4 EL Wein einweichen.
– 50 g Zwiebeln sehr fein hacken und zur Seite stellen.
– In einem Topf 100 ml (milden) Essig, 2 EL Tokayer, 2 EL Honig verrühren, jeweils 1 knappen EL gemahlenen Pfeffer, gemahlenen Kümmel, Oreganum, Liebstöckel sowie 1 EL Selleriesalz zugeben und aufkochen.
– 100 ml Olivenöl in den Saucentopf geben, bald danach Zwiebelstückchen und Rosinen mitsamt dem Wein; alles 5 Minuten köcheln lassen.
– 4 Scheiben (à 100–125 g) Kalbsschnitzel oder -kotelett grillen oder (ggf. in einer Grillpfanne) braten, mit der Sauce – die man etwa beim Ablöschen des Bratensatzes in der Pfanne nochmals erhitzen kann – servieren.

IUS IN SARDA

«Nimm Pfeffer, Origanum, Minze, Zwiebeln, etwas Essig und Öl.»

Vorbemerkung: Es handelt sich offenbar um eine kalte Sauce, die am ehesten zu einem gekochten Fisch serviert wird. Statt Thunfisch kann man auch, wie hier, Schwertfisch verwenden, der freilich nicht im Schwarzen Meer zu finden ist.

– Für die Sauce je 2 EL gehackte frische Minze und frisches Oreganum mit 50 g feingehackten Zwiebeln vermischen, 2 EL milden Essig und 1 EL frisch gemahlenen Pfeffer dazugeben, schließlich 6 EL Öl untermischen.
– Inzwischen in einem möglichst breiten Topf ca. 1 l Wasser (mit Salz und Lorbeerblatt) zum Kochen bringen, dann die Temperatur herunterschalten und zwei Scheiben Schwertfischfilet (à 300 g) in den Topf geben und 5–10 Minuten ziehen lassen.
– Aus dem Sud heben, auf eine Platte legen und mit der Kräutersauce begossen servieren.

CERASIA

Kirschen

*Ausschnitt aus einem Wandfresko aus einer römischen Villa: Korb mit Kirschen
(Palazzo Massimo Rom)*

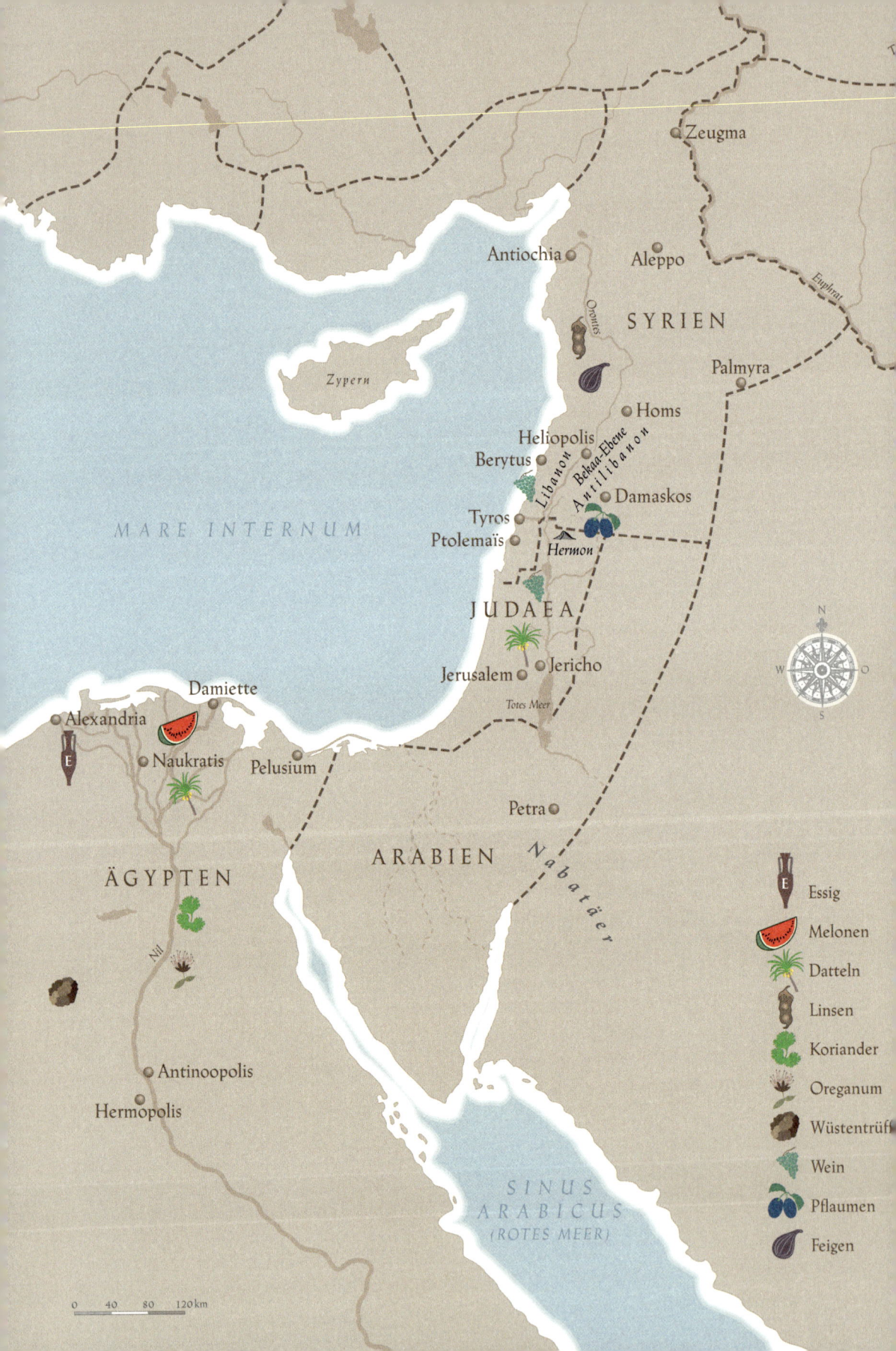

Zeugma

SYRIEN

Antiochia

Aleppo

Euphrat

Onontes

Palmyra

Homs

Heliopolis
Berytus

Bekaa-Ebene
Antilibanon
Libanon

Damaskos

Tyros
Ptolemaïs

Hermon

Zypern

MARE INTERNUM

JUDAEA

Jerusalem   Jericho

Totes Meer

Damiette

Alexandria

E

Naukratis   Pelusium

Petra

ARABIEN

Nabatäer

Antinoopolis

Hermopolis

ÄGYPTEN

Nil

N
W   O
S

SINUS
ARABICUS
(ROTES MEER)

0   40   80   120 km

E   Essig

Melonen

Datteln

Linsen

Koriander

Oreganum

Wüstentrüff

Wein

Pflaumen

Feigen

KAPITEL XII

Syria und Aegyptus –
Raffinessen und Revolten

Die beiden benachbarten Provinzen *Syria* und *Aegyptus* wurden in den Jahren 63 und 30 v. Chr., also im Abstand von etwa einer Generation, eingerichtet. Zuvor hatten sie als autonome Herrschaftsbereiche rund 130 bzw. 170 Jahre unter indirekter Kontrolle Roms gestanden. Diese Möglichkeit der Einflussnahme war dank der mit Rom verbündeten, faktisch aber als Klientelkönige abhängigen Monarchen möglich. Gingen auch beide als Diadochenreiche auf die von Alexander dem Großen (356–323 v. Chr.) auf den Trümmern des Achämenidenreiches errichtete makedonische Herrschaft bzw. die nach seinem Tod ausgefochtenen Kämpfe unter den ‹Erben› – den sogenannten Diadochen – zurück, so waren die Gebiete, die im 1. Jahrhundert v. Chr. in das *Imperium Romanum* eingefügt wurden, doch nur mehr oder weniger Teile ihrer einstigen Territorien. Die schrittweisen Verluste waren für das Seleukidenreich freilich ungleich massiver und politisch folgenschwerer als für das Ptolemäerreich.

Das Seleukidenreich bestand, als es 63 v. Chr. durch Cn. Pompeius zur Provinz gemacht wurde, nur noch aus dem nordsyrischen Raum, den schon der Dynastiegründer Seleukos I. unter seine Herrschaft gebracht hatte (301 v. Chr.). Das Ptolemäerreich hingegen, das alle früheren Außenbesitzungen verloren hatte, war identisch mit dem Nilland Ägypten. Zuletzt musste Alexandria auf die strategisch wie ökonomisch bedeutsame Insel Zypern verzichten, die Rom im Jahr 58 v. Chr. annektierte; der bisher dort unter Alexandrias Oberhoheit regierende König nahm sich das Leben. Dessen Nichte, die bis in unsere Tage legendäre Kleopatra VII., erreichte als Königin nicht die angestrebte territoriale Wiederherstellung ihres Reiches, obgleich sie sich dafür in überaus persönlicher Weise bei den römischen Machthabern einsetzte. Im Bürgerkrieg zwischen dem jungen Caesar (Octavian) und Antonius, der nominell ein Krieg Roms gegen das Ptolemäerreich war, musste sie im Jahr 30 in ihrer Hauptstadt Alexandria kapitulieren. Damit machte sie dem Sieger Octavian den Weg frei zur Annexion Ägyptens, das fortan als kaiserlicher Privatbesitz eine Sonderrolle unter den römischen Provinzen spielte.

Aegyptus wurde zur Domäne der römischen Kaiser, die – jeweils zum Pharao gekrönt – damit in die altägyptische Tradition des Herrschers als Grundbesitzer des gesamten Landes eintraten. In der Weltgeschichte spielte fortan Ägypten – ungeachtet seiner nach wie vor einzigartig glanzvollen Metropole Alexandria – keine Rolle mehr, abgesehen von den eher regionalen Konflikten, die in den Auseinandersetzungen der jüdischen Gemeinde mit den griechischen Bürgern immer wieder aufflammten.

Ägypten kam in seiner – nicht nur antiken – Geschichte stets eine Sonderrolle zu, die sich sowohl aus den pharaonischen Traditionen als auch aus der Geographie des Nillandes ergaben. Aufgrund der im Wüstensand konservierten Papyrusdokumente sind in großer Menge Informationen über das Alltags- und Wirtschaftsleben erhalten, die es erlauben, ein recht klares Bild des Landes unter der Ptolemäerherrschaft und derjenigen des *Imperium Romanum* zu zeichnen. Weder die Achämeniden, die 525 v. Chr. das Land unter die Perserherrschaft brachten, noch die mit der Eroberung Alexanders einsetzende makedonische Fremdherrschaft (seit 332) hatten die von den Eroberern angetroffene Verwaltung Ägyptens wesentlich verändert; ebenso übernahmen dann die römischen Kaiser in *Aegyptus* das Herkömmliche, das ihnen allerdings fremd vorkommen musste. Existierten doch im Unterschied zum östlichen wie westlichen Mittelmeerraum dort nur sehr wenige Städte nach Art der griechischen *polis* (Stadtstaat) bzw. römischen *civitas* (Bürgerschaft); zu Naukratis, Alexandria, Ptolemaïs und Hermopolis kam unter Hadrian die Neugründung Antinoopolis hinzu. Da dem gottgegebenen Herrscher aller Grund und Boden gehörte, gab es eigentlich kein Privateigentum; doch wurden verdiente Höflinge und militärische Funktionsträger befristet mit Bodenbesitz beschenkt – ebenso wie die zahlreichen Heiligtümer, deren außerordentliche Privilegien die Ptolemäer kaum, die Römer dann aber sehr wohl anzutasten wagten. Immerhin wurden die neuen Machthaber in die Lage versetzt, das Land, nach dem Beispiel der Pharaonen bzw. Könige und der Priesterschaften, an die lokalen Bauern zu verpachten.

Die Produktion auf dem staatlichen Ackerland konzentrierte sich auf Weizen, der vornehmlich dem Export diente, in römischer Zeit namentlich zur Versorgung Roms, die der Provinz oblag. Hinzu kam ein – zunächst sehr einfacher – Anbau von Obst, Gemüse, Ölbäumen und die Anlage von Weingärten im unmittelbaren Umfeld der Häuser, woraus sich in römischer Zeit in der Tat allmählich private Wirtschaftsformen entwickelten, mit der allein freilich die Versorgung der Bevölkerung ohne zusätzliche Importe, etwa von Öl aus Syrien, nicht zu gewährleisten war.

Die Fruchtbarkeit Ägyptens verdankte das Land dem Nil und seinen jährlichen Überschwemmungen. Doch wer diesen Segen nutzen wollte, musste die Kanäle, Deiche und Dämme, die ein komplexes Bewässerungssystem bildeten, sorgsam pflegen. Gerade daran aber hatten es die ptolemäischen Könige in den Jahrzehnten der inneren Unruhen und Thronstreitigkeiten fehlen lassen, ehe sie die Herrschaft an die Römer verloren. Infolge dessen nahm Augustus die Restaurierungs- und Verbesserungsmaßnahmen wieder auf, die bereits Kleopatra in Angriff genommen hatte; sie wurden nun zügig und effizient fortgesetzt und resultierten regelmäßig in reichen Ernten. Neben der Landwirtschaft umfasste die ägyptische Wirtschaft den Handel und die handwerkliche Produktion, d. h. die Bearbeitung von einerseits Naturprodukten (Papyrus, Leinen – beides Exportschlager), andererseits von Boden- und Naturschätzen (Edelmetalle, Edelsteine und Elfenbein für Schmuck und Luxusgüter; Alabaster, Porphyr und Granit für Architektur und Skulptur; Natron zur Bodendüngung). Da die meisten derartigen Erzeugnisse in alle Teile des Römischen Reiches exportiert wurden, bildeten der Binnen- und Überseehandel einen besonders starken Wirtschaftssektor. Die Millionenstadt Alexandria mit ihren Häfen war zumal in der Kaiserzeit ein internationaler Umschlagplatz, über den auch in großem Umfang Waren – vor allem Holz und Kleidung – ins Land kamen. Dabei soll der Handel mit Indien über die ägyptischen Häfen am Roten Meer allmählich im Umfang denjenigen mit den anderen Provinzen im Mittelmeerraum übertroffen haben. Im Zuge der politischen Probleme des *Imperium Romanum* zumal im 3. Jahrhundert n. Chr., als in der Zeit der Soldatenkaiser innere Kämpfe immer wieder zur Erhebung von Sonderabgaben führten, wuchs die Steuerbelastung vor allem für die Landbevölkerung, während zugleich die wirtschaftliche Stärke Ägyptens nachließ.

Auch für die Wirtschaft der Provinz *Syria* kam neben der Landwirtschaft und dem Handwerk dem Fernhandel besondere Bedeutung zu. Wie im Falle von Ägypten dominierte nicht der durchaus rege Warenverkehr mit dem *Imperium Romanum*, wo man in nahezu allen Provinzen syrischen Händlern begegnete, sondern der Handel mit Innerasien, Arabien und Indien. In jedem Fall betrafen oder berührten die Verkehrswege das Partherreich: Eine nördliche Route verlief über die Wüstenstadt Palmyra, am Euphrat nordwärts nach Zeugma und von dort durch Innerasien in den indo-baktrischen Raum; eine südliche Route

Kleiner Krug aus buntem Glas (italische Produktion, 1. Jahrhundert n. Chr.) aus Kempten (Archäologische Staatssammlung München)

wandte sich über den Jordan und die Nabatäerstadt Petra zum Roten Meer und von dort weiter zu den indischen Küsten. Bereits in den vorrömischen Jahrhunderten hatten Karawanenstraßen aus Arabien bzw. aus Innerasien die südliche bzw. nördliche Levanteküste erreicht; in hellenistischer Zeit hatte sich der Warenverkehr auf den von den Herrschergeschlechtern der Seleukiden und Ptolemäer gesicherten Fernstraßen und durch Kooperationen mit den betreffenden einheimischen Stämmen vervielfacht. Mit den auf diesem Wege aus dem Orient in den mediterranen Westen gelangten Luxuswaren – wie Seide, Farbstoff aus der ‹indischen Pflanze› (Indigo), Spezereien wie Pfeffer und Edelsteine wie Rubin, Saphir und Smaragd bzw. mit diesen Mineralien verzierte Schmuckstücke, nicht zuletzt auch Perlen – wurden in Rom viele Millionen Sesterzen umgesetzt; der entsprechende Geldabfluss in die fernen Herkunftsländer war bereits Autoren wie dem älteren Plinius (NH 12,84) ein Dorn im Auge.

Das Handwerk in der Provinz *Syria* setzte ebenso wie Handel und Landwirtschaft die älteren Traditionen der vorrömischen Zeit fort: Weiterhin wurde Glas- und Textilherstellung betrieben, Letztere gerade im Gebiet von Tyrus in Verbindung mit der dortigen nach wie vor berühmten Purpurproduktion. Die Holzwirtschaft bediente allenfalls Ägypten; dorthin wurde zudem Asphalt vom Toten Meer für die traditionellen Einbalsamierungen der Verstorbenen exportiert. Beide Provinzen kooperierten offenbar bei der Parfümherstellung, zu der das Nilland Blumen, die Region um Jericho Myrrhe und Balsam beitrug.

Die Landwirtschaft einschließlich der Viehzucht (Rinder, Schafe, Schweine und sogar Kamele) war vielfältig und zumal in der Bekaa-Ebene zwischen Libanon und Antilibanon äußerst ertragreich: Für den Export wurden Oliven bzw. Öl, Wein, Gemüse und vor allem Obst (Feigen, Pflaumen, Datteln, Pfirsiche, Nüsse) in bester Qualität erzeugt. Träger dieser Produktion im ganzen Land war das Kleinbauerntum, das nicht im Konflikt mit den Bewohnern der Städte stand. Deren Anzahl war bereits in vorrömischer Zeit groß: Zu den alten phönizischen Städten an der Küste hatten sich in hellenistischer Zeit nicht nur dort, sondern auch im Binnenland griechisch-makedonische Siedlungen gesellt; dazu kamen dann die römischen Veteranenkolonien (Berytus und Heliopolis). Von der Provinzialisierung Syriens profitierten einige Städte besonders, sofern sie die dem Statthalter zugewiesenen Legionen in ihren Mauern aufnahmen; dadurch stiegen die lokalen Umsätze und die Kaufkraft auch der Bevölkerung merklich. Am sichtbarsten war der große Wohlstand der provinzialen Oberschicht in Antiochia; sie war neben Alexandria die zweitgrößte Stadt im hellenistischen Osten und kaum minder glanzvoll als die Metropole im Nildelta.

Zu Gast bei
Gnaeus in Berytus

GNAEUS — Meine Freunde, willkommen in der Römerkolonie Iulia Augusta Felix Berytus! Wie freue ich mich, dass ihr mich mit der Annahme meiner Einladung zu einem bescheidenen Abendessen ehrt!

MARCUS — Bester Gnaeus, gern kommen wir in das Haus eines so bekannten Rechtsgelehrten, wie du es bist, wissen wir doch deine Weisheit ebenso wie deine Lebenskunst zu schätzen. Darf ich fragen, ob deine Familie schon lange in der römischen Provinz Syria lebt?

GNAEUS — Gewiss doch, meine Vorfahren väterlicherseits ließen sich hier nieder, als Marcus Agrippa, der Feldherr des glorreichen Augustus, seine Veteranen ansiedelte. Aber meine Vorfahren mütterlicherseits waren römische Händler auf der Kykladeninsel Delos und pflegten schon sehr viel länger enge Geschäftsbeziehungen mit Berytus und anderen Städten der Levante.

AULUS — Dein Vorname erinnert mich jedenfalls an den Imperator Gnaeus Pompeius, der diese schöne Provinz einst den Römern erwarb.

MARCUS — Wenn man solcher alten Helden gedenkt, wird einem schmerzlich bewusst, dass das, was man heute so über diese Region hört, weit weniger erfreulich ist.

LUCIUS — Du meinst Iudaea? Dort ist es noch nie wirklich ruhig gewesen, daran hat auch der Krieg, den unser Kaiser Flavius Vespasianus siegreich beenden konnte, nicht viel geändert.

MARCUS — Wohl wahr – aber man hatte doch hoffen dürfen, dass die Maßnahmen des tüchtigen Trajan lange Wirkung zeigen würden. Es ist doch nur eine kleine Weile her, dass Iudaea zur konsularischen Provinz erhoben wurde.

GNAEUS — Na ja, das sind schon 15 oder 16 Jahre. Damals drohten die Judenaufstände in Ägypten und Zypern hierher überzugreifen.

MARCUS — Immerhin haben zwei Legionen in Iudaea eine ganz kräftig abschreckende Wirkung.

GNAEUS — Ob unser jetziger Herrscher gut beraten ist, in Jerusalem eine römische Colonia anzulegen? Ich bin da eher skeptisch. Von unserem Statthalter hier, meinem Freund Publicius Metellus, hörte ich kürzlich, dass ihm sein Kollege Tineius Rufus aus Iudaea berichtet hat von einem gewissen Simon, der die Abschüttelung unserer römischen Herrschaft predigen soll.

LUCIUS   Da scheint sich die Situation also doch gewaltig zuzuspitzen. Aber schaut mal zur Tür – man bringt gerade die Vorspeise herein: Das sind doch, beim Jupiter, Zucchetti auf alexandrinische Art? Die habe ich schon ewig nicht mehr gegessen!

AULUS   Ob man wegen der paar Datteln das Gemüse schon zum ptolemäischen Hofgericht emporjubeln kann?! Freilich hat es in Syrien und Iudaea schon immer Leute gegeben, die geglaubt haben, dass alles Gute aus Alexandria kommen müsse.

TITUS   Syrien hat doch früher mal zum Ptolemäerreich gehört.

AULUS   Ganz recht, aber dann kam die ganze Gegend hier an die Seleukiden und Berytos hat sogar Laodikeia geheißen. Die beiden Herrscherhäuser haben sich aber nicht nur ewig gestritten, sondern auch ständig untereinander geheiratet. So wäre Alexandria selbst am Ende fast seleukidisch geworden, jedenfalls hat das Kleopatra Selene in Rom gefordert.

TITUS   Aulus, sag mal, war diese Kleopatra Caesars berühmte Geliebte?

AULUS   Nein, junger Mann, das war deren Großmutter, eine noch viel heiratsfreudigere Frau! Sie forderte in Rom für ihre jüngeren Söhne das Nilland, gerade als ihr erster Sohn Ptolemaios dort vom Thron geflohen war. Aber der Senat hat damals zu Gunsten des Trunkenbolds und Flötenspielers entschieden.

MARCUS   Hat dann nicht Tigranes, der damalige Machthaber in Syrien, jene Dame schnell beseitigt?

AULUS   Ja – bevor ihn wiederum Antonius besiegt hat, und den dann Caesars berühmte Geliebte, nach der Titus gerade gefragt hat.

GNAEUS   Liebe Freunde, greift doch endlich zu! Lucius hat Recht: Die Zucchetti sind nach alexandrinischer Art zubereitet, doch unsere Datteln kommen nicht aus Ägypten, sondern aus der Umgebung von Damaskos!

AULUS   Vermutlich sind das die sogenannten Nikolaos-Datteln, wie sie der Historiker Nikolaos, der aus Damaskos stammte, seinem Freund Augustus nach Rom zu schicken pflegte! Übrigens war dieser Nikolaos als junger Mann mal Hauslehrer bei *der* Kleopatra. Später wurde er Hofgeschichtsschreiber bei König Herodes in Jerusalem.

LUCIUS   Ist hier Schulstunde oder Abendessen?

MARCUS   Gut gesprochen! Wer verrät mir, was da in den Schüsseln gerade hereingetragen wird und glänzt wie flüssiges Gold und Silber?

AULUS	Die Äpfel der Hesperiden?
GNAEUS	Fast richtig getroffen – es sind ‹persische Äpfel› im Pfannenkuchen!
LUCIUS	Von woher bekommt ihr die? Aus dem Euphratgebiet?
GNAEUS	Nein, die hier ernten wir im fruchtbaren Tal von Heliopolis.
MARCUS	Großartig – in Rom bekommen wir nur sehr selten diese ‹Pfirsiche›, man baut sie zwar in der Provinz Sicilia an, aber auch, wenn sie von dort kommen, sind sie teuer!
LUCIUS	Sagtest du, Gnaeus, gerade Heliopolis? Wie steht es eigentlich mit der Sicherheit der Straßen über das Libanon-Gebirge? Ihr profitiert hier doch sehr vom Osthandel?
GNAEUS	Keine Sorge, die Stämme in der Provinz Arabia verhalten sich ruhig. Unsere wichtigste Karawanenstraße verläuft ohnedies über Palmyra, das ist viel weiter im Norden. Seit vor ein paar Jahren unser Kaiser Hadrianus dort einen Besuch gemacht hat, ist die Oasensiedlung eine freie Stadt. Die dortigen Scheichs tun alles, um dieses Privileg nicht zu verlieren – also sichern sie die Verkehrswege gegen einzelne vagabundierende Stämme.
TITUS	Das Libanon-Gebirge stelle ich mir sehr dramatisch vor – man reitet doch wohl unter hohen Zedernbäumen durch eine liebliche Landschaft?!
GNAEUS	Da würdest du dich aber wundern! Da ist auf den Straßen jetzt ein Mordsbetrieb, denn das altehrwürdige Heiligtum des Gottes Baal in Heliopolis wird umgebaut und erweitert – immer größer und schöner!
LUCIUS	Groß und schön: Das gilt auch für diesen Fisch hier, der den ‹ersten Tisch› eröffnet – was sind das für reizende Kerle auf der Platte und was ist das für eine würzige Sauce!
AULUS	Verehrter Gnaeus, in einer Stadt der Rechtsgelehrsamkeit, wie Berytus eine ist, halten sich wohl selbst die Fischhändler an die Gesetze? Anderenorts sind sie ja, um mit einem alten Dichter zu sprechen, die größten Schufte gewesen. In einer Komödie von Alexis kommt ein schönes Gesetz der Athener vor: Verkauft ein Händler Fisch für einen kleineren Preis als den, den er selbst zuerst genannt hat, wird er ins Gefängnis abgeführt!
TITUS	Wieso denn das?
LUCIUS	Dummkopf, er fordert einen angemessenen Preis, weil er ja auch nicht auf seiner Ware sitzenbleiben will.
GNAEUS	Tja, so ein Gesetz ist hier unbekannt; wir müssten sonst wohl auch neue Gefängnisse bauen. Bist du sicher, Aulus, dass das in Athen funktioniert hat?

LUCIUS	Was sollen uns noch diese uralten Athener! In Syrien wird munter ge-feilscht, natürlich auch auf dem Fischmarkt. Und diese herrlich frischen, leckeren Seebarben sind ihren Preis sicher wert.
MARCUS	Aufgepasst! Da kommen weitere Schüsseln, in denen es dampft.
TITUS	Soweit ich das sehen kann, ist es Fleisch in schwarzer Sauce.
GNAEUS	Lasst euch das edle Rotwild schmecken! Ich habe einen geschickten Jäger an der Hand, der mir vom Hermon-Gebirge Hirschböcke und Rehe bringt.
MARCUS	Gratulation, bester Gnaeus, das nenne ich ein vollendetes Gastmahl! Meer und Berg vereint auf unseren Tischen!
LUCIUS	Und die Sauce, ihr Freunde, ist in der Harmonie von Süße und Schärfe perfekt gelungen! Das Schwarze sind doch wohl Damaszenerpflaumen, oder?
AULUS	Schau an, gesund ist das Essen auch noch!
TITUS	Ich dachte schon, das Schwarze ist purer Pfeffer.
AULUS	Tatsächlich, das könnte man meinen – da hätte unser Gnaeus ein klei-nes Vermögen investiert!
GNAEUS	Liebe Freunde, mag euch die Kunst meines Koches den Gaumen auch allzu sehr gekitzelt haben, so soll doch noch ein milder ‹zweiter Tisch› jung und alt besänftigen!
TITUS	Etwa Eier?
LUCIUS	Ja! In einer raffinierten Zubereitung mit Milch, Süßwein und Honig!
MARCUS	Hmm – wie das duftet! Der Honig ist erstklassig.
AULUS	Wie gesagt, man isst bei Gnaeus nicht nur bestens, sondern auch sehr gesund! Der Philosoph Demokrit empfiehlt, sich inwendig mit Honig und äußerlich mit Öl zu netzen, wenn man gesund bleiben möchte.
LUCIUS	Und ich habe mal gehört, dass auf der Insel Korsika, nicht weit von Ita-lien nach Westen liegend, die Bewohner äußerst langlebig sind, weil sie in großen Mengen Honig essen!
MARCUS	Das ist ein gutes Stichwort, lieber Lucius – wir wollen unserem verehr-ten Gastgeber, der uns in seiner syrischen Stadt so ganz außerordentlich verwöhnt hat, ein wahrhaft langes Leben wünschen: Korsika mag weit sein, hier sind der Libanon, der Hermon und die liebliche Oase Damas-kos nahe!
GNAEUS	Zu liebenswürdig. Mit Blick auf die dunkle Wolke über Iudaea möchte ich deinen Spruch, Marcus, etwas abwandeln: Mag Jerusalem nicht weit sein, nah ist uns allen stets Rom!

MENÜ ZU KAPITEL XII

VORSPEISEN:

Cucurbitae more Alexandrino (Kürbis Alexandriner Art)
Patina de persicis (Pfirsich-Patina)

HAUPTSPEISEN:

Ius in mullos assos (Gegrillte Seebarbe)
In cervum assum iura ferventia (Hirschbraten süß-sauer)

NACHSPEISE:

Dulcia (Warme Eiercreme)

CUCURBITAE MORE ALEXANDRINO

«Lasse die abgekochten Zucchetti abtropfen, bestreue sie mit Salz und lege sie in eine Pfanne. Dann stampfe im Mörser Pfeffer, Kümmel, Koriandersamen, frische Minze, Laserwurz, liquamen, Jerichodatteln und Pinienkerne. Verarbeite dies alles gut, mische es mit Honig, Essig, liquamen, defrutum und Öl und gieße diese Mischung über die Zucchetti. Lasse das Ganze noch einmal aufkochen, bestreue es mit Pfeffer und serviere.»

- Ca. 600 g Fruchtfleischwürfel vom Muskatkürbis in nicht zu viel Wasser garen (ca. 30 Minuten), dann gut abtropfen lassen.
- In der Zwischenzeit 50 g entkernte Datteln kleinschneiden, 20 g Pinienkerne hacken; beides mit 2 EL feingeschnittener frischer Minze vermischen und mit 1 EL frisch gemahlenem Pfeffer, je 1 TL gemahlenem Koriander und Ingwerpulver würzen.
- Eine Marinade aus 2 EL Weißweinessig, 2 EL Süßwein, 1 EL Worcestersauce und 4 EL Öl rühren, diese mit der Dattelmischung vermengen.
- In einer breiten Pfanne 3 EL Honig erhitzen, die Kürbisstücke hineingeben und leicht salzen, dann die Sauce dazugießen und alles kurz aufkochen lassen; anrichten und mit frisch gemahlenem Pfeffer bestreut servieren.

PATINA DE PERSICIS

«Schäle ziemlich harte Pfirsiche, schneide sie in Stücke und lasse sie kochen. Dann gib sie in eine flache Schüssel, gieße etwas Öl darüber und serviere sie mit Kümmelsauce (aus liquamen, Öl, Wein und Kümmel).»

Vorbemerkung:
1. Im *Kochbuch des Apicius* folgt auf das Rezept für die Pfirsich-Patina unmittelbar dasjenige für eine Birnen-Patina, in dem es heißt *«Füge Eier hinzu, um eine Patina-Mischung zu machen»*, während für die Quitten-Patina allem Anschein nach keine Eier verwendet wurden. Es scheint indessen angeraten, bei den Pfirsichen, die sich in ihrer Konsistenz mit Birnen eher als mit Quitten vergleichen lassen, tatsächlich auch Eier zu verwenden.
2. E. Alföldi-Rosenbaum empfiehlt als «Kümmelsauce» diejenige, die im Kochbuch des Apicius zu Austern empfohlen wird (*«Nimm Pfeffer, Liebstöckel, Petersilie, getrocknete Minze, Lorbeerblatt, Malabathrum, reichlich Kümmel, Honig, Essig und liquamen»*), doch erscheint für das Aromenspektrum von Pfirsichen eine schlichte Kümmelsauce (wie für *cauliculi* ‹Kohl›) eher besser.

- Ca. 700 g noch harte Weinbergpfirsiche waschen, halbieren und nach Entfernung des Kernes in schmale Spalten schneiden.
- In einen nicht zu großen Topf mit 2–3 EL kochendes Wasser geben, bei mittlerer Temperatur unter gelegentlichem Umrühren garen lassen; nach ca. 10 Minuten den Topf vom Feuer nehmen, die Pfirsiche noch mehr zerdrücken und etwas abkühlen lassen.
- 3 Eier verschlagen, zu der nicht mehr heißen Pfirsich-Masse geben, erneut heiß werden und bei mittlerer Hitze ca. 10 Minuten stocken lassen.
- In der Zwischenzeit die Kümmelsauce bereiten: 2 EL Wein mit je 1 TL grob gemahlenen Kümmelsamen und Sardellenpaste verrühren, dann 2 EL Olivenöl hinzugeben.
- Die inzwischen feste Pfirsich-Ei-Masse in eine Schüssel geben und die Kümmelsauce darüberträufeln.
- Dieses Gericht kann heiß oder lauwarm serviert werden.

IUS IN MULLOS ASSOS

«Nimm Pfeffer, Liebstöckel, Raute, Honig, Pinienkerne, Essig, Wein, liquamen und etwas Öl. Lasse die Sauce heiß werden und gieße sie über die Fische.»

- Den Backofen auf 180 °C vorheizen.
- 4 Meerbrassen (à 350–400 g) waschen und trockentupfen – ggf. zuvor ausnehmen und schuppen –, dann rundum leicht salzen, auf ein gut geöltes Backblech legen; auf der untersten Schiene ca. 30 Minuten garen.
- Inzwischen für die Sauce in einem kleinen Topf 3 EL Essig und 4 EL Wein mischen, darin sowohl 2 EL Honig als auch 1 EL Sardellenpaste auflösen, dann je 1 TL frisch gemahlenen Pfeffer und getrocknetes Liebstöckelkraut sowie 1 Messerspitze gemahlenen Piment hinzufügen.
- In die Sauce 2 EL Öl rühren, zum Schluss 2 EL Pinienkerne hinzufügen. 5 Minuten vor Ende der Garzeit des Fisches die Sauce erhitzen, wenn sie aufgekocht ist, den Herd abschalten und stehen lassen.
- Den Fisch aus dem Ofen nehmen, ihn von beiden Seiten von der Haut befreien und so auf einer Platte anrichten, die heiße Sauce darüber geben und servieren.

IN CERVUM ASSUM IURA FERVENTIA

«Nimm Pfeffer, Liebstöckel, Petersilie, eingeweichte (gedörrte) Damaszenerpflaumen, Wein, Honig, Essig, liquamen, etwas Öl. Rühre mit einem Bündel Lauch und Bohnenkraut um.»

- 200 g Dörrpflaumen kleinschneiden und in einem Topf mit 325 ml Rotwein, 100 ml altem Sherryessig, 3 EL Worcestersauce und 1 EL Honig einweichen.
- Indessen von einer dünnen Lauchstange das untere Ende abschneiden, die Stange halbieren und mit 6 Zweigen Bohnenkraut fest zusammenbinden.
- Dem Wein-Pflaumen-Gemisch 1 EL Öl, 1 EL frisch gem. Pfeffer und 1 EL gehackte Liebstöckelblättchen hinzufügen, aufkochen und auf mittlerer Flamme eindicken lassen, dabei mit dem Lauch-Bohnenkrautgebinde häufig umrühren.
- Inzwischen den Ofen auf 90 °C vorheizen, dabei eine ofenfeste Form miterwärmen.
- Ca. 500 g Hirsch- oder Rehfleisch (Lende, Filet o. ä.) waschen, trockentupfen, leicht salzen und pfeffern, in 1 EL Öl von allen Seiten anbraten, dann auf der gewärmten Form im Ofen 30 bis 45 Minuten langsam durchgaren.
- Kurz vor Ende der Garzeit des Fleisches in die eingedickte Sauce noch 1 EL feingehackte Petersilie geben.
- Nach Geschmack den beim Garen ausgetretenen Wildfleischsaft hinzugeben, falls eine dünnere Sauce gewünscht wird, noch Rotwein zugeben.
- Das Fleisch aufschneiden und mit der Sauce angerichtet servieren.

Ausschnitt aus einem Wandfresko in einer römischen Villa: Hirsch
(Palazzo Massimo Rom)

DULCIA

«Stampfe Pfeffer, Pinienkerne, Honig, Raute und passum: koche dies in Milch und angerührtem Mehl (tracta). Wenn die Masse breiig zu werden beginnt, rühre einige Eier darunter und lasse sie wieder aufkochen. Übergieße mit Honig, bestreue mit Pfeffer und serviere.»

Vorbemerkung: Diese heiße Eiercreme erinnert an die italienische Süßspeise *crema pasticcera*; es ist vorgeschlagen worden, das Rezept unter Verzicht auf die bittere Raute zu realisieren, doch wenn man als Ersatz für Raute Zitronenmelisse nimmt, erhält man ein feines Geschmacksergebnis.

- Die einige Stunden vorher (oder über Nacht) in 4 EL Süßwein eingeweichten 100 g Pinienkerne pürieren oder zerstampfen.
- 3 Eier mit 400 ml Milch, 3 EL Mehl und 1 TL frisch gemahlenem Pfeffer verrühren.
- In einem passenden Topf unter Rühren aufkochen; vom Herd nehmen, die Pinienkerne und 1 EL feingeschnittene Blättchen Zitronenmelisse hinzufügen und auf kleiner Flamme ca. 20 Minuten weiterkochen.
- Die Creme auf Portionsschälchen verteilen, in jedes 1 TL Honig und 1 Prise Pfeffer geben und servieren.

GERMANIA MAGNA

OCEANUS BRITANNICUS

London
(Londinium)

Xanten

Menapii

Köln
(Colonia Claudia)

GERMANIA
INFERIOR

Rhein

(*Maas*)

Maas

Mainz

Treveri

Trier
(Augusta Treverorum)

Amiens

B E L G I C A

Reims

Mediomatrici

(*Rhenus*)

Seine
(Sequana)

Aulerci

Paris
(Lutetia)

Senones

Leuci

Aremorica

G A L L I A

Châtillon-sur-Seine

L U G D U N E N S I S

(Arar)

Sequani

(*Liger*)

Loire

Helvetii

Pictones

Saône

Lemovices

Lyon
(Lugdunum)

Donau
(Danuvius)

A Q U I T A N I A

Arverni

Vienne
(Vienna)

Allobroges

ITALIA
ANNONARIA

Bordeaux
(Burdigala)

Dordogne
(*Duranius*)

Cevennen

(Rhodanus)

Vocontii

Garonne
(*Garunna*)

Orange
(Arausio)

Tarbelli

Nîmes
(Nemausus)

Toulouse
(Tolosa)

N A R B O N E N S I S

Glanum

Arles
(Arelate)

Fréjus
(Forum Iulii)

Béziers
(Baeterrae)

Narbonne
(Narbo)

Marseille
(Massalia)

Rhône

Öl

Pyrenäen

**MARE
INTERNUM**

Öl

Lachs

Wein

Käse

HISPANIA

0 20 40 60km

KAPITEL XIII

Galliae –
Tapferkeit und Tafelfreuden

Dass «*ganz Gallien in drei Teile gegliedert*» war, wie C. Iulius Caesar in seinem Kriegsbericht über den von ihm provozierten und siegreich geführten *bellum Gallicum* (Gallischer Krieg) einleitet, ist heute wohl weniger geläufig als der Hinweis, dass ein einziges kleines gallisches Dorf dem Herrschaftswillen Roms trotzte. Mit dem römischen Gallien assoziiert man eher die Comic-Figuren Asterix und Obelix, die am liebsten Legionäre verprügeln und gegrilltes Wildschwein verspeisen, als die lange Geschichte der Romanisierung des Keltenlandes in Westeuropa.

Das von rund dreißig keltischen Stämmen besiedelte Gallien zwischen Mittelmeerküste, Pyrenäen, Atlantik und dem langen Rheintal gliedert sich in unterschiedliche, doch samt und sonders fruchtbare Landschaften. Diese sind untereinander sowohl durch die großen schiffbaren Flüsse – nämlich Rhenus/Rhein, Mosa/Maas und Rhodanus/Rhône, Sequana/Seine und Liger/Loire, Garunna/Garonne und Duranius/Dordogne – und nicht wenige kleinere Flüsse verbunden, als auch durch die von Ost nach West und von Süd nach Nord laufenden Straßen. Daher fanden dort Landwirtschaft und Handel die besten Voraussetzungen, wie bereits für die archaische Zeit (7.–5. Jahrhundert v. Chr.) der wegen seiner Größe erstaunliche Bronzekrater von Vix/Châtillon-sur-Seine bezeugt: Er ist als Gastgeschenk oder Handelsgut von den kleinasiatischen Phokäern, die Massalia gegründet hatten, zu den Kelten gelangt. Dem regen Handelsaustausch diente im 3. Jahrhundert v. Chr. das von Griechen vielbesuchte keltische Städtchen Glanum/St. Rémy de Provence; später kamen auch entsprechende Marktflecken – etwa bei Arelate – hinzu.

Mit der Einrichtung der Provinz *Gallia Transalpina* bzw. *Narbonensis*, dem damit einhergehenden Straßenbau sowie infolge der Ansiedlung zumal von Veteranen des C. Iulius Caesar – etwa in Arausio (heute Orange), Arelate (heute Arles), Baeterrae (heute Béziers), Vienna (heute Vienne) – entstand dort eine Art gallisches Italien mit einer blühenden Agrarwirtschaft, die der Befriedigung des wachsenden Eigenbedarfs diente (Getreide, Wein, Öl, Feigen, Pfirsiche, sonstiges Obst), aber auch zunehmend mit Überschüssen für den Handel mit anderen Teilen Galliens oder mit Italien aufwartete. Erzeugnisse der Vieh- und Milchwirtschaft in den Cevennen, Fischfang und -konserven an der westligurischen Küste wurden nach Italien exportiert; von dort bezogen die Einwohner der norditalienischen *Gallia togata*

Wein, Bronzegerätschaften, Gläser und nicht zuletzt luxuriöses Baumaterial, nämlich Marmor.

Die Gewinnung der *Gallia Comata*, zumal nach der Provinzreform des Augustus – in deren Zuge u. a. auch das keltische Städtchen Nemausus (heute Nîmes) zu einer römischen *Colonia* wurde –, förderte auch die *Gallia Narbonensis* nicht zuletzt dadurch, dass die Germanenfeldzüge der frühen Kaiserzeit mit dem fortgesetzten Straßenbau und den Militärlagern an der Rheinfront neue Absatzmöglichkeiten eröffneten. Äußere Zeichen für den zunehmenden Wohlstand sind die geräumigen Gutshäuser und die stattlichen Dörfer entlang der Straßen – Erstere mit Letzteren durch ein dichtes Wegenetz verbunden –, aber auch die Gesellschaften (*collegia*) der Flussschiffer, die den lokalen Verkehr zu Wasser zu gewährleisten hatten und von denen inschriftliche Zeugnisse künden, sowie der archäologisch nachweisbar gewachsene Umfang der Keramikproduktion: Zunächst im Gebiet von Lyon, später in Mittel- und schließlich in Nordgallien entstanden Manufakturen für feines Tongeschirr (*terra sigillata*), die nicht nur den provinzialen Eigenbedarf deckten, wodurch Importe aus Italien verzichtbar wurden, sondern ihrerseits in Italien selbst der heimischen Produktion

Detail einer Statuengruppe aus Ostia:
zwei zum Transport an den Sattel eines Maultieres gebundene Gänse (Museum Ostia)

scharfe Konkurrenz machten. Im Verlauf des späteren 1. und des 2. Jahrhunderts n. Chr. belieferten gallische Töpfer darüber hinaus Germanien und Britannien. Von Lyon aus verbreitete sich in gleicher Weise die Glasproduktion; so entstanden bedeutende Werkstätten im Gebiet von Rouen, Reims und Amiens, schließlich aber auch am Rhein und insbesondere bei Köln.

Wiederum sind es vornehmlich Inschriften, die dokumentieren, dass mit den vielfältigen Handelsaktivitäten – in den gallischen wie in allen anderen römischen Provinzen – die Internationalisierung der Einwohnerschaft zumindest der bedeutenden Provinzstädte einherging. So sind beispielsweise für Lugdunum/Lyon und Burdigala/Bordeaux nicht nur Landsleute aus anderen Teilen Galliens belegt, sondern auch Reisende bzw. Händler oder vorübergehend Ansässige aus Italien, Spanien, Afrika, Syrien und Griechenland. Dem entspricht, dass in den anderen Provinzen – bis in die Donauregion und ins östliche Kleinasien hinein – bzw. in der Hafenstadt Ostia bei Rom Gallier als Händler in Erscheinung treten.

Merkmale der ländlichen Prägung insbesondere der Regionen *Lugdunensis* und *Belgica* waren stets eine intensive Vieh- und Weidewirtschaft. Aus der Wolle, die die in allen gallischen Provinzen intensiv betriebene Schafzucht hervorbrachte, produzierten Webereien die charakteristischen Kapuzenmäntel (*caracallae*) und andere strapazierfähige Kleidung nicht nur für die römischen Truppen an der Rheingrenze; die Weber verstanden sich vielmehr auch auf feinere Stoffe für den weiteren Export. Andere Textilfabrikanten verarbeiteten – zumal in Nordgallien – die von den verbreiteten Geflügelzüchtereien gelieferten Gänsefedern und -daunen zu Bettdecken, die auch über die eigene Region hinaus verkauft wurden.

Aus dem mittleren und nördlichen Gallien, wo eine äußerst einträgliche Landwirtschaft betrieben wurde, exportierten Geflügelzuchtbetriebe gleichermaßen Eier wie Gänsefleisch. Andere Spezialitäten aus dieser Region waren beispielsweise die fetten Schinken und Würste aus umfangreicher Schweinehaltung; sie gelangten wohl zumeist als geräucherte Ware auf die Tische Südgalliens, Spaniens und waren beliebte Bestandteile des für jeden Speiseluxus stets empfänglichen Italien. In Nordgallien wurde indessen auch für den gehobenen Eigenbedarf angebaut – nicht zuletzt die Gerste zur Bierproduktion der jedem Asterix-Leser bekannten *cervesia*; ein kleiner Teil davon wurde sogar nach Britannien und Germanien exportiert.

In anderen Landschaften Galliens florierte der Weinbau – gerade in *Aquitania* entlang der Garonne bis nach Burdigala (heute Bordeaux) und in der Provinz *Belgica* an der Mosel. Wegen seiner hohen Qualität, aber auch wegen der ausreichenden Quantität konnte der gallische Wein zudem nach Italien und in andere Regionen des Reiches ausgeführt werden. Der Exportstärke der gallischen Wirtschaft entsprach ein reger Import von Waren, die dem gehobenen Lebensstil der besseren Gesellschaft in den Provinzen zugute kamen: Fischkonserven aus Südgallien und Spanien, darüber hinaus von den Nachbarn südlich der Pyrenäen, aber auch aus Italien Wein und Öl, zudem Schmuck und wertvolles Hausgerät.

Produziert wurde allenthalben auf den Ländereien der Großgrundbesitzer, die einer zunehmend romanisierten Oberschicht entstammten. Man lebte in reich ausgestatteten *villae rusticae* (Gutshöfen), während das Ackerland von Kleinbauern gepachtet und bearbeitet wurde. Zahlreiche archäologische Fundstätten zeugen davon, dass den gallischen Grundherren kein Luxus des *Imperium Romanum* fremd war: Man baute mit Marmor und legte die Gutshäuser nach italischem Vorbild an. Weder fehlten Thermenanlagen noch Bodenheizungen, noch eine großzügige Ausschmückung zahlreicher Räume mit Wandmalerei und Mosaikböden. Für jeden ordentlichen Provinzmagnaten war das *Triclinium*, der Speiseraum, von zentraler Bedeutung, wo er – ebenso selbstverständlich – nach dem Vorbild der römischen und der provinzialen Führungseliten tafelte. Was er dabei auf den Tisch brachte, kam freilich zumeist aus der Region, folgte man doch in dieser Hinsicht weiterhin dem heimischen Geschmack.

Mein lieber Atilius Geminus,

bei meinem Abschied aus Kampanien hattest du mich wissen lassen, dass du viele und lange Briefe von mir zu erhalten wünschst, und sagtest, dass es dich erfreuen wird, Neuigkeiten aus Gallien zu erfahren, wo du einst als Finanzbeamter in der *Narbonensis* tätig warst. Das ist freilich schon viele Jahre her und du hast dich auf deine Ländereien zurückgezogen, wo ich vor der Abreise deine Gastfreundschaft genießen durfte. Es soll dich nun also der erste der versprochenen Briefe erreichen!

Als sorgfältiger Landwirt, als den ich dich kenne, wird es dich interessieren, was sich in diesen Provinzen tut, die erst kürzlich unser bester Kaiser Hadrian durchquert hat, um bei den tätowierten Briten nach dem Rechten zu sehen!

Indessen muss ich gestehen, dass ich, obschon einige Monate unterwegs, noch nicht nach *Gallia Belgica* gekommen bin, obwohl mich ein alter Freund sehr dringend an die Mosel eingeladen hat, wo er sich seit einigen Jahren dem Weinbau widmet und schöne Erfolge erzielt. So kann ich dir zunächst nur aus der ganz alten hiesigen Provinz sowie aus der *Aquitania* berichten. Derzeit halte ich mich zwar bei einem Freund nahe *Lugdunum* auf und kann bestätigen, was man in Rom schon seit längerem hört: Diese Stadt hat sich zu einer wahrhaft glänzenden Metropole entwickelt! Aber hier ist man noch lange nicht in der ausgedehnten Provinz *Lugdunensis*; dazu müsste man ins Gebiet der Häduer, Senonen und Lingonen reisen – und eben das habe ich demnächst vor! Ich werde dir dann auch Antwort geben können auf jene Frage, die du mir aufgetragen hast, als wir uns so köstlich über ein Gedicht Martials amüsierten, darin er von einem riesigen Gallier, einem Lingonen, plaudert, der nächtens in einer der Straßen Roms gestürzt war und nur mithilfe von vier Leichenträgern wieder auf die Füße kam. Du willst nun von mir wissen, ob alle Lingonen solche Hünen sind, und sobald ich zum Oberlauf der Sequana gekommen bin, werde ich mehr darüber wissen und dir berichten!

Jetzt aber beherbergt mich noch ein gastliches Landhaus am Ufer des Arar; so finde ich endlich die Muße, dir die begehrten ersten Nachrichten über mein Wohlergehen zu schicken: Wie geplant habe ich nach Westen die uralte *Via Domitia* genommen, die neuerdings ja *via Aurelia* heißt. Bei Forum Iulii empfing mich ein Cousin meiner Mutter auf seinem Gütchen – einem prächtigen Anwesen – und hat mich zu einer mehrwöchigen Rast genötigt wegen der gesunden Luft. Und wirklich hat sich mein lastender Husten gebessert! Vor allem scheint mich die gute Milch jener Gegend kuriert zu haben, der ich – ganz gegen meine sonstige Gewohnheit – ebenso gern wie dem hierzulande allerorts gerühmten Käse aus den Cevennen zugesprochen habe.

Alsdann hat mich das schöne alte *Massalia* gefesselt, das Zentrum der Bildung und sozusagen das gallische Athen, so dass ich dort länger als geplant verweilte. Bei einem Buchhändler erstand ich das Geschichtswerk unseres geschätzten Cornelius Tacitus. Du hättest den Kauf nicht getadelt; ich tätigte ihn in der Annahme, während meiner weiteren Reise dieses Buch schwerlich noch anderswo zu finden. In der Tat hätte ich von *Narbo* bis *Burdigala* vergeblich danach gesucht, aber in *Lugdunum* sah ich es wieder angeboten. Dort entdeckte ich übrigens auch eine neue Ausgabe der Episteln unseres verehrten C. Plinius Secundus.

In den so vertraut italisch-römisch wirkenden Städten der *Narbonensis* hielt ich mich an verschiedenen Orten jeweils länger auf; und trotz des angenehmen Klimas und allen nur wünschbaren Komforts war dieser Teil der Reise doch recht anstrengend. Es herrscht in den Hafenquartieren von *Arelate* und *Nemausus* ein gewaltiger Trubel: Während hier Tongeschirre, Holz und Textilien aus gallischer Produktion verladen werden, sind es dort vor allem die reichen Erzeugnisse des fruchtbaren Landes. Da ich einige Geschäfte zu erledigen hatte, blieb nur wenig Zeit für Ruhepausen. Einmal speiste ich bei einem offenbar sehr wohlhabenden Landsmann, der mich – frag mich nicht, wie ich dazu kam – zum Abendessen eingeladen hatte. Ich berichte dir davon, weil es unglaublich ordinär zuging! Zwischen den Tischen trieben Tänzer und Narren ihren Schabernack, so dass man kaum Gelegenheit zu einer gepflegten Unterhaltung auf den Speisesofas fand, ja nicht einmal die vorzüglichen Speisen recht würdigen konnte. Indessen sprach mich doch mein Nachbar zu meiner Überraschung ganz unverblümt darauf an, dass der Hausherr seine Gäste in unterschiedlicher Weise bewirtete: Einige, darunter auch wir, bekamen auserlesene Gerichte vorgesetzt, andere dagegen schäbige Portionen. Ich sollte nun sagen, was ich darüber dachte und ob es so auch in Rom zuginge. Ich gestand – und du weißt, dass ich dies schon öfter geäußert habe –, dass ich dies Gebaren, das aufs hässlichste Luxus und Geiz verbindet, ungehörig finde. Aber ich konnte schlechterdings nicht leugnen, dass auch bei uns immer wieder Gastgeber glauben, auf eine solche beleidigende Art sparen zu können, um zugleich großartig dazustehen. Um den guten Mann, übrigens ein Ölexporteur, etwas aufzuheitern, zitierte ich ihm das Epigramm unseres wunderbaren Martial:

Ein Brief aus Gallien

*«Wenn deine Sportel gleich auf einmal hundert Gäste abzuspeisen hat,
kannst du gerauchten Wein anbieten von Marseille.»*

Auf meine Frage, wie es heute damit stünde, erfuhr ich, dass der «*im Massilier-Rauch
gekochte Most*» der Vergangenheit angehört, jedenfalls in anständigen Häusern!

Von der *Narbonensis* aus ging's endlich ins ‹wilde› Gallien – doch weißt du selbst,
dass die Zeiten längst vorbei sind, in denen die Gallier langhaarig und in ihren weiten Hosen herumliefen! Heute ist ganz Gallien mit der Toga bestens versehen, sofern, aber auch das weißt du aus eigener Erfahrung, nicht Kälte und Regen selbst
einem eingefleischten Römer die *caracalla*, den dicken Kapuzenmantel, haben vertraut werden lassen.

Mein Weg führte mich gleich weiter an die Küste des Oceanus, denn ich hatte in
Burdigala zu tun. Dort lebt übrigens eine erstaunliche Menge von Griechen, Afrika-
nern und sogar Syrern, die in ihren Handelsbüros Frachtgeschäfte aller Art betreiben.
Du wirst überrascht sein zu hören, auf welche Weise ich eine große Strecke meines
Weges dorthin zurücklegte: nämlich auf dem Fluss Garunna – eine bemerkenswert
angenehme Art zu reisen! Der Fluss passiert zudem eine liebliche Landschaft mit
Rebgärten; der dort angebaute Wein ist, wie ich mir habe erzählen lassen, von bester
Qualität, insbesondere der rote. Wenn ich wieder in Rom bin, werde ich mir davon
liefern lassen und du wirst staunen, wie bekömmlich er ist!

Ich will dich, bester Geminus, aber nun nicht mit allen meinen Reiseerlebnissen
ermüden. Nur noch soviel: Bevor ich nach *Lugdunum* gelangte, habe ich mir *Vienna*
etwas näher angesehen, ein Städtchen, welches Martial als reizend bezeichnet hat,
vermutlich weil man ihn wissen ließ, dort würden seine Verse von Jung und Alt ge-
lesen: «*Und auch das brave Weib liest mich dem finstren Gatten vor.*» Nun, man macht sich
in gewissen Kreisen in Rom doch ganz falsche Vorstellungen, wenn man meint, hier
seien früher die Sitten sehr lose gewesen, bis vor einigen Jahren der damalige Bürger-
meister die Sportwettkämpfe, die in griechischer Tradition mehr oder weniger nackt
ausgetragen wurden, abgeschafft hat. Weil jene Spiele auf eine testamentarische Stif-
tung zurückgingen, hätte er das nicht einfach allein entscheiden dürfen, aber im
Rechtsstreit in Rom wurde seine Maßnahme bestätigt und das Laster nun vermeint-
lich aus der Stadt vertrieben. Von einem gediegenen Gastmahl, zu dem ich in *Vienna*
eingeladen wurde, will ich dir noch einen kleinen Eindruck geben: Der Hausherr
stammt aus dem nördlichen Gallien, wo seine Familie einige offenbar sehr ausge-
dehnte Landgüter besitzt. Er tischte daher einige Spezialitäten jener Gegenden auf:
geräucherte Gänsebrust, gekochte Enten, zarten Schinken. Dank der Handelswege
auf dem Rhodanus verfügt man hier selbstverständlich auch über Fisch und jegliches
Gemüse, sogar über Datteln aus Syrien. Die größte Überraschung war jedoch ein
Wildschweinbraten, wie ich ihn mein Lebtag noch nicht genossen habe. Das Tischge-

spräch richtete sich auf eine erhoffte weitere Verbesserung des Verkehrs zwischen Süden und Norden, zwischen Mittelmeer und Nordmeer. Natürlich wurde des nun schon vor zwei Generationen geplanten und nie realisierten Projektes gedacht, einen Kanal zu bauen zwischen der Arar und Mosella, um auf diese Weise eine Verbindung zwischen Rhodanus und Rhenus herzustellen. Das ist damals bekanntlich an den Eifersüchteleien des Statthalters der *Belgica* gescheitert, weil für die Erdarbeiten die in Germanien stationierten römischen Truppen hätten eingesetzt werden sollen. Da es aber auch ohne den Kanal Transportmöglichkeiten für den Wein von der Mosella nach *Vienna* gibt, konnten wir uns des guten Tropfens gebührend erfreuen.

Du magst nun aus meinem Schreiben ersehen, dass es mir in Gallien ausgezeichnet gefällt. Ich bin sicher, dass es so ‹römisch›, wie ich es hier erlebe, auch in den anderen gallischen Provinzen zugeht und dort nicht etwa – wie man es in Rom immer noch dem alten Poseidonios glaubt – die Menschen ungesittet auf Heu an niedrigen Holztischen lagernd wenig Brot und viel Fleisch essen, zudem große Haxen- und Rippenstücke mit den Zähnen abnagen.

Möge dich mein Brief bei Gesundheit antreffen und ebenso mein nächster, den ich hiermit zusage!

Dein Decimus Bassus

MENÜ ZU KAPITEL XIII

VORSPEISEN:

Cardui (Gefüllte Artischocken)
Sarda (Fischsalat)

HAUPTSPEISEN:

Anas ex rapis (Ente mit Rübchen)
In Aprum assum iura ferventia
(Wildschweinbraten mit heißer Sauce)

NACHSPEISE:

Dulcia (Süße gebratene Brötchen)

CARDUI

«Bereite die Artischocken mit liquamen, Öl und gehackten hartgekochten Eiern zu.»

— In einem breiten Topf Salzwasser mit 3 EL Zitronensaft aufkochen.
— 4 kleine Artischocken putzen, d. h. jeweils das obere Drittel und den Stiel abschneiden, ebenso ggf. holzige Außenblätter bzw. Blattspitzen.
— Sofort im Zitronenwasser bei mittlerer Hitze ca. 25 Minuten ziehen lassen; dann abgießen und abkühlen lassen.
— Inzwischen 2 Eier hartkochen, abkühlen, pellen und fein würfeln; mit 2 EL Öl und 1 TL Sardellenpaste vermischen.
— Die Artischocken von der Mitte her aushöhlen, die Öffnung weiten und leicht pfeffern, dann mit einem Teelöffel die Eimasse einfüllen.

SARDA

«Bonito bereite auf folgende Art zu: Koche und entgräte den Fisch. Stampfe Pfeffer mit Liebstöckel, Thymian, Origanum, Raute, Jerichodatteln und Honig, gib dies in einen kleinen Topf und garniere es mit gehackten Dottern von hartgekochten Eiern. Dann gib noch etwas Wein, Essig, defrutum und bestes Öl dazu.»

— 2 Eier hartkochen, erkalten lassen; ca. 50 g entkernte Datteln fein würfeln.
— Fischfond oder Gemüsesud in einem geeigneten breiten Topf aufkochen, die Hitze herunterschalten und ca. 500 g gewaschenes und trockengetupftes Fischfilet (ggf. in großen Stücken) im nicht mehr kochenden Sud ca. 10 Minuten ziehen lassen.
— Den gegarten Fisch herausnehmen, etwas abgekühlt in mundgerechte Stücke zupfen und in eine Schüssel geben.
— Für die Sauce die Blätter von je 2 Zweigen Liebstöckel, Oreganum und Zitronenmelisse abstreifen und mit den Blättchen von etwa 4 Zweigen Thymian in einen Standmixer geben.
— 4 EL milden Essig, 3 EL Wein, 2 EL eingedickten Traubensaft, 1 EL Honig und 5 EL Öl dazugeben, schließlich die Datteln und 1 TL frisch gemahlenen Pfeffer; alles zu einer sämigen Sauce verarbeiten.
— Die Sauce über die Fischstücke geben, die Eidotter aus den Eiern lösen und über dem Salat zerbröseln; ggf. mit Kräutern dekoriert servieren.

ANAS EX RAPIS

«Wasche und dressiere den Vogel und koche ihn in einem großen Topf in Wasser mit Salz und Dill halbgar. Koche die Rüben, um ihnen die Herbheit zu nehmen. Nimm den Vogel aus dem Topf, wasche ihn nochmals und lege ihn in eine Kasserolle mit Öl und liquamen und einem Bündel von Lauch und Koriander. Gib eine gewaschene, feingehackte (ungekochte) Rübe dazu und lasse das Ganze schmoren. Nach einer Weile gieße defrutum hinzu, um Farbe zu geben. Bereite folgende Sauce: Pfeffer, Kümmel, Koriander, Laserwurzel; gib Essig und ein wenig von der Brühe hinzu, gieße dies über die Ente und lasse es aufkochen. Wenn es kocht, binde mit amulum und gib das Ganze über die Rüben. Bestreue das Gericht mit Pfeffer und serviere.»

Vorbemerkung: Mit den Rüben sind sehr wahrscheinlich weiße Rübchen gemeint (frz. Navets), weniger Möhren (= gelbe Rüben). Über die Art der Zubereitung – wie lange man sie kochen bzw. auf dem Herd oder im Ofen schmoren soll – gibt es unterschiedliche Ansichten.

- Eine Bauernente (ca. 2 kg) waschen, ggf. ausnehmen; in einem passenden Topf in Wasser mit 1 EL Salz und 1 Bd. Dill ca. 30 Minuten kochen.
- In der Zwischenzeit 750 g Navets schälen, eine Rübe (max. 100 g) in dünne Scheiben schneiden.
- Die Ente aus der Brühe nehmen, etwas abkühlen lassen. In einem Teil der Brühe die geschälten ganzen Navets kochen (ca. 30–40 Minuten).
- Die Ente in ca. 8–10 Stücke zerteilen, diese in einem Schmortopf in 2 EL Öl anbraten, die gescheibelte Rübe darüber verteilen, ein Bündel aus 4 Frühlings-

Bodenmosaik aus einer römischen Villa: Ausschnitt mit zwei Enten (nach einem älteren Vorbild ‹Pompeji›) (Palazzo Massimo Rom)

zwiebeln und einem halben Bund Koriandergrün darauflegen und zugedeckt bei mittlerer Hitze 10 Minuten anschmoren.

- In der Zwischenzeit eine Würzsauce herstellen aus je 1 EL frisch gemahlenem Pfeffer und Kümmel, 1 TL Ingwerpulver sowie 1 EL frisch gehacktem Koriandergrün; diese Gewürze werden mit 2 EL mildem Essig und ca. 2 EL von der Entenbrühe vermischt.
- Nach den 10 Minuten Schmorzeit zunächst 100 ml eingekochten Traubensaft (*defrutum*) in den Topf geben, nach weiteren 10 Minuten die Würzsauce hinzufügen.
- Alles aufkochen lassen, dann das Lauch-Koriander-Bündel entfernen. Die Fleischstücke herausnehmen, die Sauce durch ein Sieb geben, nochmals aufkochen lassen und (mit ca. 1 EL Speisestärke) binden.
- Die Navets aus ihrer Kochbrühe nehmen, in Scheiben schneiden und in einer Schüssel oder einer vertieften Servierplatte anrichten.
- Die Entenstücke darauf verteilen, zum Schluss die Sauce darüber geben; nach Geschmack mit frisch gemahlenem Pfeffer bestreuen und auftragen.

IN APRUM ASSUM IURA FERVENTIA

«Nimm Pfeffer, gerösteten Kümmel, Selleriesamen, Minze, Thymian, Bohnenkraut, Saflor, geröstete Pinienkerne oder Mandeln, Honig, liquamen, Essig, etwas Öl.»

Vorbemerkung: Man kann eine Wildschweinkeule von ca. 1,5 kg verwenden und diese im Ofen braten, beim Servieren dann die Sauce darüber geben. Alternativ können, wie hier vorgeschlagen, Wildschweinlendensteaks (500 – 600 g) bei niedrigen Temperaturen gegart werden.

- Den Ofen auf 90 °C vorheizen, darin eine ofenfeste Form aufwärmen.
- In der Zwischenzeit die Wildschweinsteaks waschen, trockentupfen und leicht pfeffern, dann in einer passenden Pfanne in 2 EL Öl ca. 8 Minuten rundherum anbraten.
- Die Fleischstücke in die vorgewärmte Form im Ofen legen und je nach Größe 30 bis 60 Minuten garen lassen; in der Bratpfanne den Bratensatz mit 10 EL Kräuteressig ablöschen und zugedeckt beiseitestellen.
- Für die Sauce in einer Pfanne ohne Fett 40 g gemahlene Mandeln und 1 EL Kümmelkörner rösten, aber nicht zu dunkel werden lassen.
- Von Thymian, Minze und Selleriegrün Blättchen abzupfen und feinhacken, jeweils 2 EL, von Bohnenkraut 1 EL.

- Ca. 10 Minuten vor dem Ende der Garzeit des Fleisches die Pfanne erneut erhitzen, in dem abgelöschten Bratensatz 1 Msp. Safranfäden und 3 EL Honig auflösen; mit 1 TL Selleriesalz und 1 gehäuftem TL frisch gemahlenem Pfeffer würzen.
- Die gehackten Kräuter, die geröstete Mandel-Kümmel-Mischung sowie zum Schluss 3 EL Öl hinzugeben und die Sauce aufkochen lassen.
- Das Fleisch aus dem Ofen nehmen und zum Anrichten aufschneiden.
- Den ausgetretenen Bratensaft ggf. zur Sauce geben, diese dann über das Fleisch gießen und servieren.

DULCIA

«Zerbrich Weizenbrötchen ohne Kruste und mache größere Brocken. Weiche sie in Milch ein und brate sie in Öl, gieße Honig darüber und serviere.»

- 4 Weizenmilchbrötchen in jeweils 3–4 Stücke zerteilen und in einer Schale mit ca. 400 ml (ggf. warmer) Milch übergießen, diese ca. 10 Minuten einziehen lassen.
- In einer Pfanne 6 EL Öl erhitzen, darin die leicht ausgedrückten Brötchen von beiden Seiten goldbraun braten.
- Auf einer Platte anrichten, mit 8 EL flüssigem Honig begießen und servieren.

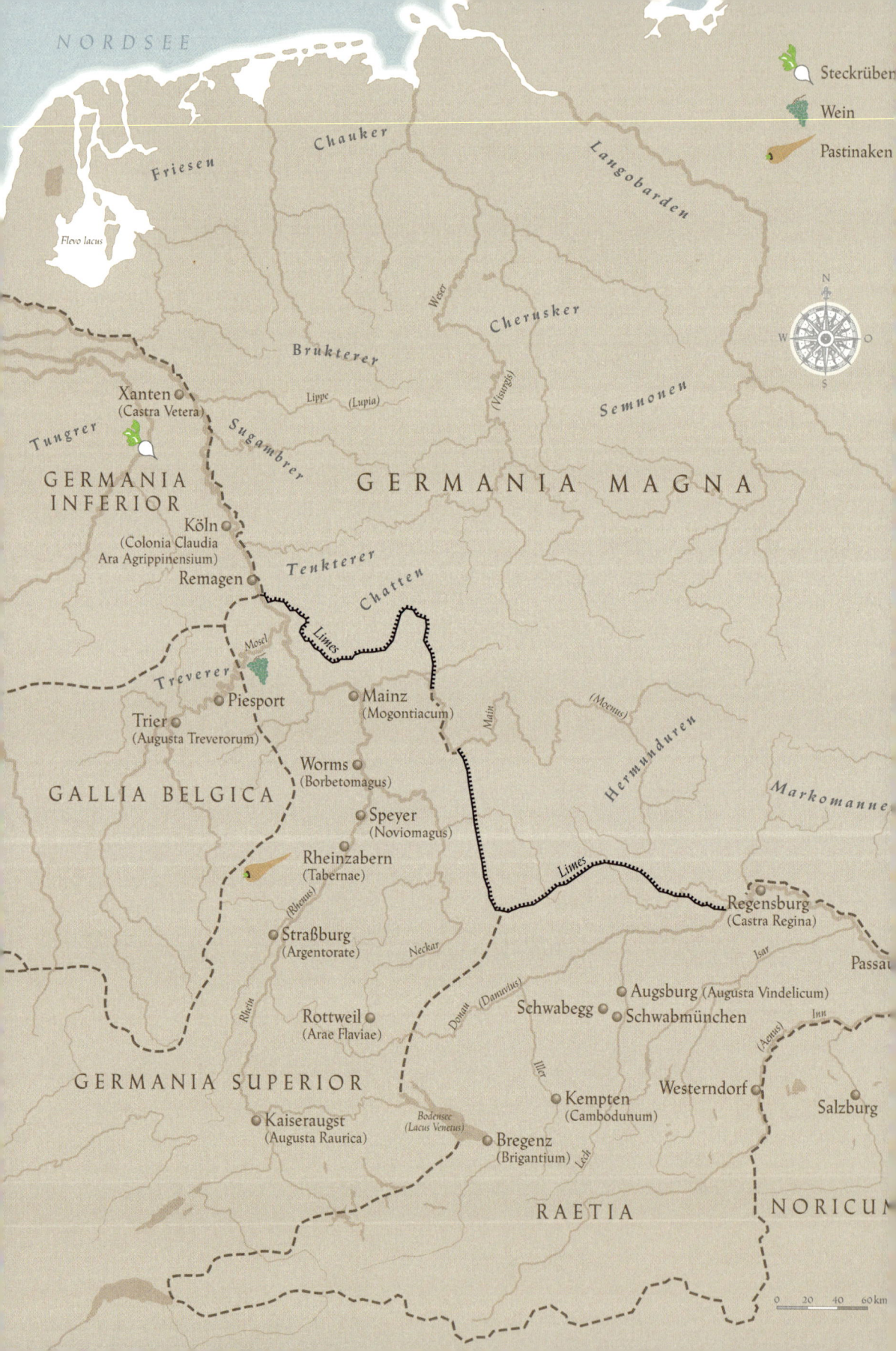

NORDSEE

Steckrüben

Wein

Pastinaken

Friesen

Chauker

Langobarden

Flevo lacus

Brukterer

Cherusker

Lippe (*Lupia*)

Weser

(*Visurgis*)

Semnonen

Tungrer

Xanten
(Castra Vetera)

GERMANIA
INFERIOR

Sugambrer

GERMANIA MAGNA

Köln
(Colonia Claudia
Ara Agrippinensium)

Tenkterer

Remagen

Chatten

Limes

Mosel

Treverer

Piesport

Trier
(Augusta Treverorum)

Mainz
(Mogontiacum)

Main

(*Moenus*)

Hermunduren

Markomannen

GALLIA BELGICA

Worms
(Borbetomagus)

Speyer
(Noviomagus)

Rheinzabern
(Tabernae)

(*Rhenus*)

Straßburg
(Argentorate)

Neckar

Limes

Regensburg
(Castra Regina)

Isar

Passau

Rhein

Rottweil
(Arae Flaviae)

Donau (*Danuvius*)

Schwabegg

Augsburg (Augusta Vindelicum)

Schwabmünchen

Inn

(*Aenus*)

GERMANIA SUPERIOR

Kaiseraugst
(Augusta Raurica)

Bodensee
(*Lacus Venetus*)

Iller

Kempten
(Cambodunum)

Westerndorf

Salzburg

Bregenz
(Brigantium)

Lech

RAETIA

NORICUM

0   20   40   60 km

KAPITEL XIV

Germaniae und Raetia –
Limes und Lebensräume

Dem *Imperium Romanum*, das sich als ein prinzipiell grenzenloses Herrschafts-
gefüge verstand, gelang es weder unter der iulisch-claudischen Dynastie
(27 v. Chr.–68 n. Chr.) noch unter den folgenden römischen Kaisern, die di-
rekte römische Herrschaft dauerhaft auf die Gebiete rechts des Rheins und nördlich
der Donau auszudehnen. Darüber täuschen auch die zeitweise jenseits der genannten
Grenzflüsse von römischen Truppen errichteten Kontroll- und Verteidigungssysteme
(*limes*) nicht hinweg. Wie auch immer sich die Herrschafts- und Verwaltungsverhält-
nisse in diesem Raum gestaltet haben mögen – viele Fragen in diesem Zusammenhang sind immer noch unbeantwortet –, können wir doch dank der archäologischen
Erforschung, die sich modernster Analysemethoden bedient, einen recht differen-
zierten Einblick in das Alltagsleben sowohl der römischen Truppen als auch der ihr
benachbarten Zivilbevölkerung gewinnen. So sind anhand von Essensresten in Ab-
fallgruben oder Lagerräumen die jeweiligen ‹Speisekarten› rekonstruierbar; und daraus wiederum ergibt sich ein ungefähres Bild von der landwirtschaftlichen Produktion und den dort importierten Waren.

Die wesentlichen Rahmenbedingungen für die Wirtschaft waren in den drei Provinzen *Germania Inferior*, *Germania superior* und *Raetia* insofern gleich, als die Stationie-
rung römischer Legionen und Hilfstruppen tausende zahlungskräftiger Teilnehmer
am Geschäftsleben bedeutete, die zudem auf Staatskosten mit Grundnahrungsmit-
teln, Kleidung und Ausrüstung versorgt werden mussten. Alle Militärlager befanden
sich in einem landwirtschaftlich geprägten Raum, der von einer germanisch-gal-
lischen Bevölkerung bewohnt und landwirtschaftlich genutzt wurde. Die Zusammensetzung der Provinzbevölkerung war im Einzelnen aber doch recht unterschiedlich
und veränderte sich zudem im Laufe der Zeit durch die Niederlassung von Veteranen – altgedienten Soldaten, die nach ihrem Ausscheiden aus dem Militärdienst versorgt werden mussten. Sie besaßen entweder als Legionäre das römische Bürgerrecht
ohnehin oder hatten es als Angehörige der Auxiliar-Truppen (aus fremden Völkern
rekrutierte Hilfstruppen der Römer) nach 25 Dienstjahren erhalten.

Um sich eine Vorstellung von den Beziehungen zwischen Truppen und ortsansäs-
siger Zivilbevölkerung zu machen, lohnt ein Blick in die römischen Legionslager und
Kastelle. In ihrer Nähe entstanden schon früh sogenannte *canabae* und *vici*, baracken-

artig angelegte, dörfliche Siedlungen. Dort ließen sich Handwerker, Gewerbetreibende, Händler und Gastwirte mit ihrem weiblichen Anhang nieder und machten mit den kaufkräftigen Soldaten ihre Geschäfte.

Besonders gründliche archäologische Forschungen etwa in Köln, das aus einem *oppidum Ubiorum* zur *Colonia Claudia Ara Agrippinensium* wurde, sowie in Augsburg, Kempten und Bregenz haben unser Bild von der historischen Entwicklung der römisch-germanischen Beziehungen deutlich geschärft. Das Gleiche gilt für die Arbeit der sogenannten Provinzialarchäologen, die sich näher mit den Überresten von großen Gutshöfen (*villae rusticae*) befasst haben, die sich in allen Provinzen im Hinterland der Siedlungszentren finden. Allerdings gab es auch überall kleinere Bauernsiedlungen und verstreute Höfe, deren Bewohner kaum über den Eigenbedarf hinaus Überschüsse produzierten, die sie hätten auf einem Markt feilbieten können. Die auf den größeren Gütern produzierten Lebensmittel, die in den Militärlagern und den Städten benötigt wurden, lieferte man bei den Römern ab, um die offenbar in Naturalien erhobenen Steuern aufzubringen. Die übrigen Erzeugnisse gelangten auf die lokalen Märkte, wo die Produzenten ihre Waren gegen Geld verkauften. Mit deren Erlös bestritten sie ihren Bedarf an handwerklichen Erzeugnissen und Geräten – sofern sie diese nicht auch im eigenen Betrieb herstellten. Größe und Ausgestaltung der *villae rusticae* waren vom Vermögen und wirtschaftlichen Erfolg des Besitzers abhängig. Die in den germanischen Provinzen und in Raetien unterschiedlichen Konsumentenwünsche führten dazu, dass sich im Rheinland insbesondere die Gartenkultur mit neuen Obstsorten (Äpfel, Birnen, Kirschen, Pfirsiche) und neuen Gemüse- und Gewürzpflanzen entwickelte, die im Voralpengebiet weniger ausgeprägt war. Ein besonderes Produkt weist das klimatisch begünstigte Moseltal auf, wo Wein angebaut, gekeltert und wohl größtenteils exportiert wurde. Dies bezeugen nicht nur Darstellungen auf Grabmälern wie demjenigen eines Weinhändlers in Remagen, das Weinfässer auf einem Ruderschiff zeigt, sondern auch jüngere Ausgrabungen in Piesport, wo so umfangreiche Kelterhäuser gefunden wurden, dass hier ein Domänengut in kaiserlichem Besitz vermutet wird, das einen Jahresertrag von etwa 300 000 Liter Wein erzielt haben dürfte.

In der Provinz *Raetia* zeigt sich ebenfalls ein breites Spektrum landwirtschaftlicher Betriebe: von kleinen Anlagen – zu denen auch die in vorrömischen Traditionen fortgesetzte Almwirtschaft (*nota bene*: durch den Fund von *Kuhglocken* nachgewiesen) im Gebirge zählt – bis zu prachtvollen Großhöfen vornehmlich im Lechtal, die Ratsherren von Augsburg gehört haben dürften. Nördlich der Donau wurden zu Beginn des 2. Jahrhunderts n. Chr. offenbar systematisch Veteranen angesiedelt, die sich repräsentative Steingebäude leisteten und wohl über 100 ha Ackerland verfügten.

Unabhängig von der Größe der Gutshöfe lässt sich feststellen, dass neben dem Getreideanbau – Weizen, Einkorn, Dinkel, Hafer und Gerste – die Viehhaltung eine

Germaniae und Raetia

große Rolle spielte, einschließlich der Pferdezucht für den Bedarf des römischen Militärs. Rinder und Ziegen wurden in erster Linie für die Herstellung von Käse, Schafe wegen ihrer Wolle gehalten. Als Schlachtvieh und mithin als Fleischlieferanten konnten anhand von Tierknochenfunden in den Siedlungen Schwein und Rind nachgewiesen werden. Wer einen Geflügelhof betrieb, bei dem dominierte das Haushuhn: und zwar offenbar nicht allein der Eier wegen, welche diese Tiere legen, sondern weil anderes Geflügel in *Raetia* selten war – etwa die in anderen Provinzen so beliebten Enten – oder (soweit dies aus den Knochenfunden zu erschließen ist) ganz fehlte wie die Gänse.

Eher selten wurde Fleisch von Damwild, Wildschweinen und Hasen verzehrt; auch Flussfische gelangten wohl nicht täglich auf den Tisch. Unter den Gemüse- und Obstsorten, die im Alpenvorland für den Eigenbedarf und für die lokalen Märkte angebaut wurden, sind Hülsenfrüchte (Linsen, Bohnen) sowie Äpfel und Haselnüsse am häufigsten nachgewiesen. Es finden sich allerdings in den paläo-botanisch auswertbaren Grabungsfunden – d. h. in Vorratsgefäßen, Grabbeigaben und in Latrinen – auch importierte Viktualien wie Esskastanien, Datteln und Feigen. Zudem bezeugen Transportamphoren für Wein, Most, Olivenöl und Fischsauce (*garum*) Fernhandelsbeziehungen vornehmlich nach Südgallien (Wein, Most), *Hispania Tarraconensis* (Wein) und *Baetica* (Öl, *garum*). Die in bemerkenswerter Zahl gefundenen Austernschalen lassen ferner auf Importe lebender Schalentiere in Fässern mit Seewasser schließen, vermutlich von der gallischen Atlantikküste.

Zum römischen *Lifestyle* gehörte neben den mediterranen Lebensmitteln qualitativ hochwertiges Essgeschirr für gehobene Ansprüche, das man zusammen mit den römischen Tafelsitten importierte. Menge und handwerkliche Qualität dieser feinen roten Keramikware (*terra sigillata*) lassen sowohl den Grad der Romanisierung als auch den Wohlstand ihrer Besitzer erkennen. Ähnlich wie in den anderen – vornehmlich den gallischen – Provinzen, ist zunächst im 1. Jahrhundert n. Chr. die Verwendung von Geschirr aus italischer Produktion zu beobachten, die dann, wie bereits angedeutet, von den Erzeugnissen süd- und mittelgallischer Töpferzentren abgelöst wurde (S. 172 f.). Während bis weit ins 2. Jahrhundert n. Chr. hinein das Geschirr aus ostgallischen Werkstätten den Markt bis in den Norden des Römischen Reiches dominierte, traten im letzten Viertel des Jahrhunderts, offenbar als Folge der Markomannenkriege (166–182 n. Chr.), Töpfereien in *Tabernae*/Rheinzabern mit ihren Erzeugnissen auf den Plan. Diese ergänzten nicht nur das Angebot an Terra Sigillata, das auch in lokalen Manufakturen hergestellt wurde, sondern verdrängten die Konkurrenz geradezu dadurch, dass sie Filialen gründeten, um näher am Konsumenten zu produzieren. So entstanden beispielsweise (um 175 n. Chr.) Rheinzaberner Ableger in Rätien im Augsburger Raum (Schwabmünchen, Schwabegg) sowie in Westerndorf bei Rosenheim, nahe der norischen Grenze, die auch für den

Export in andere Provinzen, zumal in den Donauraum arbeiteten. Die Waren der obergermanischen Töpferzentren und ihrer Filialen wurden dann im weiteren Verlauf des 3. und 4. Jahrhundert n. Chr. von Geschirr aus nordafrikanischer Produktion verdrängt, sehr wahrscheinlich nachdem die Alemanneneinfälle über den Limes in den Nordwestprovinzen des *Imperium Romanum* diesen Wirtschaftszweig hatten absterben lassen.

Publius Cornelius Tacitus (ca. 55 – ca. 118 n. Chr.), der bedeutendste römische Geschichtsschreiber der Kaiserzeit, schildert in seiner Schrift *Germania* nach einführenden Bemerkungen über die allgemeinen Sitten die Lebensräume und Charaktere der verschiedenen Germanenstämme außerhalb des *Imperium Romanum*. Dabei ging es ihm in erster Linie um die Konfrontation der römischen Dekadenz mit der ungebrochenen Urkraft der germanischen Barbaren, die er seinen Zeitgenossen als moralische Ermahnung vorhielt. Selbst dürfte Tacitus zeit seines Lebens wohl kaum einmal einen Germanen gesehen haben. Seine zeitgenössischen römischen Leser werden sich gefragt haben, wie es wohl um die Germanen innerhalb des *Limes* bestellt war. Dafür, dass sie eine deutliche Romanisierung dieser in einer römischen Provinz lebenden Germanen für selbstverständlich hielten, mag ein Epigramm Martials (40 – ca. 102 n. Chr.) sprechen, mit dem der Dichter die Rückkehr Kaiser Trajans aus Germanien herbeiwünscht (10.7):

> «*Rheinstrom, Vater du der Nymphen und der Flüsse,*
> *die den Schnee des Nordens in sich schlürfen,*
> *stets genieße du das Wellenspiel;*
> *dich zerfahren keine Barbarenkarren eines ungeschickten Ochsentreibers.*
> *Fließe so dahin mit goldnen Hörnern,*
> *du, ein Römerstrom zu beiden Ufern.*
> *Dieses bittet dich der Tiber noch, dein Herr:*
> *Gib Trajan zurück an seine Völker und an Rom!*»

Ein Hinweis in diese Richtung findet sich auch in der Beschreibung des Germanenstamms der Hermunduren durch Tacitus (Germ. 41), die «[…] *als einziger Germanenstamm nicht nur am Donauufer mit uns Handel* (sc. treiben), *sondern tief im Inneren und besonders in dem sich prächtig entwickelnden Hauptort unserer Provinz Rätien. Überall und ohne Geleit durch einen Wachposten dürfen sie über die Grenze. Und während wir den anderen Stämmen nur unsere Waffen und unsere Kriegslager zeigen, haben wir den Hermunduren unsere Häuser und Villen gastfreundlich aufgetan, ohne dass sie den Wunsch danach geäußert hätten* […].»
Auf die zivilisatorische Wirkung des Handels spielt auch eine Aussage des Autors zu den allgemeinen Trinkgewohnheiten der Germanen an (23): «*Als Getränk dient den Germanen ein Gebräu aus Gerste oder Weizen, das durch Gärung in eine Art Wein verwandelt*

wird. Außerdem kaufen die Anwohner des Rheins und der Donau echte Weine [...].» Dass Warenaustausch und Geldverkehr den grenznahen Germanen vertraut war, lässt sich aus einer anderen Passage schließen, in der es um die Wertschätzung von Edelmetallen geht (5): «*[...] Man kann die Beobachtung machen, dass ihnen silberne Gefäße, die ihre Gesandten und Fürsten als Geschenke erhielten, nicht mehr gelten als solche aus Ton. Die Grenznachbarn allerdings wissen wegen des regelmäßigen Handelsverkehrs mit uns Gold und Silber mehr zu schätzen [...].»* Im ‹freien› Germanien soll nach Tacitus der Viehreichtum der einzige Gradmesser für Besitz gewesen sein, doch schweigt der Historiker über Art und Umfang von Fleischgenuss, abgesehen von Äußerungen zur Beliebtheit der Jagd (15) und zu germanischen Speisesitten (23): «*[...] Die Speisen sind einfach: wildwachsendes Obst, frischerlegtes Wild oder auch Quarkkäse. Ohne umständliche Zubereitung, ohne besondere Gewürze wird der Hunger gestillt [...].»* Von barbarisch-rustikalen Essgewohnheiten wusste im 1. Jahrhundert v. Chr. bereits der griechische Geschichtsschreiber Poseidonios zu erzählen: «*Die Germanen genießen zum Frühstück gliederweise gebratenes Fleisch und trinken dazu Milch und ungemischten Wein.»* Dagegen findet sich bei Tacitus lediglich die Bemerkung anlässlich des Tagesablaufs bei den Germanen (22): «*[...] Nach dem Waschen nehmen sie das Frühstück ein, wobei jeder seinen Stuhl und ein besonderes Tischchen hat. Dann gehen sie an ihre Geschäfte [...].»*

Dass bei der Schlichtheit der Speisen von wildwachsendem Obst die Rede ist, passt zu der pauschalen Behauptung über die germanische Landwirtschaft (5): «*[...] Getreide gedeiht gut, dagegen eignet sich der Boden nicht für Edelobst [...].»* An einer anderen Stelle kritisiert der Römer die germanische Dreifelderwirtschaft (26): «*[...] Innerhalb des jedem zugeteilten Landstückes wechseln die Bebauer jährlich die Anbaufläche, und immer bleibt anbaufähiges Land unbestellt. Denn die Germanen nutzen die Ergiebigkeit des Bodens und seine Weiträumigkeit nicht durch intensive Bearbeitung aus, wie wir es tun; sie legen keine Obstpflanzungen an und kennen weder Wiesenkultur noch Bewässerung der Gärten. Es wird nur Getreide gesät; und man erwartet, dass die Erde es zur Reife bringt [...].»* Überhaupt brachte bei den Germanen die Feldarbeit keinerlei Prestige ein (14): «*[...] Ja, für faul und feige gilt, wer mit seinem Schweiß erwirbt, was er durch Blut gewinnen kann [...].»* Vielmehr überließen die Germanen (15) «*[...] die Sorge für Haus und Hof sowie die Feldarbeit den Frauen, den alten Leuten und überhaupt den körperlich schwächeren Mitgliedern der Familie [...].»*

Einen Einblick, wie weit die kulturelle Anpassung in Germanien fortgeschritten war, gibt auf ihre Weise die archäologische Erforschung der germanischen Provinzen wie der germanischen Siedlungen außerhalb des römisch kontrollierten Gebiets. Dabei lässt sich kein in großem Umfang organisierter Fernhandel der Römer nach Germanien feststellen, wenngleich – zumal im 2. Jahrhundert n. Chr. – Wein, Vieh und Getreide aus dem *Imperium Romanum* exportiert wurden, und zwar vermutlich im Austausch gegen Pelze, Bernstein und Sklaven sowie blondes Frauenhaar, das in Rom begehrt war und zu Perücken verarbeitet wurde. Die Einfuhrgüter kamen indes weniger aus Italien als vielmehr aus anderen Provinzen, insbesondere aus Gallien und jenen Teilen Germaniens und Rätiens, die hinsichtlich der Tafel- und Küchenkultur bereits deutlich romanisiert waren. Nicht nur in den Legionslagern verzehrten also die Soldaten mediterrane Lebensmittel, sondern auch in den *vici, municipia* und *coloniae* übte sich die finanzkräftige Bevölkerung in der Angleichung ihrer alltäglichen wie festtäglichen Speisen an jene der römischen Leitkultur.

Relief eines Grabdenkmals aus Augsburg:
Weinhändler mit Fässern auf dem Ochsenkarren (Römisches Museum Augsburg)

MENÜ ZU KAPITEL XIV

VORSPEISEN:

Betae elicae (Rote-Bete-Salat)
In fungis farneis (Marinierte Pilze)

HAUPTSPEISEN:

Conchicla Apiciana (Eintopf à la Apicius)
Ius in copadiis (Schnitzel mit Sauce)

NACHSPEISE:

Fructus (Früchte der Saison)

BETAE ELICAE

«Rote Bete lässt sich gut mit Senf, etwas Öl und Essig anrichten.»

Vorbemerkung: Der antike Hinweis auf den Senf sowie das Fehlen weiterer Gewürze lassen darauf schließen, dass der scharfe Senf (wie man ihn heutzutage mit Senfpulver erzeugen kann) als einziges Geschmackselement dominieren soll.

– 400 g Rote Bete (ca. 4 kleinere Knollen) ungeschält (!) in Salzwasser zugedeckt ca. 45 Minuten kochen. Anschließend abgießen und heiß die Schalen abstreifen.
– Inzwischen 0,5 TL Senfpulver in 1 EL Wasser auflösen, einige Minuten stehen lassen, dann mit 2 EL Rotweinessig und 3 EL Öl verrühren.
– Die Rote-Bete-Rüben achteln oder in dickere Scheiben schneiden, in eine Schüssel geben und die Sauce darüber gießen.

IN FUNGIS FARNEIS

«Die Pilze werden in Wasser gekocht und mit Salz, Öl, Wein und gehacktem Koriander serviert.»

Vorbemerkung: Dieses Gericht lässt sich gut vorbereiten; die Pilze sollten eine Weile in der Marinade ziehen.

– Ca. 500 g frische Waldpilze (z. B. Maronen, Parasol, Steinpilze) oder Austernpilze putzen, in einem hinreichend großen Topf (bzw. portionsweise) in Salzwasser kochen (je nach Pilzsorte und -größe ca. 15 Minuten).
– Inzwischen die Blätter von einem Bund Koriander fein hacken.
– 5 EL Wein und 5 EL Öl mit 1 TL Salz verrühren.
– Die Pilze etwas abtropfen lassen, dann in einer flachen Schüssel anrichten, mit der Vinaigrette begießen und dem Koriander bestreuen.

CONCHICLA APICIANA

«Nimm einen sauberen irdenen Kochtopf (Cumana) und koche Erbsen darin. Füge in Scheiben geschnittene Lukanische Würstchen, kleine Klößchen aus Schweinefleisch, verschiedenes aufgeschnittenes Fleisch und Vorderschinken hinzu. Stampfe Pfeffer, Liebstöckel, Origanum, Dill, Zwiebel und frischen Koriander, befeuchte die Mischung mit liquamen und schmecke sie mit Wein und liquamen ab. Gib dies (zu den Erbsen) in den Topf und füge Öl hinzu; stich (mit

einem spitzen Instrument) überall (in die Erbsen und in das Fleisch) hinein, so dass das Öl eindringen kann. Koche auf kleinem Feuer und serviere.»

Vorbemerkung: Die lukanischen Würstchen zeichneten sich dadurch aus, dass sie geräuchert waren; als Ersatz werden hier fränkische geräucherte Würste (sogenannte Bauernseufzer) verwendet, deren Majoranwürzung eine spezielle Note in das Gericht hereinbringt; sie sollte daher nur sparsam Verwendung finden. Als Klößchen wurden bayerische Brätklößchen verarbeitet, als Fleisch gekochte Schweineschulter ohne Schwarte; man kann auch geräucherten Schinken verwenden und bei den Würstchen auf einfache Schweinswürstchen zurückgreifen. Sollte man keine getrockneten Erbsen verwenden wollen, empfiehlt sich die Verarbeitung von ca. 1 kg frischen bzw. tiefgekühlten Erbsen. Zum Garen der eingeweichten Trockenerbsen ist auch die Benutzung eines Dampfschnellkochtopfes möglich; in diesem Fall sollten die garen Erbsen zur Fertigstellung des Gerichtes in einen anderen Topf umgefüllt werden.

Wandfresko mit Stillleben aus Herculaneum: Ausschnitt mit Rebhühnern und Pilzen (Archäologisches Nationalmuseum Neapel)

- Mind. 12 Stunden vor dem Kochen 250 g getrocknete Erbsen in reichlich Mineralwasser einweichen.
- Die Erbsen in frischem Wasser aufkochen lassen, abschäumen und insgesamt mindestens 90 Minuten kochen lassen, ggf. Wasser hinzufügen.
- Eine halbe Stunde vor Ende der Garzeit ein geräuchertes fränkisches Würstchen (ca. 100 g) in Scheiben schneiden, 150 g gekochtes Schweinefleisch (Schulter) in kleine Würfel schneiden, ca. 150 g Brätklößchen (ca. 6–7 Stück) halbieren oder vierteln.
- Für die Sauce von frischem Liebstöckel, Oreganum, Dill und Koriander jeweils 1 EL feingehackte Blättchen zur Seite stellen (ersatzweise jeweils 1 TL getrocknete Kräuter).
- Eine kleinere Zwiebel (ca. 50 g) fein hacken, mit 1 EL frisch gemahlenem Pfeffer in einer Schüssel mit 5 EL Wein und 2 EL Worcestersauce vermischen; dann die gehackten Kräuter unterziehen.
- Wenn die Erbsen weich sind, nach Bedarf zum Teil zerdrücken und die Fleisch- bzw. Wurststücke hinzufügen und diese erwärmen.
- Die Sauce dazugeben, gut umrühren; etwas später 6 EL Öl dazugeben, alles gut vermischen und noch ca. 10 Minuten auf kleinster Flamme ziehen lassen.
- In einer geeigneten Schüssel servieren.

IUS IN COPADIIS

«Nimm Pfeffer, Liebstöckel, Kümmel, Minze, Nardenblüte, Lorbeerblatt, Eidotter, Honig, Honigwasser, Essig, liquamen und Öl. Rühre mit einem Bündel von Bohnenkraut und Lauch um, binde mit amulum.»

Vorbemerkung: Die im römischen Rezept genannte Nardenblüte meint die sogenannte Indische Narde (*nardo-stachys grandiflora*), ein aus dem Himalaya stammendes Baldriangewächs, das bereits in der hellenistischen und römischen Antike über indische Häfen importiert und insbesondere für wohlduftendes, extrem kostspieliges Nardenöl verwendet wurde. In der folgenden Kochanweisung ist es ersatzlos gestrichen.

- Für die Sauce in einem kleinen Topf 6 EL Essig mit 3 EL Honig, 1 EL frisch gemahlenem Pfeffer, 1 TL gemahlenem Kümmel und 1 EL Sardellenpaste gut verrühren, dann 6 EL Öl hinzufügen.
- 2 kleinere Lorbeerblätter, 2 EL feingehacktes frisches Liebstöckelkraut und 3 EL feingehackte frische Minze hinzugeben und die Sauce auf mittlerem Feuer erhitzen.

- Einige Stängel Bohnenkraut und eine Handvoll Schnittlauch zusammenbinden, damit die Sauce gelegentlich umrühren.
- Inzwischen 4 dünne Schweineschnitzel à 125 g leicht mit Mehl bestäuben, in einer breiten Pfanne 2 EL Öl erhitzen, die Schnitzel darin von beiden Seiten braun braten.
- Die Sauce mit einem Eigelb verrühren; bei Bedarf mit Speisestärke die Sauce noch mehr andicken.
- Die Schnitzel auf einer Platte anrichten, mit der Sauce begossen servieren.

FRUCTUS

Zum Beispiel: Äpfel, Birnen, Nüsse

ANHANG

Nachweis der Zitate antiker Autoren

passim *Apicius:* Aus Elisabeth Alföldi-Rosenbaum, Das Kochbuch der Römer. Rezepte aus Apicius, Artemis Verlag: Zürich, Stuttgart ³1973 (1. Aufl. 1970)

121, 125 *Apuleius*, Metamorphosen oder Der goldene Esel, herausgegeben von Rudolf Helm, WBG: Darmstadt ⁶1970; Akademie Verlag: Berlin 1956

40 f., 78, 79, 122, 123, 124 *Athenaios*, Das Gelehrtengastmahl, übersetzt von Ursula & Kurt Treu, Dieterich'sche Verlagsbuchhandlung: Leipzig 1985 (1. Aufl. 1981)

39, 40 *Cato maior*, De agri cultura. Fragmente. Alle erhaltenen Schriften. Lateinisch und deutsch, herausgegeben von Otto Schönberger. Heimeran: München 1980. Artemis & Winkler: Düsseldorf & Zürich ²2000

137 f. *Cicero*, Sämtliche Reden, Bd. III, «Reden gegen Verres», übersetzt von Manfred Fuhrmann, Artemis & Winkler: Zürich, München, ²1983 (1. Aufl. 1971)

79 *Diodor*, Griechische Weltgeschichte, (Bd. 3) Buch XIII, übersetzt von Otto Veh, Hiersemann-Verlag: Stuttgart 1988

51, 57 *Gellius*, Attische Nächte, herausgegeben von Heinz Berthold, Insel-Verlag: Frankfurt am Main 1988; Verlag Anton Kippenberg: Leipzig, 1987

134 *Herodot*, Historien, übersetzt von Josef Feix, Heimeran-Verlag: München 1963

134, 135 *HGIÜ* = Historische Griechische Inschriften in Übersetzung, herausgegeben, eingeleitet und übersetzt von Kai Brodersen, Wolfgang Günther und Hatto H. Schmitt, Wissenschaftliche Buchgesellschaft: Darmstadt 2011 (Studienausgabe)

51, 54, 55, 56 *Horaz*, Satiren, herausgegeben von Otto Weinreich, übersetzt von Christoph Martin Wieland, Rowohlt: Reinbek 1962; Artemis: Zürich 1949

117 *Horaz*, Satiren und Episteln, herausgegeben und übersetzt von Georg Dorminger, Wilhelm Goldmann Verlag: München 1959

42, 43, 54, 56, 57, 65, 66, 67, 88 f., 90, 177, 188 *Martial*, Epigramme. Von Dirnen, Gaunern, Gladiatoren, herausgg. und übers. von Walter Hofmann, Insel-Verlag: Frankfurt a. M./Leipzig 2000 (1997)

117, 118 *Pausanias*, Beschreibung Griechenlands, herausgegeben und übersetzt von Ernst Meyer, dtv: München 1972; Artemis Verlag: Düsseldorf, Zürich 1954, 1967

41, 138 f. *Petronius*, Satiricon, übersetzt und mit einem Nachwort versehen von Fritz Tech, Rütten & Loening: Berlin ⁴1984

39 *Plutarch*, Große Griechen und Römer, Bd. 1, Marcus Cato, übersetzt von Konrat Ziegler, dtv: München 1979; Artemis Verlag: Zürich 1954

39 *Plutarch*, Große Griechen und Römer, Bd. 2, Lucullus, übersetzt von Konrat Ziegler, dtv: München 1979; Artemis Verlag: Zürich 1955

136, 137 *Plutarch*, Große Griechen und Römer, Bd. 5, Antonius, übersetzt von Konrat Ziegler, dtv: München 1980; Artemis Verlag: Zürich 1960

104, 119 *Polybios*, Geschichte, übersetzt von Hans Drexler, Artemis & Winkler: Zürich, München ²1978 (1. Aufl. 1961)

188 f. *Tacitus*, Germania, übersetzt von Wilhelm Harendza, Goldmann-Verlag: München 1960

Literaturhinweise

ALLGEMEINES:

Athenaios, Das Gelehrtengastmahl, Stuttgart 1998–2001

Diodorus Siculus, Weltgeschichte, Stuttgart 2009

E. Alföldi-Rosenbaum, Das Kochbuch der Römer. Rezepte aus der ‹Kochkunst› des Apicius, Zürich/ Stuttgart 1970, ³1973

T. Bechert, Die Provinzen des Römischen Reiches. Einführung und Überblick, Mainz 1999 (= *Orbis Provinciarum* Bd. 1)

H. Blanck, Essen und Trinken bei Griechen und Römern, in: Antike Welt 11,1, 1990, S. 17–24

U. Fellmeth, Brot und Politik. Tafelluxus und Hunger im antiken Rom, Stuttgart 2001

G. Gerlach, Zu Tisch bei den alten Römern. Eine Kulturgeschichte des Essens und Trinkens, Stuttgart 2001 (= Archäologie in Deutschland, Sonderheft)

H. v. Hesberg (Hg.), Was ist eigentlich Provinz? Zur Beschreibung eines Bewußtseins, Köln 1995

F. Kolb, Rom. Die Geschichte der Stadt in der Antike, München ²2002

ZU DEN EINZELNEN KAPITELN:

KAPITEL I

J. André, Essen und Trinken im alten Rom, Stuttgart 1998 (frz. Paris 1961, ²1981)

B. Cech, Lukullische Genüsse. Die Küche der alten Römer, Darmstadt 2013

A. Dalby, S. Grainger, Küchengeheimnisse der Antike, Würzburg 1996 (engl. London 1996)

W. Feldmann, H.-P. Peschke, Kochen wie die alten Römer. 200 Rezepte nach Apicius für die heutige Küche umgesetzt, Düsseldorf/Zürich 1995, ²1998

I. Gozzini Giacosa, Genießen wie die alten Römer: antike Küche neu entdeckt, Frankfurt a. M. 1995 (ital.: *A Cena da Lucullo*)

M. Junkelmann, Aus dem Füllhorn Roms. 34 Originalrezepte aus der römischen Küche, Mainz ³2007

KAPITEL II

J. André, Essen und Trinken im alten Rom, Stuttgart 1998 (frz. Paris 1961, ²1981)

E. Baltrusch, *Regimen morum.* Die Reglementierung des Privatlebens der Senatoren und Ritter in der römischen Republik und frühen Kaiserzeit, München 1989

A. K. Bowman, A. Wilson (Hgg.), The Roman Agricultural Economy. Organisation, Investment and Production, Oxford 2013

G. E. Thüry, J. Walter, Condimenta. Gewürzpflanzen in Koch- und Backrezepten der römischen Antike, Herrsching [4]2001

D. L. Thurmond, A Handbook of Food Processing in Classical Rome, Leiden 2006

J. Wilkins, S. Hill, Food in the Ancient World, Malden (MA), Oxford 2006

KAPITEL III

D. Braund, J. Wilkins (Hgg.), Athenaeus and his World. Reading Greek Culture in the Roman Empire, Exeter 2000

S. H. Braund (Hg.), Satire and Society in Ancient Rome, Exeter 1989

G. Davis (Hg.), A Companion to Horace, Oxford 2010

W. Hofmann, Martial. Epigramme. Von Dirnen, Gaunern, Gladiatoren, Frankfurt, Leipzig 2000

KAPITEL IV

J.-A. Dickmann, Domus frequentata: anspruchsvolles Wohnen im pompejanischen Stadthaus, 2 Bde, München 1999

K. M. Dunbabin, The Roman Banquet, Cambridge 2004

J. P. Goddard, Moral Attitudes to Eating and Dining in Ancient Rome, Cambridge 1994

B. K. Gold, J. F. Donahue (Hgg.), Roman Dining, Baltimore 2005

E. Gowers, The Loaded Table. Representations of Food in Roman Literature, Oxford, New York 1993

D. Schnurbusch, Convivium. Form und Bedeutung der aristokratischen Geselligkeit in der römischen Antike, Stuttgart 2011

E. Stein-Hölkeskamp, Das römische Gastmahl. Eine Kulturgeschichte, München [2]2011

W. Tietz, Dilectus ciborum. Essen im Diskurs der römischen Antike, Göttingen 2013

K. Vössing (Hg.), Das römische Bankett im Spiegel der Altertumswissenschaften, Stuttgart 2008

KAPITEL V

G. Alföldy, Städte, Eliten und Gesellschaft in der Gallia Cisalpina, Stuttgart 1999

F. De Martino, Wirtschaftsgeschichte des alten Rom, München 1985 (ital. Florenz 1979/80)

K. S. Freyberger, Ostia. Facetten des Lebens in einer römischen Hafenstadt, Mainz 2013

R. Meiggs, Roman Ostia, Oxford [2]1973

L. Schumacher, Sklaverei in der Antike. Alltag und Schicksal der Unfreien, München 2001

KAPITEL VI

J. Boardman, Kolonien und Handel bei den Griechen, München 1981 (engl. 1964)

M. Dreher, Das antike Sizilien, München 2008

M. I. Finley, Das antike Sizilien von der Vorgeschichte bis zur arabischen Überlieferung, München 1979 (engl. London 1968)

KAPITEL VII

J. Hoffmann-Salz, Die wirtschaftlichen Auswirkungen der Provinzen Hispania Tarraconensis, Africa Proconsularis und Syria, Stuttgart 2011

J. S. Richardson, The Romans in Spain, Oxford 1996

KAPITEL VIII

J.-M. Lassère, Ubique populus. Peuplement et mouvements de population dans l'Afrique romaine de la chute de Carthage à la fin de la dynastie es Sévères (146 av. J.-C. – 235 p. C.), Paris 1977

C. Lepelly, Les cités de l'Afrique romaine au Bas-Empire, Bd. I Paris 1979, Bd. II Paris 1981

D. J. Mattingly, Tripolitania, London 1995

M. Wheeler, Römisches Africa, München u. a. 1968 (engl. 1966)

KAPITEL IX

R. M. Errington, Geschichte Makedoniens von den Anfängen bis zum Untergang des Königreiches, München 1986

E. S. Gruen, The Hellenistic World and the Coming of Rome, Berkeley 1984

M. Zahrnt, Die Römer im Land Alexanders des Großen, Mainz 2010

KAPITEL X

M. Dräger, Die Städte der Provinz Asia in der Flavierzeit, Frankfurt 1993

Chr. Marek/Peter Frei, Geschichte Kleinasiens in der Antike, München ²2010

E. Schwertheim, Kleinasien in der Antike. Von den Hethitern bis Konstantin, München ²2011

M. Zimmermann, Pergamon. Geschichte, Kultur, Archäologie, München 2011

KAPITEL XI

Chr. Marek, Pontus et Bithynia. Die römischen Provinzen im Norden Kleinasiens, Mainz 2003 (= *Orbis Provinciarum* Bd. 4)

Chr. Michels, Kulturtransfer und monarchischer ‹Philhellenismus›. Bithynien, Pontos und Kappadokien in hellenistischer Zeit, Göttingen 2009

KAPITEL XII

K. Butcher, Roman Syria and the Near East, Los Angeles 2003

P. M. Edwell, Between Rome and Persia. The Middle Euphrates, Mesopotamia and Palmyra under Roman Control, London 2010

N. Polland, Soldiers, Cities, and Civilians in Roman Syria, Ann Arbor 2000

A. Schmidt-Colinet (Hg.), Palmyra. Kulturbegegnung im Grenzbereich, Mainz ³2005

R. Stoneman, Palmyra and its Empire. Zenobia's revolt against Rome, Ann Arbor 1994

KAPITEL XIII

X. Deru, Die Römer an Maas und Mosel, Mainz 2010

A. Dirkzwager, Strabo über Gallia Narbonensis, Leiden 1975

A. Ferdière, Gallia Lugdunensis. Eine Provinz im Herzen Frankreichs, Mainz 2011

P. Gros, Gallia Narbonensis. Eine römische Provinz in Südfrankreich, Mainz 2008

E. M. Wightman, Gallia Belgica, Berkeley 1985

G. Woolfe, Becoming Roman. The Origins of Provincial Civilization in Gaule, Cambridge 2000

D. Baatz, Der Römische Limes. Archäologische Ausflüge zwischen Rhein und Donau, Berlin ⁴2000

T. Bechert, Germania Inferior – eine Provinz an der Nordgrenze des Römischen Reiches, Mainz 2007

W. Eck, Köln in römischer Zeit. Geschichte der Stadt im Rahmen des Imperium Romanum, Köln 2004

Th. Fischer, Die Römer in Deutschland, Stuttgart 1999

Th. Fischer (Hg.), Die römischen Provinzen. Eine Einführung in ihre Archäologie, Stuttgart 2001

M. Klee, Germania Superior. Eine römische Provinz in Frankreich, Deutschland und der Schweiz, Regensburg 2013

J. Meurers-Balke, T. Kaszab-Olschewski (Hgg.), Grenzenlose Gaumenfreuden. Römische Küche in einer germanischen Provinz, Mainz 2010

R. Wolters, Die Römer in Germanien, München ⁶2011

Bildnachweis

Archiv der Autorin: S. 10, 30, 44, 52, 61, 64, 76, 80, 106, 118, 123, 132, 139, 146, 155, 159, 168, 172, 181

bpk/Scala: S. 38, 99

Sites & Photos/akg-images/Samuel Magal: S. 72

akg-images/Bildarchiv Steffens: S. 88

Archäologisches Museum Sousse (Tunesien): S. 105

Römisches Museum, Augsburg; Photo: Andreas Brücklmair (Lap. Nr. 1017, Inv. Nr. 1990, 3004): S. 190

Mit freundlicher Genehmigung des Ministero dei Beni e delle Attività Culturali e del Turismo/ Archäologisches Nationalmuseum Neapel; Photo: akg-images/Erich Lessing: S. 193

Karten: © Peter Palm, Berlin

Verzeichnis der Rezepte

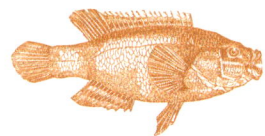

HAUPTSPEISEN

NACHSPEISEN

Die Autorin

Linda-Marie Günther lehrt als Professorin für Alte Ge-
schichte an der Ruhr-Universität Bochum. Sie weiß so-
wohl, was man seinen Freunden in der Provinz *Asia* servierte, wenn man sie zum Gastmahl bat, als auch, warum
die Meerbarben Siziliens so lecker waren und weshalb
die wahren Kenner die Fischsauce *garum* besonders dann
schätzten, wenn sie aus *Hispania* kam. Sie kennt die Ge-
heimnisse des Numidischen Huhns ebenso gut wie die
des geschmorten Hasen aus *Italia.* Sie hat erforscht, welche Pflanzen in den entlegensten Winkeln des Römischen
Reiches angebaut wurden, welche Tiere man hielt und
welche man jagte und wie aus diesen Herrlichkeiten die
köstlichsten Speisen wurden – und auch heute noch werden können! All das erzählt
und erklärt sie anschaulich in ihrem Buch, das viel mehr ist als irgendein «altrömisches Kochbuch» – es ist eine zeitlose Verheißung für unsere Sinne! So hat Linda-
Marie Günther die Sozial- und Wirtschaftsgeschichte um die Spezialdisziplin der antiken Kulinarik erweitert.

Mit 26 farbigen Abbildungen,
10 farbigen Karten im Text und einer farbigen Karte
auf dem vorderen und hinteren Vorsatz
sowie vielen Vignetten

© Verlag C.H.Beck oHG, München 2015
Gesetzt aus der Trajanus durch
Fotosatz Amann, Memmingen
Druck und Bindung: Kösel, Altusried-Krugzell
Umschlaggestaltung: Kunst oder Reklame, München
Umschlagmotive: (vorne) Fußbodenmosaik, Rom, National-
museum; akg-images/Bildarchiv Steffens;
(hinten) Wandfresko in Herculaneum;
Sites & Photos/akg-images/Samuel Magal
Gedruckt auf alterungsbeständigem, säurefreiem Papier
(hergestellt aus chlorfrei gebleichtem Zellstoff)
Printed in Germany

ISBN 978 3 406 68145 5

www.beck.de

HIBERNIA

MARE GERMANICUM

Hadrianswall
(122–367)

Deva

Eburacum

BRITANNIA

Camulodunum

Londinium

OCEANUS BRITANNICUS

Cherusker

Vetera

Rhenus

Col. Agrippina

GERMANIA

OCEANUS ATLANTICUS

BELGICA

Lutetia

Aug. Treverorum

Mogontiacum

Limes
(83–260)

*Markomanne
(Boier)*

LUGDUNENSIS

Argentorate

AGRI DECUMATES

Castra Regina

Vindobona

MARE CANTABRICUM

Augustodunum

Vindonissa

Aug. Vindelicum

Carnuntum

AQUITANIA

Liger

Lugdunum

RAETIA

NORICUM

Aquincu

Burdigala

PANNONIA

Sisci

TARRACONENSIS

NARBONENSIS

Tolosa

Mediolanum

Aquileia

Genua

ILLYRICU

Ibertus

Narbo

Arelate

Bononia

Ravenna

Salamantica

Massilia

ITALIA

MARE ADRIATICUM

LUSITANIA

Tagus

Toletum

Tarraco

CORSICA

Roma

Emerita Augusta

HISPANIA

BAETICA

Valentia

Corduba

SARDINIA

Neapolis

Brundisiu

Gades

Hispalis

Carthago Nova

Baleares I.

Tarentum

Tingis

MARE IBERICUM

MARE INTERNUM

MARE TYRRHENUM

Messana

MA
IONI

Caesarea (Iol)

Sitifis

Cirta

Carthago

Agrigentum

SICILIA

Catana

MAURETANIA

NUMIDIA

Lambaesis

Thapsus

Syracusae

Melita

Gaetuler

Musalamer

AFRICA PROCONSULARIS

Leptis Magna

Garamanten

Italia. Römisches Bürgergebiet
(erst unter Diokletian provinzialisiert)

Gebiete unter senatorischer Verwaltung

Gebiete unter kaiserlicher Verwaltung

Klientelvölker und -staaten